EUROPA-FACHBUCHREIHE
für wirtschaftliche Bildung

Kreisverwaltung Ahrweiler

Name ...Lukas Nusch............

Schuljahr .... Klasse ....

Schule..

Lernfeld 1

Im Beruf orientieren

Arbeitsheft mit Lernarrangements
für die Berufswahlkompetenz

1. Auflage

Brämer · Aubertin · Bach

VERLAG EUROPA-LEHRMITTEL
Nourney, Vollmer GmbH & Co. KG
Düsselberger Straße 23
42781 Haan-Gruiten

Europa-Nr.: 27399

Autoren:
Ulrike Brämer
Barbara Aubertin
Bärbel Bach

1. Auflage 2019

Druck 5 4 3 2 1

Alle Drucke derselben Auflage sind parallel einsetzbar, da bis auf die Behebung von Druckfehlern untereinander unverändert.

ISBN 978-3-8085-2739-9

Alle Rechte vorbehalten. Das Werk ist urheberrechtlich geschützt. Jede Verwertung außerhalb der gesetzlich geregelten Fälle muss vom Verlag schriftlich genehmigt werden.

© 2019 by Verlag Europa-Lehrmittel, Nourney, Vollmer GmbH & Co. KG, 42781 Haan-Gruiten
http://www.europa-lehrmittel.de

Layout, Grafik, Satz: Punkt für Punkt GmbH · Mediendesign, 40549 Düsseldorf
Umschlagkonzept: tiff.any GmbH, 10609 Berlin
Umschlagfoto: © peshkova – stock.adobe.com
Druck: Himmer GmbH, 86167 Augsburg

Handhabung des Arbeitsbuches

Lernsituation

Das Arbeitsbuch enthält vier Lernsituationen, die aus mehrere Lernaufgaben bestehen.

Warm-up

Die Lernsituation startet mit einem Warm-up. Dabei werden die in der Lernsituation angestrebten Kompetenzen grafisch dargestellt, sodass Sie einen strukturierten Überblick bekommen, was Sie in den nächsten Unterrichtsstunden erwartet.
Sie sollen den Lernstoff im Kontext sehen und neue Informationen in Ihr bestehendes Wissen integrieren. Sie erhalten schnell einen Überblick, welches Vorwissen Sie aktivieren müssen, um den Lernstoff möglichst effizient zu bearbeiten. Sie integrieren somit leichter neue Informationen in bestehendes Wissen.

Zu Beginn jeder **Lernaufgabe** steht eine authentische Situation, die Sie zunächst lesen und anschließend mit eigenen Worten konkretisieren.

Aus der Situation heraus bilden Sie eine **Leitfrage**, an der Sie sich beim Erledigen des Arbeitsauftrages orientieren sollten. Bei der abschließenden Präsentation ist die Leitfrage ausführlich zu beantworten.

Der **Arbeitsauftrag** ist methodisch nach dem Modell der vollständigen Handlung (informieren – planen – entscheiden – ausführen – kontrollieren – auswerten) konzipiert.

Lernarrangement

Sie werden an die systematische Informationsbeschaffung und -verarbeitung herangeführt. Zu allen farbigen Begriffen informieren Sie sich in den integrierten Manualen (Theorieteil, Methoden, TV-Funktionen) – die Seitenzahlen erleichtern Ihnen das Nachschlagen.

Nachdem Sie neue Informationen erhalten und sich gedanklich damit auseinandergesetzt haben (Ich-Phase), tauschen Sie sich kooperativ aus, planen verschiedene Umsetzungskonzepte und entscheiden sich für einen Lösungsweg (Du-Phase). In der Regel führen Sie Aktionen alleine aus (Ich-Phase) und kontrollieren mit einem Partner die Umsetzung Ihres Lösungsansatzes (Du-Phase).

Im Plenum kontrollieren Sie Ihr Handlungsprodukt und werten Ihren Lernprozess aus. Hier soll nun konstruktiv das erarbeitete Produkt oder der Vortrag beurteilt werden (Wir-Phase). Nach der Präsentation eines oder mehrerer Handlungsprodukte sollten Sie dann ggf. Ihr eigenes Handlungsprodukt optimieren bzw. die eigenen Schlüsse daraus ziehen (Ich-Phase). Während bzw. nach der Bearbeitung der Lernaufgaben steuern Sie mithilfe des Kompetenzrasters eigenverantwortlich Ihren Lernprozess. Durch Ihre Einschätzung des Levels sehen Sie Ihren Lernbedarf.

In der letzten Lernaufgabe der Lernsituation reflektieren Sie schriftlich Ihre erworbenen Kompetenzfelder und Lernstrategien. Einerseits setzen Sie sich noch einmal intensiv mit fachlichen Inhalten auseinander und andererseits reflektieren Sie Ihren Lernprozess.

Manual

Zur Unterstützung des selbstorganisierten Lernens stehen Ihnen in den Manualen Informationen zur Bewältigung der Arbeitsaufträge zur Verfügung.

Vorwort

Liebe Lernende, liebe Leser,

welche Kompetenzen müssen Sie für Ihren zukünftigen Beruf mitbringen? Neben den Fachkompetenzen erwartet Ihr Arbeitgeber von Ihnen, dass Sie Methodenkompetenz und Lernstrategien besitzen. Die Zeitspanne von fachlichen Qualifikationen ist in der heutigen Zeit kurz; Sie müssen also in der Lage sein, sich Fachwissen oder z. B. neue Software-Programm-Versionen selbstständig anzueignen, und das ein Leben lang.

Mit diesem Arbeitsbuch können Sie Ihre Arbeits- und Lerntechniken systematisch fördern und zu Lernstrategien ausbauen. Sie erarbeiten Regelwerke, Leitfäden und Übersichten für den ständigen Einsatz während des Unterrichts oder zur Unterstützung Ihrer Hausaufgaben. Im Laufe der Zeit werden sich die verschiedenen Lernstrategien festigen. Das eigenständige Arbeiten, um Probleme zu lösen, wird Ihnen leichter fallen.

Sie lernen, sich erfolgreich im Team zu verhalten, effektiv zu lesen, Informationen zu verwerten, nachhaltig zu präsentieren und sich systematisch zu reflektieren. Außerdem erarbeiten Sie sich Strategien für eine gute Konzentration und Motivation, ein persönliches Zeitmanagement und die Gestaltung eines optimalen Arbeitsumfeldes.

Ihre Personalkompetenz wird gefördert, indem Sie in diesem Buch zum selbstständigen und eigenverantwortlichen Arbeiten hingeführt werden. In den Lernarrangements müssen Sie Ihre eigenen Produkte (Leistungen) und die der anderen kritisch kommentieren, sodass Ihre Urteilsfähigkeit verfeinert wird. Die Personalkompetenz beinhaltet auch Ihre Denkfähigkeit. Die Arbeitsaufträge sind so aufgebaut, dass Sie analytisch arbeiten (Informationen einem Text entnehmen), die Informationen dann strukturieren und vernetzen.

Sie recherchieren nach den Entwicklungen und Trends auf dem Ausbildungs- und Arbeitsmarkt. Sie untersuchen Tätigkeitsbereiche, Stellen- und Ausbildungsangebote regionaler Unternehmen und kategorisieren diese. Sie erhalten Unterstützung um ein berufliches Selbstverständins langsam zu entwickeln und lernen sich kompent zu bewerben.

Zu Beginn der Lernsituation finden Sie einen Überblick über die zu erreichenden Kompetenzen, die Inhalte, die Lern- und Arbeitstechniken bzw. Methoden und die benötigten Ressourcen. Die in dem Raster abgebildeten Grafiken dienen zur Lernanbahnung, um Ihr Vorwissen zu aktivieren. Anschließend bearbeiten Sie die Lernaufgaben. Zunächst beschäftigen Sie sich mit der problemorientierten Situation, machen sich die Leitfrage klar und lösen anschließend den Arbeitsauftrag, der sich in der Regel an dem Modell der vollständigen Handlung (informieren – planen – entscheiden – ausführen – kontrollieren – auswerten) orientiert.

Im Methoden-Manual erhalten Sie die notwendigen Informationen zur Lösung Ihrer Lernaufgaben. Bearbeiten Sie die Lernaufgabe immer so, dass Sie später in Ihrer Präsentation die Leitfrage umfangreich beantworten können. Zum Schluss steht im Plenumsgespräch die Reflexion/Besprechung des Ergebnisses an. Hier soll nun konstruktiv das erarbeitete Produkt, der Vortrag oder die Moderation beurteilt werden. Ihr korrigiertes Ergebnis heften Sie anschließend in einer Mappe ab.

Am Ende der Lernsituation sollen Sie zur Selbstreflexion angeregt werden. Anhand eines gut gelungenen bzw. aussagekräftigen Handlungsproduktes reflektieren Sie Ihren Kompetenzzuwachs (Fach-, Methoden-, Personal- und Sozialkompetenzen), äußern sich zu

Vorwort

Lernhemmnissen sowie emotionalen Empfindungen und setzen sich Ziele für die weitere Arbeitshaltung. Hierdurch wird der Anspruch an Selbststeuerung und Eigenverantwortung im Lernen gefördert.

Neue Lern- und Lehrkultur

Bei den Lernarrangements zur Erlangung der Methoden-Kompetenz und Lernstrategien sollen Sie keine fertigen Vorlagen übernehmen, sondern Sie sollen Fragen stellen, Probleme sehen, Sachverhalte erforschen und selbst kreativ sein.

Die Lehrkraft gibt Ihnen die Möglichkeit, sich aktiv am Lernprozess zu beteiligen. Sie agiert selbst als Planer, die Lernaufgaben mit Ihnen bespricht, Informationen und Medien bereitstellt und beratend zur Seite steht. Die neue Lern- und Lehrkultur setzt voraus, dass Sie zur Bearbeitung einer komplexen Lernaufgabe eigenständig Informationen erfassen, den Lösungsweg planen, Entscheidungen treffen, Ihre Ideen ausführen und sich gegenseitig kontrollieren.

In der Präsentations- bzw. Bewertungsphase der Handlungsprodukte lenkt Ihre Lehrkraft die Plenumsdiskussion durch Impulse, falls Fehler, Lücken oder Unstimmigkeiten auftreten. Nur wenn Ihnen ein Handlungsspielraum gewährt wird, können Sie kreativ agieren, eigene innovative Lösungswege finden und sich selbst organisieren. Die Lehrkraft wie auch Sie müssen offen und tolerant bei der Bewertung der Handlungsprodukte sein. Sie sollen keine rezeptive (Empfänger-)Rolle übernehmen, denn dadurch wird keine Motivation zum eigenständigen Lernen entwickelt. Doch gerade die Motivation ist die wertvollste Ressource für Sie. Die Motivation zum Lernen zu entwickeln und aufrechtzuerhalten, ist entscheidend für Ihr erfolgreiches Berufsleben.

Leistungsnachweise: Daneben sollte der Lernerfolg prozessorientiert überprüft werden, d. h., dass Ihre Arbeitshaltung während der Erarbeitungsphase bewertet wird. Das Bemühen, die Arbeit zu kontrollieren, zu planen, sich mit dem Partner abzustimmen, den Zeitrahmen einzuhalten etc. wird gleichbedeutend für den Lernerfolg angesehen wie das dadurch erlangte Resultat bzw. Fachwissen. Die Arbeits- und Lernprozesse selbst und die dabei gebildeten Kompetenzen werden ebenso bewertet wie das erworbene Fachwissen. Die Lehrkraft sollte darauf achten, dass für die Reflexionsanteile angemessene Zeit aufgewendet wird. Sie sollten sorgfältig angeleitet werden, um Ihren Kompetenzzuwachs angemessen auszuwerten. Grundsätzlich sollten Sie ab und zu ein Gespräch mit Ihrer Lehrkraft führen, ob Ihre Selbsteinschätzung mit der Fremdeinschätzung übereinstimmt. Halten Sie dabei die Tipps der Lehrkraft schriftlich fest. Am Schluss der Beratung sollten Sie Vorsätze fassen, um Ihre Kompetenzen weiterzuentwickeln und diese ebenfalls schriftlich festhalten.

Auch Handlungsprodukte können benotet werden. Anhand von vorgegebenen Beurteilungskriterien, die Ihnen beim Erledigen Ihres Arbeitsauftrages vorliegen, kann das Produkt objektiv bewertet werden. In diesem Heft werden Sie in den Arbeitsaufträgen aufgefordert, Ihre Produkte in der Portfolio-Mappe abzuheften. Das Portfolio stellt somit eine Ergänzung Ihrer Leistung dar.

Ihr Feedback ist uns wichtig

Wenn Sie mithelfen möchten, dieses Buch für die kommenden Auflagen zu verbessern, schreiben Sie uns unter lektorat@europa-lehrmittel.de
Ihre Hinweise und Verbesserungsvorschläge nehmen wir gerne auf.

Frühjahr 2019   Ulrike Brämer, Barbara Aubertin und Bärbel Bach

Inhaltsverzeichnis

1. Lernsituation: Erfolgreiches Lernen lernen — 1

1.1 Lernaufgabe — 2
Wie verhalte ich mich erfolgreich im Team? — 2

1.2 Lernaufgabe — 4
Wie erschließe ich effektiv Texte? — 4

1.3 Lernaufgabe — 6
Wie führe ich eine professionelle Internetrecherche durch? — 6

1.4 Lernaufgabe — 8
Wie organisiere und motiviere ich mich, um eigenständig Aufgaben zu lösen? — 8

1.5 Lernaufgabe — 10
Wie meistere ich schwierige Situationen? — 10

1.6 Lernaufgabe — 12
Wie steigere ich systematisch meine Präsentations- und Reflexionskompetenz? — 12

1.7 Lernaufgabe – Reflexion — 15
Wie überwache ich meine Vorgehensweise beim Lernen, um optimale Ergebnisse zu erzielen? — 15

2. Lernsituation: Digitale Präsentationen gestalten — 17

2.1 Lernaufgabe — 18
Wie bereite ich eine digitale Präsentation vor? — 18

2.2 Lernaufgabe — 21
Wie gestalte ich eine ansprechende Präsentation? — 21

2.3 Lernaufgabe — 24
Wie präsentiere ich lebendig eine digital aufbereitete Präsentation? — 24

2.4 Lernaufgabe – Reflexion — 27
Wie gestalte ich digitale Präsentationen, die meinen Vortrag unterstützen? — 27

3. Lernsituation: Moderne Arbeitswelten analysieren — 28

3.1 Lernaufgabe — 29
Wie sieht die Wirtschaftsstruktur in meinem Umfeld aus? — 29

3.2 Lernaufgabe — 31
Welche Bedürfnisse habe ich? — 31

3.3 Lernaufgabe — 33
Wieso bin ich als Produktionsfaktor (Input) wichtig für die Herstellung von Gütern (Output)? — 33

Inhaltsverzeichnis

3.4	Lernaufgabe	35
	Welches Leitbild und welche Ziele verfolgt das Unternehmen, in dem ich arbeiten möchte?	35
3.5	Lernaufgabe	37
	Welche Berufsfelder, einschließlich der notwendigen Ausbildungsberufe, bieten mir regionale Unternehmen an?	37
3.6	Lernaufgabe	39
	Inwieweit beeinflussen die Entwicklungen und Trends des Ausbildungs- und Arbeitsmarktes meine berufliche Zukunft?	39
3.7	Lernaufgabe – Reflexion	42
	Welche beruflichen Perspektiven erwarten mich in meiner Region?	42

4. Lernsituation: Berufliches Selbstverständis entwickeln und sich gezielt im Beruf orientieren — 43

4.1	Lernaufgabe	44
	Wie entwickle ich ein berufliches Selbstverständnis, damit ich mich mit meiner Berufswahl identifizieren kann?	44
4.2	Lernaufgabe	46
	Worin liegen meine Stärken und Schwächen?	46
4.3	Lernaufgabe	48
	Wie absolviere ich korrekt ein Praktikum?	48
4.4	Lernaufgabe	50
	Welches Berufsbild entspricht meinen Fähigkeiten und meinen beruflichen Zielen?	50
4.5.1	Lernaufgabe	52
	Wie sieht ein aussagekräftiger Lebenslauf aus, damit der Personalverantwortliche auf mich aufmerksam wird?	52
4.5.2	Lernaufgabe	53
	Wie finde ich Unternehmen, die Arbeitsstellen anbieten, die meinem Berufswunsch entsprechen?	53
4.5.3	Lernaufgabe	55
	Wie erstelle ich passgenaue Bewerbungsunterlagen?	55
4.5.4	Lernaufgabe	56
	Welche Aspekte muss ich bei einer Online-Bewerbung beachten?	56
4.6	Lernaufgabe	59
	Wie dokumentiere ich meine Erfahrungen des Praktikums?	59
4.7	Lernaufgabe	61
	Was können wir aus unseren Praktika lernen?	61
4.8	Lernaufgabe – Reflexion	63
	Wie bewerbe ich mich unter Berücksichtigung des beruflichen Selbstverständnisses erfolgreich?	63

Inhaltsverzeichnis

5. Manual: Lernen lernen — 64

Lernstrategien anwenden — 64

Erfolgreiches Teamverhalten (LA 1.1) — 65

Kognitive Lernstrategien – Informationen verarbeiten (LA 1.2) — 67
- Lesestrategien einsetzen — 67

Informationen beschaffen und filtern (LA 1.3) — 68
- Internetrecherche — 68

Informationen festhalten und darstellen — 70
- Texte markieren (LA 1.2) — 75
- Inhalte strukturieren und visualisieren — 76
- MindMaps erstellen — 77
- Informationsblätter erstellen — 80
- Referate halten — 81
- Referaten zuhören — 81

Ressourcenbezogene Lernstrategien – Lernen organisieren (LA 1.4) — 82
- Motivation aufbauen — 82
- Mit Zeit umgehen — 83
- Konzentration steigern — 84
- Mit Stress umgehen (LA 1.5) — 87

Metakognitive Lernstrategien – Lernfortschritt kontrollieren — 88
- Lernzuwachs reflektieren (LA 1.6) — 88
- Lernprozess planen — 88
- Entwicklungs-Portfolio erstellen — 89

Kreativitätstechniken einsetzen — 89
- Brainstorming organisieren — 89
- Kartenabfrage arrangieren — 90
- Placemat — 92

Medien gestalten — 93
- Plakate gestalten — 93
- Präsentationsblätter gestalten — 94
- Präsentationsmöglichkeiten nutzen (LA 1.6) — 95
- Gestaltungsregeln für digitale Präsentationen — 96
- Modell der vollständigen Handlung — 98

Großmethoden — 98
- Leittextmethode — 98
- Gruppenpuzzle — 99
- Kugellager — 99

6. Manual: Moderne Arbeitswelten analysieren — 101

Wirtschaftliche Entscheidungen zur Gründung eines Unternehmens (LA 3.1) — 101
- Nachfrage am Markt — 101
- Infrastruktur — 101
- Gewerbesteuer — 102

Bedürfnisse eines Menschen (LA 3.2) 103
    Individualbedürfnisse 103
    Soziale Bedürfnisse 104

Güter – Output (LA 3.3) 104
    Sachgüter 104
    Verbrauchsgüter 105

Produktionsfaktoren – Input (LA 3.3) 105
    Materielle Produktionsfaktoren 105
    Menschliche Produktionsfaktoren 106

Wirtschaftsbereiche/-sektoren (LA 3.4) 106
    Primärer Sektor 106
    Sekundärer Sektor 107
    Tertiärer Sektor 107

Unternehmensleitbild/-philosophie (LA 3.4) 107

Unternehmensziele/-aufgaben nach den Wirtschaftsprinzipien (LA 3.4) 108
    Gemeinwirtschaftliches Prinzip 109

Wirtschaftskreislauf 109
    Werteströme 109
    Private Haushalte 109
    Unternehmen 110
    Kreditinstitute 110
    Staat 110
    Ausland 111
    Organigramm – Allgemein 111

Wandel am Arbeitsmarkt (LA 3.5) 114
    Aktuelle Lage – Entwicklungstendenzen am Arbeitsmarkt (LA 3.6) 114
    Anforderungen an Arbeitnehmer 115

7. Manual: Berufsorientierung und Bewerbung   116

Berufsrelevante Kompetenzen (LA 4.1) 116
    Stärke-Schwäche-Profil 116
    Persönliche Soft Skills (LA 4.2) 117

Praktikum (LA 4.3) 120
    Phase: Praktikum vorbereiten 120
    Phase: Praktikum durchführen 120
    Phase: Praktikum nachbereiten 121

Rechte und Pflichten von Praktikanten 121
    Rechte 121
    Pflichten 122

Wege der Stellensuche 123
    Printmedien 123
    Soziale Netzwerke 123

Inhaltsverzeichnis

Homepage der Unternehmen	123
Jobbörsen	124
Personalberatungen	124

Unternehmensprofil ... 124

Zielgruppenanalyse	124
Unternehmens-Auswertungs-Raster	125

Anforderungen an die Bewerbungsunterlagen (LA 4.5) ... 126

Innere Form	126
Äußere Form	126
Lebenslauf	126
Lebenslauf – Musterbeispiel	129
Bewerbungsfoto	131
Deckblatt	131
Bewerbungsanschreiben	132
Stellenausschreibung (Ausbildung)	134
Bewerbung zur Ausbildung als Industriekaufmann	135
Anlagen zur Bewerbung	136
Online-Bewerbung	137
Bewerbung mit Online-Formularen	139
Initiativbewerbung	140
Telefonischer Kontakt	140
Kontakt über die Unternehmenshomepage	140

8. Manual: Word-Funktionen — 141

Dokument vorbereiten ... 141

Startbildschirm	141
Menüband	141
Backstage-Ansicht	141
Statuszeile	142
Symbolleiste für den Schnellzugriff	142
Seite einrichten	143
Rechtschreibprogramm	143
Silbentrennung aktivieren	144
Kopf- und Fußzeilen gestalten	145
Dokumentvorlagen erstellen	147
Seitenzahl einfügen	148
Datei speichern	148
Text erfassen	149
Neue Seite einfügen	149
Neuer Abschnitt	149
Befehle rückgängig machen	149
Ausschneiden von Texten	150
Kopieren von Texten	150
Einfügen von Texten	150
Text suchen	151
Texte ersetzen	152

Zeichenformatierung ... 153

Absatzformatierung	153
Spaltenformatierung	153

Format übertragen	154
Initial einfügen	154
Symbole einfügen	154
Schattierung einstellen	155
Schattierung einstellen	155
Seitenrand gestalten	155
Aufzählung bzw. Nummerierung einfügen	156

Dokument erstellen 157

Tabstopp setzen	157
Tabellen gestalten	158
Tabellarischen Lebenslauf gestalten	159
Neue Seite einfügen	160
Grafiken und Bilder einfügen	160
Bildgröße verändern	160
Screenshot erstellen	160
Schaubilder erstellen	161
Abbildungen einfügen	162
Abbildungen beschriften	163
Logo erstellen	163
Drucken	164
PDF-Datei erstellen	164

9. Manual: PowerPoint-Funktionen — 165

Präsentationen vorbereiten 165

PowerPoint-Bildschirm	165
Folienansichten	165
Neue Präsentation	166
Neue Folien erstellen	166
Fußzeile einfügen	167
Masterfolie erstellen	167
Folienmaster einrichten	168

Präsentationen gestalten 169

Textfelder einfügen	169
Nummerierung und Aufzählung	170
Bilder und Illustrationen	171
Zeichnen in PowerPoint	172
Tabelle	174
Diagramm	174
Organigramm	176
Visuelle Darstellungen	177
Hyperlink einfügen	178
Interaktive Schaltflächen	179

Vorbereiten und Durchführen einer PowerPoint-Präsentation 180

Folienübergang	180
Folienanimation	180
Bildschirmpräsentation einrichten	181
Präsentation drucken	182

Inhaltsverzeichnis

    Folien drucken 182
    Handzettel erstellen 183
    Vortragsnotizen erstellen 183

Literaturverzeichnis   184

Index   188

1. Lernsituation: Erfolgreiches Lernen lernen

Arbeitsplan

Kompetenzen	■ Den Arbeitsplatz störungsfrei einrichten ■ Effektiv die Zeit planen ■ Erfolgreich in einem Team arbeiten ■ Informationen erschließen ■ Informationen urheberrechtlich korrekt verarbeiten ■ Schwierige Situationen bewältigen ■ Informationen professionell präsentieren
Inhalte	■ Verhaltensnormen im Team ■ Konzentration, Motivation und Zeitmanagement ■ Arbeitsumfeld und Stressbewältigung ■ Lesestrategien ■ Präsentationsregeln ■ Entwicklungsportfolio
Methoden/ Lernstrategien	■ Informationen beschaffen, strukturieren und auswerten ■ MindMap-Technik ■ Mit Zeit umgehen ■ Selbst- und Fremdbeurteilung ■ Kugellager und Gruppenpuzzle
Zeit	ca. 20 Stunden

Warm up (Brainstorming – Kartenabfrage)

Erfolgreich lernen – aber wie?

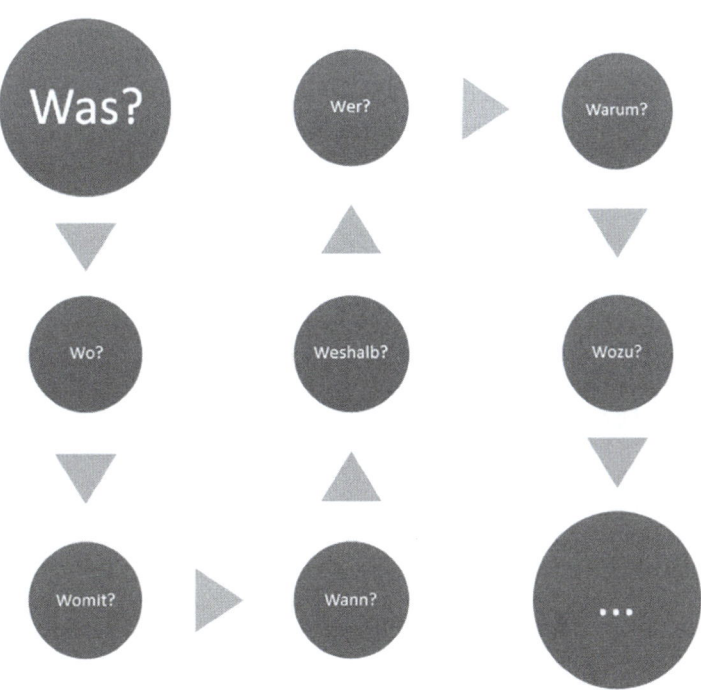

Lernfeld: In der Arbeitswelt orientieren, ein berufliches Selbstverständnis entwickeln und sich bewerben

1.1 Lernaufgabe

Mein Ziel ist es, in dieser schulischen Ausbildung eine breite berufliche Grundbildung zu erlangen, um für einen beruflichen Einsatz in Industrieunternehmen aller Branchen, im Einzel-, Groß- und Außenhandel und in Dienstleistungsunternehmen unterschiedlichster Art gewappnet zu sein. Dazu gehören u. a. eine professionelle Kommunikation, effizientes Schreiben von Texten, angemessene Umgangsformen und teamorientiertes Arbeiten.

Zukünftige Arbeitgeber legen großen Wert darauf, dass ich aktuelle wirtschaftliche Entwicklungen wie Megatrends (z. B. Digitalisierung) berücksichtigen kann. Außerdem soll ich über Schlüsselqualifikationen wie z. B. Teamfähigkeit, Methodenkompetenz, Zeit-, Projekt- und Konfliktmanagement sowie über Lern- und Arbeitsstrategien verfügen.

Außerdem legen zukünftige Arbeitgeber großen Wert auf gut zusammenarbeitende Teams, weil die Mitarbeiter sich an ihrem Arbeitsplatz wohlfühlen und dadurch für das Unternehmen bessere Ergebnisse erzielen sollen. Dies bedeutet, dass die Unternehmen immer passende Mitarbeiter suchen. Ob der neue Mitarbeiter über Teamfähigkeiten verfügt, wird oft während des Bewerbungsverfahrens in Gruppendiskussionen überprüft.

Um in der Schule und auf dem Arbeitsmarkt gute Ergebnisse zu erzielen, beginne ich zunächst, die Grundlagen des Teamverhaltens einzuüben.

Wie verhalte ich mich erfolgreich im Team?

Arbeitsauftrag

Tandem (Partnerarbeit)

1. **Suchen** Sie im Indexverzeichnis nach dem Schlagwort Gesprächsregeln für die Teamarbeit (Seite 65), und schlagen Sie die entsprechende Seite auf und teilen Sie sich die Bearbeitung der Informationen auf und legen Sie fest, wer sich über Text (1) und (2) informiert.

Gesprächsregeln (1)	Gesprächsregeln (2)
Lesen Sie das Informationsblatt „Gesprächsregeln im Team (1)".	**Lesen** Sie das Informationsblatt „Gesprächsregeln im Team (2)".
Schreiben Sie wichtige Kernaussagen auf einen Spickzettel bzw. arbeiten Sie mit Randnotizen.	**Schreiben** Sie wichtige Kernaussagen auf einen Spickzettel bzw. arbeiten Sie mit Randnotizen.
Erläutern Sie mithilfe Ihres Spickzettels Ihrem Tandempartner die Gesprächsregeln (1). Ihr Partner erstellt währenddessen einen Spickzettel.	**Hören** Sie Ihrem Tandempartner zu und ergänzen Sie Ihren Spickzettel mit den Gesprächsregeln (1).

Zwei Tandem

2. **Tauschen** Sie sich über die Gesprächsregeln (1 und 2) aus.

1. Lernsituation: Erfolgreiches Lernen lernen

Tandem

3. **Erstellen** Sie ein übersichtliches Regelwerk „Strategie: Erfolgreiches Teamverhalten" mit begründeten Ich-Botschaften (z. B. Ich höre meinen Gesprächspartnern zu, um sie zu verstehen und meine Meinung zu überdenken.)

4. **Formulieren** Sie aus Arbeitgebersicht Fragen, die ihm zeigen, dass der Bewerber die Regeln des Teamverhaltens beherrscht (z. B. „Was tun Sie, wenn ein Teammitglied nur seine Meinung durchsetzen möchte?").

Plenum (Stuhlkreis)

5. **Stellen** Sie sich im Uhrzeigersinn Ihre Ich-Botschaften vor. Halten Sie Blickkontakt zu Ihren Zuhörern.

6. **Korrigieren** Sie ggf. Ihre begründeten Ich-Botschaften.

7. **Stellen** Sie anschließend Ihre passende Frage aus Arbeitgebersicht vor.

8. **Diskutieren** Sie gemeinsam über eine mögliche Antwort, die Sie geben könnten.

Einzelarbeit (Hausaufgabe)

9. **Ziehen** Sie für sich ein Fazit aus diesem Stuhlkreis und überlegen Sie sich, wo Ihre Stärken und Schwächen sind.

10. **Formulieren** Sie einen Vorsatz, den Sie bei Ihrer nächsten Teamarbeit beachten werden.

11. **Bringen** Sie das Regelwerk „Lernstrategie: Erfolgreiches Teamverhalten" in eine optisch ansprechende Form und kennzeichnen Sie das Blatt in der rechten oberen Ecke durch ein großes „T".

12. **Schützen** Sie es für eine langfristige Verwendung durch eine Folie und heften Sie es mit Ihrem Vorsatz in Ihrer Portfolio-Mappe (Seite 89) ab.

13. **Schätzen** Sie Ihre Kompetenzen zum Erfolgreich sich im Team verhalten ein. Seien Sie ehrlich mit sich selbst. Sie können **nur** über einen längeren Zeitraum das 4. Level erreichen. Füllen Sie Ihre Levelstufe aus.

Kompetenzen	Erfolgreich sich im Team berhalten	Level
Informieren	Ich kann Gesprächsregeln nennen und Ihre Bedeutung erläutern.	○○○○
Planen	Ich kann Maßnahmen formulieren, die für das Verhalten zweckmäßig sind.	○○○○
Entscheiden	Ich kann mein Verhalten in einer konkreten Situation gemäß der Verhaltensregeln begründen.	○○○○
Durchführen	Ich kann in einer Gesprächssituation die Regeln einhalten.	○○○○
Kontrollieren	Ich kann ein Gespräch im Hinblick auf die Einhaltung der Gesprächsregeln analysieren.	○○○○
Bewerten	Ich kann die Gesprächsregeln reflektieren, ob Sie förderlich für die Teamarbeit waren und Verbesserungsvorschläge unterbreiten.	○○○○

Lernfeld: In der Arbeitswelt orientieren, ein berufliches Selbstverständnis entwickeln und sich bewerben

1.2 Lernaufgabe

Damit ich mich für Schule und Beruf ausreichend vorbereiten kann, ist es wichtig, passende Fachtexte, -bücher, Zeitschriften und Zeitungen lesen zu können. Ich will mir angewöhnen, diese Informationen nach den drei Phasen der Lesestrategie zu erschließen, denn sonst verliere ich leicht den Überblick.

Wie erschließe ich effektiv Texte?

Arbeitsauftrag

Einzelarbeit

1. **Informieren** Sie sich im Methoden-Manual über Lesestrategien einsetzen (Seite 4) und lesen Sie auch die Texte der hervorgehobenen Begriffe (Texte markieren und Inhalte strukturieren und visualisieren). Suchen Sie diese über den Index.

2. **Erstellen** Sie einen Ablaufplan zu den drei Phasen der Lesestrategie und erläutern Sie kurz an den entsprechenden Stellen die erforderlichen Arbeitstechniken.

3er-Gruppe

3. **Vergleichen** Sie Ihre Ablaufpläne – ergänzen Sie ggf. Bereiten Sie sich mithilfe des Kompetenzrasters auf die Präsentation vor – jedes Teammitglied übernimmt eine Phase der Lesestrategie.

Bewertungsraster				
Lesestrategien entwickeln				
Instrumente	Kriterien	+	0	–
Präsentation	Laut und deutlich die Abläufe vorgetragen			
	Blickkontakt zum Publikum gehalten			
	Freigesprochen – nicht nur vom Blatt abgelesen			
	Mit Beispielen die Abläufe erläutert			
	…			
Ablaufplan zur Lesestrategie	aussagekräftige Überschrift			
	Vorbereitungsphase: zielgerichtete Fragen formuliert			
	Durchführungsphase: logische Reihenfolge für die Lesephase			
	Nachbearbeitungsphase: logische Reihenfolge für das Textverständnis			
	….			

1. Lernsituation: Erfolgreiches Lernen lernen

Plenum

4. **Präsentieren** Sie den Ablaufplan zu den drei Phasen der Lesestrategie.

Hausaufgabe

5. **Bringen** Sie den Ablaufplan „Lerntrategie: Effektiv Lesen" in eine optisch ansprechende Form und kennzeichnen Sie das Blatt in der rechten oberen Ecke durch ein großes „L". Schützen Sie ihn für den ständigen Einsatz durch eine Folie und heften Sie ihn in Ihrer Portfolio-Mappe ab.

6. **Schätzen** Sie Ihre Kompetenzen zur Lesestrategien entwickeln ein. Seien Sie ehrlich mit sich selbst. Sie können nur über einen längeren Zeitraum das 4. Level erreichen. Füllen Sie Ihre Levelstufe aus.

Kompetenzen	Lesestrategien entwickeln	Level
Informieren	Ich kann mir bislang noch unbekannte Informationen mithilfe der Lesestrategie aus Texten herausfiltern und erläutern.	○○○○
Planen	Ich kann die neu erworbenen Informationen in eine Struktur bringen.	○○○○
Entscheiden	Ich kann Verbindungen zwischen den neu aufgenommenen und mir bekannten Informationen herstellen und situationsbedingt Entscheidungen treffen..	○○○○
Durchführen	Ich kann gewonnene Informationen filtern und in einem Kontext mündlich, schriftlich oder grafisch darstellen.	○○○○
Kontrollieren	Ich kann überprüfen, ob ich alle notwendigen Informationen zusammengefasst habe.	○○○○
Bewerten	Ich kann die Qualität meiner Informationen sowie die Angemessenheit meiner Darstellung einschätzen und ggf. korrigieren.	○○○○

Lernfeld: In der Arbeitswelt orientieren, ein berufliches Selbstverständnis entwickeln und sich bewerben

1.3 Lernaufgabe

Mittlerweile habe ich mir einen Überblick verschafft, wie ich Texte leichter erschließen kann. Nun gibt es nicht nur Texte in Büchern und Zeitschriften, sondern das Internet stellt heute eine der Hauptinformationsquellen dar.

Vergangene Woche musste eine Freundin von mir im Internet einen Sachverhalt für eine Schulaufgabe recherchieren. Wie sich später herausstellte, waren die gefundenen Informationen nicht 100%ig korrekt. Ich war darüber sehr erstaunt, dachte ich doch, dass die Angaben im Internet der Wahrheit entsprechen. Außerdem hat meine Freundin Begriffe wie Lesezeichenleiste oder UND-Verknüpfung noch nie gehört und deshalb die Internetrecherche sehr zeitaufwändig durchgeführt. Damit mir so etwas nicht passiert, werde ich mich heute intensiv mit der professionellen Internetrecherche auseinandersetzen und anschaulich die Informationen festhalten, damit ich später immer wieder nachschauen kann.

Wie führe ich eine professionelle Internetrecherche durch?

Arbeitsauftrag

Einzelarbeit

1. **Erschließen** Sie sich im Manual die Informationen zu Informationen beschaffen und filtern (Seite 68) und Informationen festhalten und darstellen (Seite 70), ohne auf die Zitierregeln näher einzugehen.

Tandem

2. **Tauschen** Sie sich über die neu gewonnenen Informationen aus. Bringen Sie eigene Erfahrungen mit ein.

Plenum (Stuhlkreis)

3. **Diskutieren** Sie gemeinsam, wie eine erfolgreiche Internetrecherche und deren Dokumentation aussehen sollte.

Tandem

4. **Erstellen** Sie aus den gewonnenen Informationen und Erkenntnissen aus der Plenumsrunde ein übersichtliches Informationsblatt zu einer professionellen Internetrecherche und dem dazugehörigen Datenschutz. Beachten Sie dabei die folgenden Kriterien: Informative und übersichtliche Gestaltung, Vollständigkeit, keine Tipp- und Rechtschreibfehler.

Zwei Tandems

5. **Kontrollieren** Sie gegenseitig Ihr Informationsblatt, ob die genannten Kriterien eingehalten wurden. Verbessern oder ergänzen Sie ggf.

6. **Wählen** Sie ein gut gelungenes Ergebnis aus. Bereiten Sie sich auf die Präsentation vor. Machen Sie sich dazu Notizen.

1. Lernsituation: Erfolgreiches Lernen lernen

Plenum

7. **Stellen** Sie Ihre Informationsbroschüre vor. Stehen Sie für Rückfragen zur Verfügung.

Einzelarbeit

8. **Überarbeiten** Sie ggf. Ihre Informationsbroschüre.

9. **Schützen** Sie die Broschüre für die langfristige Verwendung durch eine Folie und heften Sie sie in Ihrer Portfolio-Mappe ab.

10. **Schätzen** Sie Ihre Kompetenzen zur Internetrecherche urheberrechtlich korrekt Dokumentation ein. Seien Sie ehrlich mit sich selbst. Sie können **nur** über einen längeren Zeitraum das 4. Level erreichen. Füllen Sie Ihre Levelstufe aus.

Kompetenzen	Internetrecherche urheberrechtlich korrekt dokumentieren	Level
Informieren	*Ich kann mithilfe von Suchmaschinen Informationen aus dem Internet herausfiltern und speichern.*	○○○○
Planen	*Ich kann Informationen aus dem Internet in eine Struktur bringen und auf Wahrheit prüfen.*	○○○○
Entscheiden	*Ich kann Informationen aus dem Internet situationsgerecht zusammenstellen.*	○○○○
Durchführen	*Ich kann Informationen situationsgerecht, schriftlich urhebergerecht darstellen.*	○○○○
Kontrollieren	*Ich kann überprüfen, ob ich alle notwendigen Informationen urheberrechtlich zusammengefasst habe.*	○○○○
Bewerten	*Ich kann meine Vorgehensweise reflektieren und mein Handeln ggf. verbessern.*	○○○○

© millaf – stock.adobe.com

Lernfeld: In der Arbeitswelt orientieren, ein berufliches Selbstverständnis entwickeln und sich bewerben

1.4 Lernaufgabe

Es ist wichtig – egal ob für die Schule oder am Arbeitsplatz –, organisiert, motiviert und selbstständig an meine täglichen Aufgaben heranzugehen. Diese Fähigkeiten sind erlernbar bzw. ich übe bewusst sogenannte *ressourcenbezogene Lernstrategien* ein. Mit einer effektiven Arbeitsweise in der Vorbereitung und Durchführung meiner Aufgaben sowie mit einer positiven inneren Einstellung geht mir die Arbeit leichter von der Hand, und der Erfolg stellt sich schon nach kurzer Zeit ein.

Wie organisiere und motiviere ich mich, um eigenständig Aufgaben zu lösen?

Arbeitsauftrag

Stammgruppe (vier Teammitglieder)

1. **Verschaffen** Sie sich einen Überblick im Methodenmanual über Motivation (Seite 82), Konzentration (Seite 84), Zeitmanagement (Seite 83) und Arbeitsumfeld (Seite 85).
2. **Entscheiden** Sie sich arbeitsteilig für jeweils ein Thema.
3. **Schicken** Sie Ihre Stammgruppen-Mitglieder in die jeweilige Expertengruppe (A = Motivation, B = Konzentration, C = Zeitmanagement, D = Arbeitsumfeld).

Expertengruppe

4. **Lesen** Sie nach den bereits erlernten Lesestrategien Ihren jeweiligen Informationstext.
5. **Erläutern** Sie sich den Inhalt des Informationstextes und klären Sie innerhalb Ihrer Gruppe auftretende Fragen.
6. **Erstellen** Sie einen Leitfaden zu Ihrer Lernstrategie.

Stammgruppenarbeit

7. **Geben** Sie Ihr Wissen mithilfe des Leitfadens über Ihre Lernstrategie verantwortungsvoll an Ihre Teammitglieder weiter. Jeder Experte hat etwa fünf Minuten Zeit. Die anderen Teammitglieder machen sich Notizen zu den einzelnen Lernstrategien.
8. **Entwickeln** Sie ein szenisches Spiel, in dem die Handlungen nicht den optimalen Lernstrategien entsprechen. Halten Sie den Ablauf des Spiels schriftlich fest.
9. **Bereiten** Sie sich im Team auf das szenische Spiel vor (Hilfsmittel: Ablaufplan)

Plenum

10. **Stellen** Sie Ihr szenisches Spiel vor.
11. **Schlagen** Sie mithilfe Ihrer Leitfäden Verbesserungsmöglichkeiten vor.

Einzelarbeit

12. **Entwickeln** Sie Ihren persönlichen Leitfaden zum „Lernen organisieren".

1. Lernsituation: Erfolgreiches Lernen lernen

Hausaufgabe

13. **Bringen** Sie Ihren persönlichen Leitfaden zum „Lernen organisieren" in eine optisch ansprechende Form und kennzeichnen Sie das Blatt in der rechten oberen Ecke durch ein großes „O". Schützen Sie ihn für den ständigen Einsatz durch eine Folie und heften Sie ihn in Ihre Portfolio-Mappe ab.

14. **Schätzen** Sie Ihre Kompetenzen zu den Ressourcenbezogenen Kompetenzen entwickeln ein. Seien Sie ehrlich mit sich selbst. Sie können **nur** über einen längeren Zeitraum das 4. Level erreichen. Füllen Sie Ihre Levelstufe aus.

Kompetenzen	Ressourcenbezogene Kompetenzen entwickeln	Level
Informieren	Ich kann die resourcenbezogenen Kompetenzen (Arbeitsplatz – Motivation – Konzentration – Zeitmanagement) erläutern.	○○○○
Planen	Ich kann erklären, welche Verhaltensweisen notwendig sind, um meine resourcenbezogenen Kompetenzen zu fördern.	○○○○
Entscheiden	Ich kann mich in einer konkreten Situation begründet für eine Verhaltenvariante entscheiden.	○○○○
Durchführen	Ich kann mein Verhalten situationsgerecht anwenden.	○○○○
Kontrollieren	Ich kann überprüfen, ob mein Verhalten zum gewünschten Erfolg geführt hat.	○○○○
Bewerten	Ich kann mein Verhalten reflektieren und modifizieren.	○○○○

Lernfeld: In der Arbeitswelt orientieren, ein berufliches Selbstverständnis entwickeln und sich bewerben

1.5 Lernaufgabe

Ich habe meine ersten Lernaufgaben bewältigt und sicherlich manchmal Unsicherheiten innerhalb der Gruppe oder während der Plenumsarbeit verspürt. Auch werden die ersten Leistungsnachweise sowie erste Kontakte mit möglichen Praktikumsbetrieben anstehen.

Damit ich in Zukunft mit schwierigen Situationen besser umgehen kann, gibt es auch dazu Methoden, um mehr Selbstbewusstsein und Sicherheit zu erlangen.

Wie meistere ich schwierige Situationen?

Arbeitsauftrag

Einzelarbeit

1. **Erschließen** Sie (Lesestrategie) den Informationstext Mit Stress umgehen (Seite 87). Verwenden Sie als Strukturierungstechnik eine Matrix (Seite 76) bzw. ein Beziehungsnetz (Seite 76), indem Sie leistungshemmende und leistungsfördernde Strategien in Bezug auf schwierige Situationen aufführen.

Tandem

2. **Vergleichen** Sie Ihr Ergebnis und sprechen Sie über bereits erlebte Situationen.

Plenum (Stuhlkreis)

3. **Diskutieren** Sie mithilfe der erstellten Grafik wie Sie lernen können, mit Ängsten umzugehen.

Einzelarbeit

4. **Listen** Sie drei Situationen auf, die Sie beschäftigen, und schreiben Sie Ihre Gedanken/Gefühle auf. Finden Sie zu jedem Fall Möglichkeiten, Ihre Ängste zu bewältigen bzw. zu steuern. Verwenden Sie zur Strukturierung eine Tabelle.

Hausaufgabe

5. **Bringen** Sie Ihre Tabelle „Gefühle steuern" in eine optisch ansprechende Form und kennzeichnen Sie das Blatt in der rechten oberen Ecke durch ein großes „G". Schützen Sie sie für den ständigen Einsatz durch eine Folie und heften Sie in Ihrer Portfolio-Mappe ab.

6. **Geben** Sie Ihre Tabelle „Gefühle steuern" zur Kontrolle Ihrer Lehrkraft ab – suchen Sie ggf. das Gespräch.

1. Lernsituation: Erfolgreiches Lernen lernen

7. **Schätzen** Sie Ihre Kompetenzen zur Bewältigung schwieriger Situationen ein. Seien Sie ehrlich mit sich selbst. Sie können **nur** über einen längeren Zeitraum das 4. Level erreichen. Füllen Sie Ihre Levelstufe aus.

Kompetenzen	Schwierige Situationen bewältigen	Level
Informieren	Ich kann mir die theoretischen Grundlagen zur Stressbewältigung aneignen.	○○○○
Planen	Ich kann leistungshemmende und leistungsfördernde Strategien situationsadäquat zuordnen.	○○○○
Entscheiden	Ich kann aus diesen Grundlagen eine lösungsorientierte Strategie zur Stressbewätigung auswählen.	○○○○
Durchführen	Ich kann die Strategie zur Stressbewältigung situationsgerecht anwenden.	○○○○
Kontrollieren	Ich kann einschätzen, ob die Strategie zur Stressbewältigung zum Erfolg geführt hat.	○○○○
Bewerten	Ich kann die Verhaltensweise in der Stresssituation analysieren und mich ggf. auf eine andere Strategie festlegen, um zu einem erfolgreicheren Ergebnis zu kommen.	○○○○

Lernfeld: In der Arbeitswelt orientieren, ein berufliches Selbstverständnis entwickeln und sich bewerben

1.6 Lernaufgabe

In der letzten Lernaufgabe habe ich mich mit schwierigen Situationen beschäftigt, besonders das Präsentieren vor einem Publikum gehört für mich zu einer solchen Situation. Dazu benötige ich Präsentationsregeln, eine positive Einstellung und Ausdauer. Gutes Präsentieren ist eine Kompetenz, die aus vielen einzelnen Faktoren besteht. Hier hilft fleißiges Üben und ehrliche Selbsteinschätzung. Um mich also stets weiter zu verbessern, beobachte ich meinen Entwicklungsfortschritt und halte ihn schriftlich fest.

Wie steigere ich systematisch meine Präsentations- und Reflexionskompetenz?

Arbeitsauftrag

Tandem (Partnerarbeit)

1. **Suchen** Sie im Indexverzeichnis nach dem Schlagwort Präsentationsmöglichkeiten nutzen (A) (Seite 95) und Plakate und Overheadfolien gestalten (B) (Seite 93), und schlagen Sie die entsprechende Seite auf.
2. **Teilen** Sie sich die Bearbeitung der Informationen auf und legen Sie fest, wer sich über Text (A) und (B) informiert.

Präsentation (A)	Präsentation (B)
3. **Erschließen** Sie mithilfe der Lesestrategie Text (A).	3. **Erschließen** Sie mithilfe der Lesestrategie Text (B).
4. **Setzen** Sie sich in den Außenkreis.	4. **Setzen** Sie sich in den Innenkreis.
5. **Erläutern** Sie mithilfe Ihrer Notizen Ihrem Gegenüber die Inhalte zu Text (A). Ihr Partner macht sich währenddessen Notizen. Beim Signal der Lehrkraft rückt Ihr Partner eine Position weiter.	5. **Hören** Sie Ihrem Gegenüber zu und schreiben Sie die gehörten Informationen stichwortartig mit. Beim Signal der Lehrkraft rücken Sie eine Position nach rechts.
6. **Kontrollieren** Sie die Erläuterungen Ihres Gegenübers. Beim Signal der Lehrkraft rückt Ihr Partner eine Position weiter.	6. **Erläutern** Sie mithilfe Ihrer Notizen Ihrem Gegenüber die Informationen aus Text (A). Beim Signal der Lehrkraft rücken Sie eine Position nach rechts.
7. **Hören** Sie Ihrem Gegenüber zu und schreiben Sie die gehörten Informationen stichwortartig mit. Beim Signal der Lehrkraft rückt Ihr Partner eine Position weiter.	7. **Erläutern** Sie Ihrem Gegenüber die Informationen aus Text (B). Beim Signal der Lehrkraft rücken Sie eine Position nach rechts.
8. **Erläutern** Sie mithilfe Ihrer Notizen Ihrem Gegenüber die Informationen aus Text (B).	8. **Kontrollieren** Sie die Erläuterungen Ihres Gegenübers zu Text (B).

Einzelarbeit

9. **Erstellen** Sie einen Katalog mit zehn Tipps für eine lebendige und anschauliche Präsentation.

Plenum (Stuhlkreis)

10. **Vergleichen** Sie Ihre Kataloge und ergänzen Sie Ihren jeweils um fünf Tipps.

1. Lernsituation: Erfolgreiches Lernen lernen

Hausaufgabe

11. **Bringen** Sie Ihren Katalog „Präsentationstipps" in eine optisch ansprechende Form und kennzeichnen Sie das Blatt in der rechten oberen Ecke durch ein großes „P". Schützen Sie ihn für den ständigen Einsatz durch eine Folie und heften Sie ihn in Ihrer Portfolio-Mappe ab.

Einzelarbeit

12. **Erschließen** Sie sich den Text Lernzuwachs reflektieren (Seite 88).

13. **Bereiten** Sie sich auf eine lebendige Präsentation zum Thema Reflektieren vor. Schreiben Sie sich einen Ablaufplan mit den entsprechenden Handzetteln zur Präsentation (Regieanweisung). Beachten Sie dabei die bisher erlernten Strategien und Ihre gefundenen Präsentationstipps.

4er-Gruppe

14. **Stellen** Sie sich gegenseitig Ihre Vorträge mithilfe der Handzettel und Regieanweisungen vor.

15. **Notieren** Sie Ihre persönliche Einschätzung zu Ihrem eigenen Vortrag.

16. **Lassen** Sie sich ein Feedback geben, zum einen zum Inhalt und zum anderen zur Präsentation. Korrigieren Sie ggf. Ihre Präsentationsvorbereitung.

17. **Wählen** Sie aus Ihrer Gruppe die Präsentation aus, die Ihrer Meinung nach vom Inhalt her sowie von den Präsentationsanforderungen am besten geeignet ist.

Plenum

18. **Stellen** Sie Ihre Präsentationen vor und lassen Sie sich von der Klasse ein Feedback geben.

Hausaufgabe

19. **Bringen** Sie Ihre Handzettel „Systematisch Reflektieren" in eine optisch ansprechende Form und kennzeichnen Sie das Blatt in der rechten oberen Ecke durch ein großes „R". Schützen Sie sie für den ständigen Einsatz durch eine Folie und heften Sie in Ihrer Portfolio-Mappe ab.

20. **Schätzen** Sie Ihre Kompetenzen zu den Präsentation lebendig und anschaulich durchführen ein. Seien Sie ehrlich mit sich selbst. Sie können **nur** über einen längeren Zeitraum das 4. Level erreichen. Füllen Sie Ihre Levelstufe aus.

Lernfeld: In der Arbeitswelt orientieren, ein berufliches Selbstverständnis entwickeln und sich bewerben

Kompetenzen	Präsentationen lebendig und anschaulich durchführen	Level
Informieren	Ich kann verschieden Präsentations- und Medienmöglichkeiten erläutern.	☐☐☐☐
Planen	Ich kann begründen, welche Anforderungen besonders wichtig sind. Ich kann Vor- und Nachteile erläutern.	☐☐☐☐
Entscheiden	Ich kann situationsbezogen eine Präsentation lebendig, zielgruppenorientiert und anschaulich ausarbeiten.	☐☐☐☐
Durchführen	Ich kann diese Präsentation lebendig und anschaulich durchführen.	☐☐☐☐
Kontrollieren	Ich kann urch Selbst- und Fremdwahrnehmung überprüfen, ob meine Präsentation situationsgerecht war.	☐☐☐☐
Bewerten	Ich kann aufgrund meiner Analyse Verbesserungsmöglichkeiten definieren.	☐☐☐☐

© filistimlyanin1 – stock.adobe.com

1. Lernsituation: Erfolgreiches Lernen lernen

1.7 Lernaufgabe – Reflexion

Die erste Lernsituation ist abgeschlossen und nun möchte ich in meinem persönlichen Entwicklungsportfolio (Handlungsprodukte, Kompetenzerwerb und Reflexionen) meinen derzeitigen Lernzuwachs reflektieren. Dazu setze ich mich erneut mit den Kerninhalten auseinander:

- Erfolgreich in einem Team arbeiten
- Informationen erschließen
- Nach Informationen recherchieren
- Lernen effektiv organisieren
- Schwierige Situationen bewältigen
- Informationen professionell präsentieren

Wie überwache ich meine Vorgehensweise beim Lernen, um optimale Ergebnisse zu erzielen?

Arbeitsauftrag

Einzelarbeit

1. **Äußern** Sie sich aus den in der vergangenen Lernsituation gemachten Erfahrungen zu den nachfolgenden Inhaltskategorien. Nehmen Sie Ihre erstellten Handlungsprodukte und die Kompetenzraster zu Hilfe (Ablaufplan, Tabelle, MindMap ...).

Inhaltkategorien für Ihr Kompetenz-Portfolio
Ihre fachliche Weiterentwicklung: *Ich habe die Verhaltensregeln im Team angewandt. Ich habe den Nutzen eines Zeitplans erkannt und eingesetzt ...*
Ihre persönlichen Erfahrungen, Erlebnisse und Einsichten: *Ich habe gemerkt, dass es mit Geduld besser geht. Es fällt mir leichter, wenn ich mir Notizen mache.*
Ihre (Lern-)Aktivitäten bzw. Lernstrategien/Arbeitsmethoden: *Ich habe meine Konzentration gestärkt durch ... Ich erschließe neue Textinhalte, indem ich ... Ich strukturierte meine Gedanken zunächst ...*
Empfundene Behinderung des Lernens: *In der Gruppe herrschte Verwirrung, weil ...*
Wertungen, emotionale Äußerungen *Besonders gefallen hat mir: ... Heute war mir alles zu viel.*
Schildern Sie innere Zustände wie Irritationen, Erleichterung, Spannungserleben etc.: *Ich fühlte mich unter Druck gesetzt, weil ... Erleichtert fühlte ich mich nach der Präsentation, weil meine Lehrkraft ...*
Resultierende Hoffnungen, Erwartungen, Wünsche, Vorhaben: *Ich wünsche mir, dass ich mehr Sicherheit in ... erlange. Ich nehme mir vor, ... Jetzt bin ich gespannt, ...*

(vgl. Winter, 2012)

Lernfeld: In der Arbeitswelt orientieren, ein berufliches Selbstverständnis entwickeln und sich bewerben

2. **Geben** Sie in der Einleitung wieder, womit Sie sich in dieser Lernsituation beschäftigt haben. **Stellen** Sie im Hauptteil Ihre Lernerfolge, -wege und -probleme dar. **Ziehen** Sie am Schluss ein Fazit und stecken Sie sich neue Ziele.

3. **Gestalten** Sie Ihr Portfolio leserfreundlich, indem Sie Name, Datum ... in die Kopfzeile eintragen, Ihre Gedanken in Abschnitte gliedern und mit Abschnittsüberschriften versehen.

4. **Schätzen** Sie Ihre Kompetenzen zu den Reflexionsskompetenz ein. Seien Sie ehrlich mit sich selbst. Sie können **nur** über einen längeren Zeitraum das 4. Level erreichen. Füllen Sie Ihre Levelstufe aus.

© xalanx – stock.adobe.com

Kompetenzen	Reflexionen durchführen	Level
Informieren	Ich kann die verschiedenen Ebenen der Reflexion erläutern.	○○○○
Planen	Ich kann den Prozess des Reflektierens planen und Kriterien festlegen.	○○○○
Entscheiden	Ich kann mich für verschieden Schwerpunkte entscheiden, die ich reflektieren möchte.	○○○○
Durchführen	Ich kann meine Handlungskompetenzen reflektieren.	○○○○
Kontrollieren	Ich kann kriterienorietiert die Reflexion überprüfen.	○○○○
Bewerten	Ich kann in Abgleich mit meiner Reflexion den zukünftigen Lernprozess modifizieren.	○○○○

Jour fixe (Beratungsgespräch mit Lehrkraft)

5. **Erläutern** Sie anhand des Portfolios (Handlungsprodukte, Kompetenzen und Reflexion) Ihre Entwicklung.

2. Lernsituation: Digitale Präsentationen gestalten

Arbeitsplan

Kompetenzen	- professionell mit Folienmaster arbeiten - digitale Folien beschriften und gestalten - Checkliste erstellen - lebendige Präsentationen durchführen - Präsentationen mithilfe von Kriterienbögen beurteilen
Inhalte	- Folienmaster mit Masterfolie - Gestaltungsregeln für digitale Präsentationen - Foliengestaltung - Präsentationsmöglichkeiten (Sprache, Körpersprache, reale Gegenstände, Bühnenbild)
Methoden/ Lernstrategien	- Masterfolie „Jugendknigge" - Präsentation „Jugendknigge" - Checkliste zur Foliengestaltung - Katalog für lebendige Präsentationen - Handzettel für die Präsentation „Jugendknigge"
Zeit	ca. 12 Stunden

Warm-up

Welche Möglichkeiten stehen mir zur Verfügung, um einen Vortrag anschaulicher und lebendiger zu gestalten?

Ergänzen Sie die Liste:

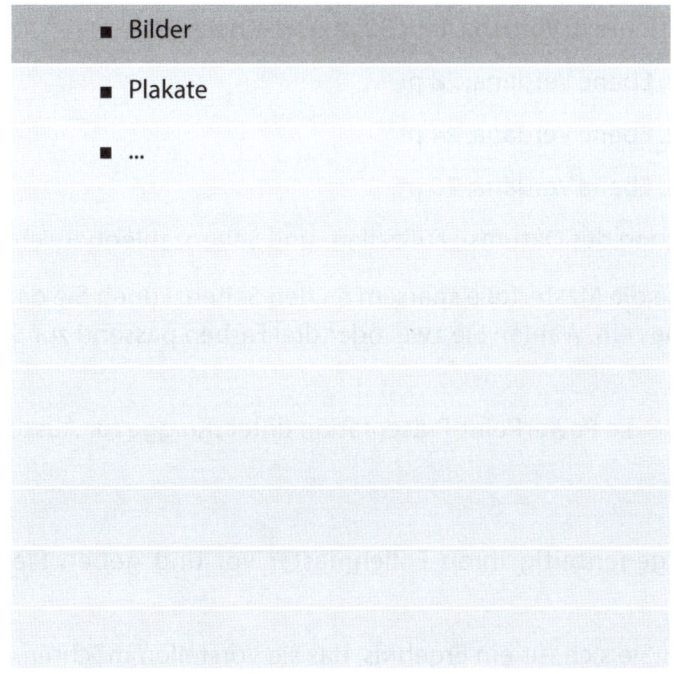

Lernfeld: In der Arbeitswelt orientieren, ein berufliches Selbstverständnis entwickeln und sich bewerben

2.1 Lernaufgabe

Schon bald wird das Praktikum beginnen und ich möchte mich von meiner besten Seite zeigen. Deshalb werde ich mich in den nächsten Stunden einerseits über das äußere Erscheinungsbild von Auszubildenden (Knigge für Auszubildende) informieren und andererseits professionell mit einer digitalen Software arbeiten. Zunächst beschäftige ich mich mit der Vorbereitung für eine digitale Präsentation.

Wie bereite ich eine digitale Präsentation vor?

Arbeitsauftrag

Einzelarbeit

1. **Lesen** Sie das Informationsblatt Wie arbeite ich mit dem Folienmaster? (Seite 19), und machen Sie Randnotizen. Probieren Sie die einzelnen Funktionen in PowerPoint aus.

2. **Erstellen** Sie einen Ablaufplan zum Erstellen einer Masterfolie.

Partnerarbeit

3. **Vergleichen** Sie Ihre Ablaufpläne – korrigieren Sie ggf.

Einzelarbeit

4. Erstellen Sie für Ihre zukünftige Präsentation folgende Masterfolie:
   - Überschriftentext: Verdana, fett, 32 pt, Farbe nach Wahl
   - Text der 1. Ebene Verdana: 28 pt
   - Text der 2. Ebene Verdana: 24 pt
   - Text der 3. Ebene Verdana: 20 pt
   - Formatierung des Datums-, Fußzeilen- und Seitenzahlenbereich: Verdana 14 pt

5. **Gestalten** Sie die Masterfolie sparsam an den Seiten. Fügen Sie dazu Formen, Pfeile oder Ähnliches ein. Wählen Sie zwei oder drei Farben passend zur Schule (Corporate Design).

6. **Speichern** Sie die PowerPoint-Präsentation unter „Knigge für Auszubildende".

Partnerarbeit

7. **Stellen** Sie gegenseitig Ihren Folienmaster vor und geben Sie Verbesserungsvorschläge.

8. **Entscheiden** Sie sich für ein Ergebnis, das sie vorstellen möchten. Bereiten Sie sich auf die Präsentation vor, indem Sie Ihre Vorgehensweise erklären.

Plenum

9. **Präsentieren** Sie Ihr Ergebnis und lassen Sie sich ein Feedback geben.

2. Lernsituation:
Digitale Präsentationen gestalten

Wie arbeite ich mit dem Folienmaster?

Mithilfe des Folienmasters können Sie das Aussehen einer Folie festlegen. Alle Vorgaben für Hintergrund, Formen und Farben sowie die Schriftformatierungen können Sie in der Masterfolie (Hauptfolie des Folienmasters, die die Formatierungen auf alle Layouts automatisch überträgt) speichern. Die Masterfolie ist damit das Fundament Ihrer Präsentation.

Wie öffne ich den Folienmaster?

Um den Folienmaster einzublenden, gehen Sie auf *Ansicht* – Gruppe *Masteransicht* – *Folienmaster*. Nun nehmen Sie die gewünschten Änderungen in der Masterfolie (oberste Folie auf der linken Bildschirmseite) vor.

Wie kann ich eine andere Schriftart und -größe einstellen?

Im Folienmaster unterscheidet man fünf Bereiche: Titelbereich, Text- bzw. Objektbereich, Datumsbereich, Fußzeilenbereich, Seitenzahlenbereich.

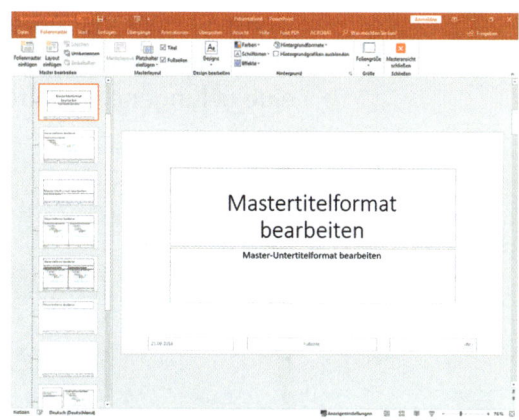

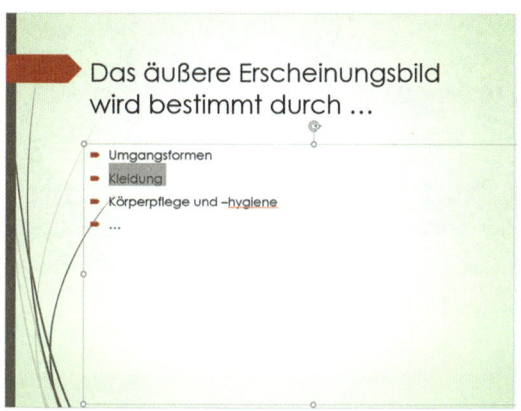

Zunächst wählen Sie durch Anklicken des gestrichelten Rahmens einen Platzhalter aus, in dem die Textformatierung geändert werden soll. Markieren Sie das Wort oder den Textteil, den Sie hervorheben möchten. Es erscheint die Minisymbolleiste.

Klicken Sie in der Minisymbolleiste auf die Schaltfläche „Fett" oder ändern Sie die Farbe, indem Sie auf den Pfeil neben der Schaltfläche „Schriftfarbe" klicken. Wählen Sie aus den Designfarben eine Farbe aus, die sich gut vom Hintergrund abhebt. Ebenso können Sie den Schrifttyp oder die Schriftgröße ändern.

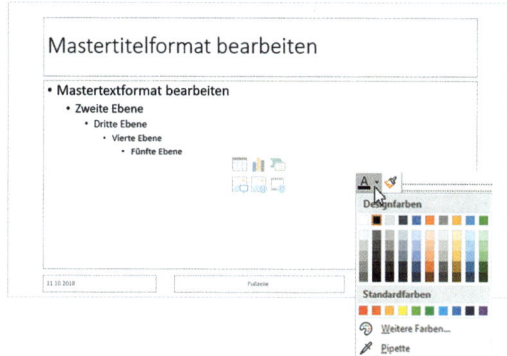

Eine Ausnahme stellt die Aufzählung dar. Sie kann aus Ober- und Unterpunkten bestehen. Diese werden im Folienmaster „Ebenen" genannt. Möchten Sie den Text in jeder Ebene einzeln formatieren, klicken Sie in die jeweilige Ebene hinein und nehmen Sie dann die gewünschte Formatierung vor.

© Verlag Europa-Lehrmittel

Lernfeld: In der Arbeitswelt orientieren, ein berufliches Selbstverständnis entwickeln und sich bewerben

Wie gestalte ich professionell eine Masterfolie?

Der Hintergrund der Masterfolie sollte sehr hell sein, damit das Publikum alles gut lesen kann. Am besten lassen Sie die Hintergrundfarbe weiß. Um trotzdem den Folien eine persönliche Note bzw. einen Farbtupfer zu geben, gestalten Sie den rechten oder linken Rand dezent mit farbigen Formen oder Grafiken.

Die Farben werden immer nach dem „Corporate Design" des Erstellers oder des Unternehmens ausgewählt. Schauen Sie mal das Logo oder die Homepage Ihrer Schule an und bestimmen Sie dann die passenden Farben.

Natürlich bietet PowerPoint auch fertige Designs an. Achten Sie aber immer darauf, dass Sie einen Hintergrund auswählen, der sehr hell ist. Sie werden später enttäuscht sein, wenn Sie sehr viel Arbeit in die Präsentation stecken und das Publikum die Hälfte der Folien nicht lesen kann. Die gute Lesbarkeit der Schrift ist ein wichtiger Grundsatz für eine gelungene Gestaltung von digitalen Präsentationsfolien.

Gut lesbar!

Schlecht lesbar!

Wie füge ich eine Fuß- und Kopfzeile ein?

Über *Einfügen – Kopf- und Fußzeile* können Sie Datum, Foliennummer und Fußzeile einfügen. Auf der Titelfolie wird die Fußzeile nicht angezeigt. In der Masterfolienansicht können Sie die Position sowie Schriftgröße und -farbe bestimmen.

Wie schließe ich den Folienmaster?

Klicken Sie auf den Button *Masteransicht schließen*, so gelangen Sie wieder in die Normalansicht zurück.

2. Lernsituation: Digitale Präsentationen gestalten

2.2 Lernaufgabe

Der erste Schritt ist getan und ich bin gespannt, wie es mit der digitalen Präsentation weitergehen wird. Meine Lehrkraft stellt mir für den Inhalt der Folien Texte zum Knigge für Auszubildende zur Verfügung. Diese soll ich ansprechend gestalten.

Wie gestalte ich eine ansprechende Präsentation?

Arbeitsauftrag

Einzelarbeit

1. **Lesen** Sie den Text Wie gestalte ich digitale Präsentationen? (Seite 22) auf der nächsten Seite. Machen Sie sich Randnotizen.
2. **Erstellen** Sie eine Checkliste zu den Gestaltungsregeln für digitale Präsentationen, mit der Sie später Ihre Präsentationen hinsichtlich des Layouts kontrollieren können. Nutzen Sie die Checkliste am Ende der Lernaufgabe.

Partnerarbeit

3. **Vergleichen** Sie die Ergebnisse.
4. **Korrigieren** Sie bzw. ergänzen Sie ggf. Ihre Checkliste.

Einzelarbeit

5. **Öffnen** Sie Ihre PowerPoint-Präsentation „Knigge für Auszubildende".
6. **Ändern** Sie die Schriftart in der Masterfolie in „Arial" um und denken Sie daran, den Folienmaster wieder zu schließen.
7. **Erfassen** Sie nun die Folientexte zum „Knigge für Auszubildende", indem Sie mit der Maus in das Textfeld des Textes eintippen. Für eine neue Folie klicken Sie auf der linken Seite auf die kleine Folie, drücken Sie die rechte Maustaste und gehen auf neue Folie (Seite 166).
8. **Speichern** Sie die Präsentation dieses Mal unter „Erscheinungsbild" ab. Dies ist wichtig, damit Ihnen keine Daten verloren gehen, falls der PC mal abstürzt.
9. **Gestalten** Sie nun nach den Gestaltungsregeln für digitale Präsentationen die einzelnen Folien. Suchen Sie im Internet passende Bilder. Markieren Sie das Bild und kopieren Sie es mit der rechten Maustaste und füge es wiederum über die rechte Maustaste in die Folien ein.

Partnerarbeit

10. **Stellen** Sie die Präsentationen vor und korrigieren Sie mithilfe der Checkliste.
11. **Entscheiden** Sie sich für die gelungenste Präsentation. Bereiten Sie sich auf das Vorstellen der Checkliste und der digitalen Präsentation „Knigge für Auszubildende" vor.

Plenum

12. **Stellen** Sie die Ergebnisse vor und lassen Sie sich ein Feedback geben.

© Verlag Europa-Lehrmittel

Lernfeld: In der Arbeitswelt orientieren, ein berufliches Selbstverständnis entwickeln und sich bewerben

Wie gestalte ich digitale Präsentationen?

Beim Erstellen von PowerPoint-Präsentationen ist es wichtig, dass Sie den Folientitel passend zum Inhalt der Folie wählen. Der Folientitel sollte nur eine Zeile umfassen. Sehr ansprechend ist es, wenn Sie für den Folientitel einen einheitlichen Sprachstil wählen, z. B. Fragen formulieren. Beim Text ist zu beachten, dass nur wichtige Kernaussagen geschrieben werden und diese einfach und klar formuliert sind (keine ausformulierten Sätze, keine Schachtelsätze).

Die Schriftgröße sollten Sie auf mindestens 18 pt einstellen und den Zeilenabstand auf mindestens 1,5. Verwenden Sie serifenlose Schriftarten (Arial, Calibri, Verdana usw.). Diese lassen sich wesentlich besser lesen. Die Folien sollen Sie nicht bis zum Rand beschriften. Bei Aufzählungen sollten Sie den Textumfang auf maximal sieben Infopunkte begrenzen. Sie sollten höchstens sechs Wörter in eine Zeile schreiben.

Wie füge ich Bilder in die digitale Präsentation ein?

Wählen Sie in der Registerkarte Einfügen – Gruppe Bilder – die entsprechenden aus. Bedenken Sie, dass Bilder eine erläuternde Funktion haben und die Aufmerksamkeit auf den richtigen Punkt lenken sollten. Wenn Sie mit dem Internet arbeiten, können Sie einfach über die rechte Maustaste das Bild kopieren und in der Präsentation über die rechte Maustaste wieder einfügen.

Wie animiere ich eine digitale Präsentation?

Mit Animationen sollten Sie sparsam umgehen. Überschriften werden nicht animiert. Es muss passend zum Vortrag animiert werden, also das Stichwort oder das Bild werden angezeigt und dann erst spricht der Präsentator über das eingeblendete Thema. Am besten nur eine Animationsart wählen, sonst wird es sehr verwirrend.

Folientexte zum Knigge für Auszubildende

2. Lernsituation: Digitale Präsentationen gestalten

Gestaltungsregeln für digitale Präsentationen	Trifft zu	Trifft nicht zu
Folientitel passt zum Inhalt		

Lernfeld: In der Arbeitswelt orientieren, ein berufliches Selbstverständnis entwickeln und sich bewerben

2.3 Lernaufgabe

Die Gestaltung der digitalen Präsentation ist gut gelungen. Nun möchte ich, mithilfe der digitalen Präsentation einen lebendigen Vortrag halten. Dazu ist es aber wichtig, dass ich die Stichwörter des Knigge für Auszubildende wirklich verstehe und sie mit eigenen Beispielen lebendig erläutern kann.

Wie präsentiere ich lebendig eine digital aufbereitete Präsentation?

Arbeitsauftrag

Einzelarbeit

1. **Suchen** Sie zu den Stichwörtern des Knigge für Auszubildende Beispiele aus Ihrem persönlichen Umfeld. Notiere Sie handschriftlich auf A6-Blätter.

Partnerarbeit

2. **Tauschen** Sie sich aus und ergänzen Sie Ihre Notizen.

Einzelarbeit (evtl. Hausaufgabe)

3. **Lesen** Sie den Text Präsentationsmöglichkeiten nutzen (Seite 95), markieren Sie in jedem Absatz zwei wichtige Begriffe und machen Sie sich Randnotizen.

4. **Füllen** Sie den nachfolgenden Katalog für Präsentationen aus, um Ihren Vortrag lebendiger zu gestalten.

Partnerarbeit

5. **Bereiten** Sie sich gemeinsam mithilfe Ihrer erstellten Handzettel auf eine lebendige Präsentation vor. Nach jeder Folie wechselt der Präsentator.

6. **Achten** Sie darauf, dass Sie Ihre Möglichkeiten mit der Sprache und Körpersprache ausnutzen.

7. **Nutzen** Sie die Präsentationsfläche als Bühnenbild.

Plenum

8. **Präsentieren** Sie lebendig Ihren Knigge für Auszubildende.

9. **Lassen** Sie sich mithilfe des Kriterienbogens für einen lebendigen Vortrag ein konstruktives Feedback geben.

Konstruktives Feedback

- Sprechen Sie in Ich-Botschaften!
- Begründen Sie Gelungenes wie auch Nichtgelungenes mit Beispielen.

2. Lernsituation: Digitale Präsentationen gestalten

Katalog für lebendige Präsentationen	
Präsentationsmittel	Möglichkeiten
Sprache	
Körpersprache	
Anschauungsmaterial	
Bühnenbild	

Lernfeld: In der Arbeitswelt orientieren, ein berufliches Selbstverständnis entwickeln und sich bewerben

10. **Schätzen** Sie Ihre Kompetenzen zu den Präsentationskompetenz ein. Seien Sie ehrlich mit sich selbst. Sie können **nur** über einen längeren Zeitraum das 4. Level erreichen. Füllen Sie Ihre Levelstufe aus.

Kompetenzen	Digitale Präsentationen erstellen und präsentieren	Level
Informieren	Ich kann den Sinn und Zweck des Folienmasters und die Gestaltungsregeln von digitalen Präsentationen erläutern.	○○○○
Planen	Ich kann die Schritte erläutern, um einen Folienmaster anzulegen und welche Inhalte für die Präsentation aufgenommen werden.	○○○○
Entscheiden	Ich kann situationsbezogen begründen, welche Anforderungen der Folienmaster erfüllt und welche Layouts für Inhalte der Präsentation benötigt werden.	○○○○
Durchführen	Ich kann mithilfe des Folienmasters die Präsentaton ansprechend nach den Gestaltungsregeln erstellen und sie lebendig präsentieren.	○○○○
Kontrollieren	Ich kann durch Selbst- und Fremdwahrnehmung überprüfen, ob meine Präsentation situationsgerecht war.	○○○○
Bewerten	Ich kann aufgrund meiner Analyse Verbesserungsmöglichkeiten definieren.	○○○○

2. Lernsituation: Digitale Präsentationen gestalten

2.4 Lernaufgabe – Reflexion

Die zweite Lernsituation ist abgeschlossen und nun möchte ich in meinem persönlichen Kompetenz-Portfolio (Handlungsprodukte) meine derzeitigen Kompetenzfelder (Selbstkompetenz und Präsentationskompetenz ...) reflektieren. Dazu setze ich mich erneut mit den Kerninhalten der zweiten Lernsituation auseinander:

- Masterfolie anlegen
- Präsentationen gestalten
- Präsentationen lebendig vortragen

Wie gestalte ich digitale Präsentationen, die meinen Vortrag unterstützen?

Arbeitsauftrag

Einzelarbeit

1. **Äußeren** Sie sich aus den in der vergangenen Lernsituation gemachten Erfahrungen zu den einzelnen Kerninhalten mit.
2. **Nehmen** Sie Ihre erstellte PowerPoint und das Kompetenzraster der Lernaufgabe zu Hilfe.
3. **Geben** Sie in der Einleitung wieder, womit Sie sich in dieser Lernsituation beschäftigt haben. Stellen Sie im Hauptteil Ihre Lernerfolge, -wege und -probleme dar.
4. **Ziehen** Sie am Schluss ein Fazit und stecken Sie sich neue Ziele.
5. **Gestalten** Sie Ihr Portfolio leserfreundlich, indem Sie Name, Datum ... in die Kopfzeile eintragen, Ihre Gedanken in Abschnitte gliedern und mit Abschnittsüberschriften versehen.

Lernfeld: In der Arbeitswelt orientieren, ein berufliches Selbstverständnis entwickeln und sich bewerben

Arbeitsplan

Kompetenzen	- Die menschlichen Bedürfnisse klassifizieren - Die Wirtschaftsstruktur im allgemeinen und regionalen Kontext, wie z. B. die Standortwahl kompetent sowie rechtskonform analysieren und darstellen - Unternehmen im allgemeinen und regionalen Kontext in Hinblick auf ihre Ziele und Aufgaben analysieren - Die Bedeutung regionaler Unternehmen für die Gesamtwirtschaft beurteilen - Die Tätigkeitsbereiche regionaler Unternehmen prüfen und einordnen - Die Stellen- und Ausbildungsangebote regionaler Unternehmen untersuchen und kategorisieren - Die aktuellen Entwicklungen auf dem Ausbildungs- und Arbeitsmarkt mit Hilfe aktueller Statistiken auswerten, beurteilen und anschaulich präsentieren
Inhalte	- Bedürfnisse eines Menschen - Betriebs- und volkswirtschaftliche Produktionsfaktoren (Input) - Güter und Dienstleistungen (Output) - Regionale Wirtschaftsstruktur, Standortwahl - Wirtschaftsbereiche (-sektoren), Unternehmensziele (-philosophie) - Struktur des Ausbildungs- und Arbeitsmarktes einschließlich der jeweiligen Entwicklungen
Portfolio	- Master-Folie mit Corporate Design - Power-Point-Präsentation - Schaubild „Wirtschaftliche Entscheidungen zur Unternehmensgründung" - Klassifizierung der menschlichen Bedürfnisse (Pyramide nach Maslow) - Strukturbild „Güterarten" - Schaubild „Produktionsfaktoren" - Auswertung statistischer Daten - Handout
Zeit	ca. 30 Stunden

Warm-up

Nehmen Sie Stellung zu den nachstehend aufgeführten „Meldungen" zum Ausbildungs- bzw. Arbeitsmarkt

---

Bundesagentur für Arbeit: „AzubiWelt Ausbildungssuche per App":

Entdecke mit der AzubiWelt die Vielfalt der Ausbildungsberufe und finde in Deutschlands größter Ausbildungsbörse die Lehrstelle, die zu dir passt. Die App ist kostenlos und wurde gemeinsam mit Schülerinnen und Schülern entwickelt.

Unternehmen in Deutschland bieten entsprechend ihrem Fachkräftebedarf Ausbildungsplätze an. Für Jugendliche heißt das, dass sie später super Übernahmechancen in den Betrieben haben und eine sehr gute berufliche Perspektive. Das führt dazu, dass wir die niedrigste Jugendarbeitslosigkeit in Europa haben.

Lehrstellenradar der Handwerkskammer

Finde Ausbildungs- und Praktikumsplätze ganz in deiner Nähe. Nie war es einfacher einen Ausbildungsplatz zu finden ...

Die Situation auf dem Lehrstellenmarkt ist seit Jahren angespannt. Die aktuelle Deutschlandkarte belegt, dass sich die Lehrstellensituation trotz günstiger wirtschaftlicher Rahmenbedingungen nicht verbessert hat. Ein stabiler und nachhaltiger Aufwärtstrend ist nicht in Sicht.

3. Lernsituation: Moderne Arbeitswelten analysieren

3.1 Lernaufgabe

Nach dem erfolgreichen Abschluss der Höheren Berufsfachschule Wirtschaft möchte ich einen geeigneten Ausbildungsplatz finden. Zum besseren Verständnis befasse ich mich zunächst mit allgemeinen wirtschaftlichen Zusammenhängen. Ich lerne die unterschiedlichen Wirtschaftsbereiche kennen, werde mich über exemplarische Gründe informieren, warum sich ein Unternehmen für seinen Standort entschieden hat.

Meine Zukunftsplanung spielt für mich eine wichtige Rolle, denn letztlich werde ich über viele Jahre in dem von mir gewählten Berufsfeld tätig sein. Im Vorfeld ist es für mich von Bedeutung verschiedene Wirtschaftsbereiche (Industrie, Handwerk, Handel oder Dienstleistung) kennenzulernen. Dies erleichtert mir die spätere Entscheidung, in welchem Bereich ich gerne tätig sein möchte. Des Weiteren beschäftige ich mich mit der regionalen Wirtschaftsstruktur, wodurch ich mich mit Ausbildungsbetrieben in meiner Umgebung auseinandersetze. Eine Bewerbung kann ich dadurch konkret an ein Unternehmen richten, mit dessen Zielen und Aufgaben ich mich identifiziere.

Letztlich möchte ich mit meiner Arbeit möglichst aussagekräftige Informationen über die Wirtschaftsstruktur, d. h. potentielle Arbeitgeber in meiner Umgebung sammeln, sodass ich meine Ergebnisse in einer Power-Point-Präsentation dokumentiere:

Wie sieht die Wirtschaftsstruktur in meinem Umfeld aus?

Arbeitsauftrag

Einzelarbeit

1. **Erarbeiten** Sie die Wirtschaftlichen Entscheidungen zur Gründung eines Unternehmens (Seite 101).
2. **Halten** Sie zum besseren Verständnis die wesentlichen Inhalte strukturiert fest (z. B. Schaubild, Tabelle ...).

Tandem

3. **Vergleichen** Sie Ihre Ergebnisse.
4. **Erstellen** Sie eine professionelle digitale Präsentation mit dem Titel: „Meine regionale berufliche Perspektive" (Folienmaster mit einem einheitlichen Layout, Titelfolie und noch zwei weitere Folien (Seite 22) mit ansprechendem Design. Beachten Sie die Gestaltungsregeln für digitale Präsentationen (Seite 96).
5. **Recherchieren** Sie zwei Unternehmensneugründungen aus unterschiedlichen Wirtschaftsbereichen an Ihrem Ort bzw. Ihrer Stadt im vergangenen Jahr und bestimmen Sie ggf. die Beweggründe der Unternehmen.
6. **Ergänzen** Sie Ihre Folien mit den Beispielunternehmen und Ihren Beweggründen. Arbeiten Sie mit der Tabelle (Seite 174).

> **Lernfeld: In der Arbeitswelt orientieren, ein berufliches Selbstverständnis entwickeln und sich bewerben**

Zweier-Tandem

7. **Prüfen** Sie, ob das Partnertandem die Gestaltungsregeln eingehalten hat und die Folieninhalte sowohl für die Unternehmensneugründung als auch die regionalen Daten korrekt sind. Vermerken Sie auf der letzten Folie die verwendeten Quellen.

8. **Korrigieren** Sie sich ggf. und passen Ihre Präsentation an – bereiten Sie sich auf eine lebendige Präsentation vor, indem Sie die Fakten Ihrer regionalen Gegebenheit in den Fokus nehmen und ausführlich die Leitfrage beantworten – nutzen Sie das Notizfeld Ihres Präsentationsprogrammes und den Katalog (Lernaufgabe 2.3) zur lebendigen Präsentation.

Plenum

9. **Präsentieren** Sie und stehen für Rückfragen zur Verfügung.

Einzelarbeit

10. **Korrigieren** Sie eventuell Ihre digitale Präsentation, speichern Sie erneut und **drucken** Sie die Folien mit den Notizen (Seite 182) für Ihre Portfolio-Mappe aus.

11. **Schätzen** Sie Ihre Kompetenzen zu Regionale Wirtschaftsstruktur analysieren und präsentieren ein.

Kompetenzen	Regionale Wirtschaftsstruktur analysieren und präsentieren	Level
Informieren	*Ich kann Kriterien erläutern, die die wirtschaftlichen Entscheidungen zur Gründung eines Unternehmens beeinflussen.*	o○○○
Planen	*Ich kann begründen, welche Anforderungen die Standortentscheidung beeinflussen.*	o○○○
Entscheiden	*Ich kann situationsbezogen entscheiden, mit welchen wirtschaftlichen Entscheidungen zur Gründung eines Unternehmens eine Präsentation überzeugen kann.*	o○○○
Durchführen	*Ich kann eine professionelle Präsentation zur regionalen Wirtschaftsstruktur erstellen, lebendig und anschaulich präsentieren.*	o○○○
Kontrollieren	*Ich kann durch Selbst- und Fremdwahrnehmung überprüfen, ob meine Präsentation situationsgerecht war.*	o○○○
Bewerten	*Ich kann aufgrund meiner Analyse die regionale Wirtschaftsstruktur beurteilen.*	o○○○

3. Lernsituation: Moderne Arbeitswelten analysieren

3.2 Lernaufgabe

Für mein grundlegendes berufliches Verständnis ist es wichtig, dass ich nachvollziehen kann, warum es verschiedene Unternehmen am Markt gibt. Eine Erklärung liefern die unterschiedlichen Wünsche der einzelnen Menschen. Bereits meine Mitschüler(innen) und ich unterscheiden sich darin:

Welche Bedürfnisse habe ich?

Arbeitsauftrag

Einzelarbeit

1. **Notieren** Sie zunächst Ihre momentanen Wünsche. Denken Sie darüber nach, wie Sie diese erfüllen können und ergänzen Sie Ihre Antworten.

Tandem

2. **Begründen** Sie Ihrem Partner Ihre Wünsche. Gehen Sie dabei darauf ein, welche Möglichkeiten es gibt diese zu erfüllen.

Einzelarbeit

3. **Informieren** Sie sich mithilfe des Textes über die Bedürfnisse eines Menschen (Seite 103).

Tandem

4. **Tauschen** Sie sich über die neuen Lerninhalte aus. Beantworten Sie sich gegenseitig bestehende Fragen fachlich korrekt.

5. **Gehen** Sie nun arbeitsteilig vor. Ein Partner gliedert sowohl die Bedürfnisse nach ihrer „Dringlichkeit" als auch nach den „Trägern der Befriedigung" (z. B. Mind-Map, Schaubild, ...). Der andere bereitet die Bedürfnisse nach Maslow grafisch auf (z. B. Pyramide, Treppenform, ...).

6. **Stellen** Sie sich gegenseitig Ihre Arbeitsergebnisse vor. Eventuell offene Fragen Ihres Partners beantworten Sie fachlich korrekt.

7. **Vervollständigen** Sie Ihre Unterlagen, um die fehlenden Informationen. Korrigieren Sie mögliche Fehler.

Tandem

8. **Bereiten** Sie sich gemeinsam auf eine Präsentation vor. Dabei tauschen Sie die Rollen, indem Sie jeweils die Bedürfnisse vortragen, die Ihr Partner grafisch aufbereitet hat.

9. **Beleben** Sie Ihre Präsentation durch ein kurzes szenisches Spiel. Wählen Sie dazu ein menschliches Bedürfnis aus, welches Sie im Plenum anschaulich präsentieren, um das Erinnerungsvermögen Ihrer Mitschüler zu fördern.

Lernfeld: In der Arbeitswelt orientieren, ein berufliches Selbstverständnis entwickeln und sich bewerben

Plenum

10. **Stellen** Sie dem Plenum Ihre grafischen Darstellungen vor, vergessen Sie nicht Ihr szenisches Spiel zur Verdeutlichung.

11. **Nehmen** Sie konstruktives Feedback entgegen.

Einzelarbeit

12. **Suchen** Sie für die gefundenen Bedürfnisse jeweils mindestens ein Unternehmen in Ihrer Umgebung, welches geeignet ist, Ihre Bedürfnisse zu stillen.

Plenum (Stehcafé)

13. **Tauschen** Sie sich über die gefundenen Unternehmen aus und informieren Sie sich darüber, ob Ihre Mitschüler(-innen) weitere Alternativen gefunden haben.

Einzelarbeit (Hausaufgabe)

14. **Ergänzen** Sie Ihre PowerPoint-Präsentation: „Meine regionale berufliche Perspektive". Visualisieren Sie Ihre ausgesuchten Inhalte mit Bildern (Seite 171) oder grafischen Elementen (Zeichnen in PowerPoint Seite 172 oder Visuelle Darstellungen Seite 177). Verwenden Sie max. zwei Folien.

15. **Erweitern** Sie Ihr Portfolio entsprechend der Plenums-Ergebnisse. Arbeiten Sie sorgfältig, so minimieren Sie Ihren Aufwand für Ihr Kompetenz-Portfolio.

16. **Schätzen** Sie Ihre Kompetenzen zu Menschliche Bedürfnisse klassifizieren ein.

Kompetenzen	Menschliche Bedürfnisse klassifizieren	Level
Informieren	Ich kann menschliche Bedürfnisse nennen und ihre Bedeutung erläutern.	○○○○
Planen	Ich kann Maßnahmen formulieren, um die Bedürfnisse zu befriedigen.	○○○○
Entscheiden	Ich kann situationsbezogen entscheiden, welche Unternehmen menschliche Bedürfnisse abdecken.	○○○○
Durchführen	Ich kann die Bedürfnisse des Menschen grafisch darstellen, erläutern sowie anschaulich und einprägsam in einem szenischen Spiel darstellen.	○○○○
Kontrollieren	Ich kann durch Selbst- und Fremdwahrnehmung überprüfen, ob mithilfe meiner grafischen Darstellung und des szenischen Spiels die Bedürfnisse angemessen klassifiziert wurde.	○○○○
Bewerten	Ich kann aufgrund meiner Analyse nachvollziehen, warum es verschiedene regionale Unternehmen auf dem Markt geben muss.	○○○○

3. Lernsituation:
Moderne Arbeitswelten analysieren

3.3 Lernaufgabe

Meine Bedürfnisse sind unterschiedlich, sodass auch verschiedene Güter bzw. Dienstleistungen notwendig sind, um diese zu stillen. Die Herstellung der Güter und Dienstleistungen, der Output, erfolgt von unterschiedlichen Unternehmen und ist abhängig von Produktionsfaktoren, dem Input.

Wieso bin ich als Produktionsfaktor (Input) wichtig für die Herstellung von Gütern (Output)?

Arbeitsauftrag

Einzelarbeit

1. **Erschließen** Sie sich sowohl den Text über Güter – Output (Seite 104) als auch über Produktionsfaktoren – Input (Seite 105).

Tandem

2. **Erklären** Sie sich gegenseitig die unterschiedlichen Güterarten und Produktionsfaktoren.

Einzelarbeit

3. **Halten** Sie Ihre bisherigen Arbeitsergebnisse schriftlich fest. Dazu erstellt ein Partner ein Organigramm über die verschiedenen Güter. Der andere stellt die einzelnen Produktionsfaktoren, z. B. in Form eines Schau- oder Tafelbildes grafisch dar. Achten Sie beide darauf, die verwendeten Fachbegriffe zu definieren und durch korrekte Beispiele zu ergänzen.

Tandem

4. **Stellen** Sie Ihrem Partner Ihre bisherigen Arbeitsergebnisse vor, beantworten Sie eventuelle Fragen und korrigieren Sie mögliche Fehler.

Zweier-Tandems

5. **Erläutern** Sie sich tandemweise die Fachbegriffe der Güterarten und Produktionsfaktoren. Verwenden Sie dazu Ihre grafischen Darstellungen.

6. **Diskutieren** Sie einerseits über die Leitfrage (fachliche Inhalte), andererseits über die von Ihnen gewählte Art der Aufbereitung.

7. **Optimieren** Sie ein gemeinsames Strukturbild zum Thema „Güterarten" und ein geeignetes Schaubild zum Thema „Produktionsfaktoren".

8. **Bereiten** Sie sich auf einen Museumsrundgang vor. Jede Gruppe stellt zwei Teammitglieder ab, um dem Plenum die Arbeitsergebnisse in Bezug auf die Leitfrage zu erklären. Die beiden übrigen informieren sich an den anderen Stationen.

Lernfeld: In der Arbeitswelt orientieren, ein berufliches Selbstverständnis entwickeln und sich bewerben

Plenum (Museumsgang)

9. **Informieren** Sie sich während des Rundganges anhand der Darstellungsalternativen der anderen Tandems. Formulieren Sie Fragen bei Unklarheiten.

10. **Reflektieren** Sie im Plenum die gesehenen Darstellungen und die Erläuterungen in Bezug auf die Leitfrage.

11. **Entscheiden** Sie sich gemeinsam für eine geeignete Darstellungsmöglichkeit. Stimmen Sie ab.

Einzelarbeit

12. **Halten** Sie die vereinbarten Darstellungen oder die Darstellungen, die Ihnen für Ihr Lernen am geeignetsten erscheinen, in Ihrer Portfolio-Mappe schriftlich fest.

13. **Schätzen** Sie Ihre Kompetenzen zu Abhängigkeiten von Herstellung der Güter und Dienstleistungen grafisch darstellen ein.

Kompetenzen	Abhängigkeiten von Herstellung der Güter und Dienstleistungen grafisch darstellen	Level
Informieren	Ich kann die Abhängigkeit von Input (Produktionsfaktor) und Output (Güter) erläutern.	○○○○
Planen	Ich kann die Abhängigkeit von Input (Produktionsfaktor) und Output (Güter) strukturieren.	○○○○
Entscheiden	Ich kann situationsbezogen entscheiden, welche Darstellungsform die Abhängigkeit von Input (Produktionsfaktor) und Output (Güter) zeigt.	○○○○
Durchführen	Ich kann die Abhängigkeit von Input (Produktionsfaktor) und Output (Güter) grafisch darstellen.	○○○○
Kontrollieren	Ich kann durch Selbst- und und mithilfe von Fremdreflexion überprüfen, ob meine grafische Darstellung (Input - Output) geeignet ist.	○○○○
Bewerten	Ich kann aufgrund meiner grafischen Darstellung sehr leicht die Abhängigkeiten (Input - Output) beurteilen.	○○○○

3. Lernsituation:
Moderne Arbeitswelten analysieren

3.4 Lernaufgabe

Für mich ist es wichtig die Gesamtwirtschaft künftig mit ihren Zusammenhängen zu verstehen. Je besser ich darüber informiert bin, welche Ziele ein Unternehmen verfolgt, beispielsweise, ob es lediglich daran interessiert ist seinen Gewinn zu maximieren oder/ und auch Rücksicht auf seine Mitarbeiter nimmt, umso leichter kann ich entscheiden, in welches Unternehmen ich meine Arbeitskraft einbringen möchte. Über Details informiert mich die nachstehende Lernaufgabe:

Welches Leitbild und welche Ziele verfolgt das Unternehmen, in dem ich arbeiten möchte?

Arbeitsauftrag

Einzelarbeit

1. **Erschließen** Sie sich sowohl den Text über Wirtschaftsbereiche (-sektoren) (Seite 106) sowie Unternehmensleitbild (-philosophie) (Seite 107) und Unternehmensziele (-aufgaben) nach den Wirtschaftsprinzipien (Seite 108).

2. **Notieren** Sie sich die neuen Fachinhalte aus beiden Texten. Beachten Sie, dass Sie alle notwendigen Informationen berücksichtigt haben. Arbeiten Sie gewissenhaft.

3-er Gruppe

3. **Tauschen** Sie sich über die neuen Informationen aus, beantworten Sie sich gegenseitig bislang Ungeklärtes und korrigieren Sie unter Umständen Ihre Notizen.

4. **Suchen** Sie in der Gruppe nach einem Beispiel, welches den Herstellungsprozess eines fertigen Gutes von der Urerzeugung bis zur Dienstleistung beschreibt. Vervollständigen Sie dieses Beispiel durch möglichst viele realistische Unternehmensziele. Entscheiden Sie gemeinsam, nach welchem Wirtschaftsprinzip das Unternehmen agiert.

5. **Halten** Sie Ihre letztliche Idee für ein geeignetes Beispiel auf einem Handzettel fest.

6. **Bereiten** Sie sich auf eine für das Plenum aussagekräftige Präsentation vor.

7. **Teilen** Sie jedem Gruppenmitglied eine konkrete Aufgabe zu, d.h., ein Mitglied übernimmt die Zuordnung der verschiedenen Wirtschaftsbereiche vom Rohstoff bis zum verkaufsfähigen Gut, ein anderes begründet eventuelle Unternehmensziele. Während der Dritte die Aufgaben des Unternehmens bzw. das angewandte Wirtschaftsprinzip erklärt.

Plenum

8. **Stellen** Sie dem Plenum Ihre Arbeitsergebnisse vor und stehen Sie für Rückfragen zur Verfügung.

9. **Diskutieren** Sie über das Beispiel. Berücksichtigen Sie die gewählten Unternehmensziele und beurteilen Sie, ob das zugeordnete Wirtschaftsprinzip schlüssig ist.

© Verlag Europa-Lehrmittel

> **Lernfeld: In der Arbeitswelt orientieren,
> ein berufliches Selbstverständnis entwickeln und sich bewerben**

10. **Geben** Sie der Gruppe ein konstruktives Feedback. Verwenden Sie dazu Ich-Formulierungen.

11. **Einigen** Sie sich auf mindestens zwei geeignete Beispiele, sodass beide Wirtschaftsprinzipien berücksichtigt sind.

12. **Finden** Sie im Plenum gemeinsame Unternehmensbeispiele aus Ihrer Region.

Einzelarbeit

13. **Halten** Sie die Plenumsergebnisse schriftlich in Ihrer Portfolio-Mappe fest. Notieren Sie sich eigene Gedankenstützen, die Ihnen dabei helfen die Beispiele eigenständig anzuwenden.

14. **Ergänzen** Sie Ihre Power-Point-Präsentation: „Meine regionale berufliche Perspektive" durch regionale Unternehmensbeispiele, die Sie für Ihren Auswahlprozess für wichtig erachten. Nutzen Sie die Gestaltungsmöglichkeiten (ab Seite 172).

15. **Ergänzen** Sie im Notizfeld (Seite 182) Ihre Anmerkungen. Achten Sie auf die Gestaltungsregeln. **Drucken** Sie Ihre Präsentation mit den Notizen aus und heften Sie sie in Ihre Portfolio-Mappe ab.

16. **Schätzen** Sie Ihre Kompetenzen Unternehmensziele analysieren und bewerten ein.

Kompetenzen	Unternehmensziele analysieren und bewerten	Level
Informieren	*Ich kann die Wirtschaftsbereiche, ein Leitbild sowie Unternehmensziele erläutern.*	○○○○
Planen	*Ich kann den Herstellungsprozess eines fertigen Gutes von der Urerzeugung bis zur Dienstleistung beschreiben.*	○○○○
Entscheiden	*Ich kann aufgrund des Herstellungsprozesses eines fertigen Gutes von der Urerzeugung bis zur Dienstleistung beurteilen, welche realistischen Ziele das Unternehmen verfolgt.*	○○○○
Durchführen	*Ich kann in einer Präsentation für einen konkreten Herstellungsprozess den Wirtschaftsbereich zuordnen, die Unternehmensziele begründen und das angewandte Wirtschaftsprinzip erklären.*	○○○○
Kontrollieren	*Ich kann durch Selbst- und mithilfe von Fremdreflexion überprüfen, ob meine Präsentation den Anforderungen gerecht wird bzw. verbessert werden muss.*	○○○○
Bewerten	*Ich kann beurteilen, welches Leitbild und welche Unternehmensziele meinen Vorstellungen in der Arbeitswelt entspricht.*	○○○○

3. Lernsituation:
Moderne Arbeitswelten analysieren

3.5 Lernaufgabe

In der vorangegangenen Lernaufgabe habe ich mich mit den einzelnen Wirtschaftsbereichen auseinandergesetzt. In jedem Bereich fallen Arbeiten an, sodass unterschiedliche Berufsfelder entstanden sind, für die staatlich anerkannte Ausbildungen notwendig sind. Meine Berufswahl möchte ich nicht nur von wirtschaftlichen Aspekten abhängig machen, sondern auch von meinen Interessen und Fähigkeiten. Entsprechend werde ich mir meines Berufswunsches bewusst und interessiere mich dafür, ob es möglich ist, ihn in meiner Region zu erfüllen.

Welche Berufsfelder, einschließlich der notwendigen Ausbildungsberufe, bieten mir regionale Unternehmen an?

Arbeitsauftrag

Einzelarbeit

1. **Überlegen** Sie sich, in welchem Bereich Sie gerne arbeiten möchten (stört Sie körperlicher Kontakt mit erkrankten und/oder älteren Menschen, arbeiten Sie lieber in einem Büro, sehen Sie Ihre Stärke im Verkauf, halten Sie sich gerne „bei Wind und Wetter" im Freien auf, möchten Sie mit ihren Händen arbeiten, …). Notieren Sie Ihre Vorlieben.

2. **Leiten** Sie daraus Ihren Berufswunsch ab bzw. grenzen Sie ihn ein und notieren entsprechend.

Plenum

3. **Führen** Sie gemeinsam ein Brainstorming an der Tafel durch. Ein Schüler ist Schriftführer. Alle achten darauf, dass es zu keinen Doppelnennungen kommt.

4. **Ordnen** Sie die gesammelten Berufe in einen der drei Wirtschaftssektoren aus Lernaufgabe 3.4 ein.

5. **Halten** Sie fest, welcher Bereich am Stärksten vertreten ist.

Einzelarbeit

6. **Informieren** Sie sich über den Wandel am Arbeitsmarkt (Seite 114).

7. **Prüfen** Sie, ob das Ergebnis Ihres Brainstormings sich mit den Informationen aus dem Informationstext deckt.

Plenum

8. **Tauschen** Sie sich knapp über Ihre Arbeitsergebnisse aus.

Lernfeld: In der Arbeitswelt orientieren, ein berufliches Selbstverständnis entwickeln und sich bewerben

Einzelarbeit (bei identischen Berufswünschen auch im Tandem)

10. **Informieren** Sie sich bei geeigneten Ansprechpartnern bzw. im Internet. In welchem Unternehmen in Ihrer Nähe können Sie Ihren Wunschberuf erlernen? Geeignete Stellen sind beispielsweise die Industrie- und Handelskammer, Handwerkskammer, Bundesagentur für Arbeit. Anschließend recherchieren Sie nach den Leitbildern des Unternehmens.

11. **Ergänzen** Sie Ihre Power-Point-Präsentation: „Meine regionale berufliche Perspektive" um die bisherigen Ergebnisse, d. h. den Bereich, indem Sie gerne arbeiten möchten, die Antworten aus dem Brainstorming und der Textarbeit sowie geeignete Ausbildungsunternehmen in Ihrer Region. Notieren Sie Ihre Argumente im Notizfeld. Bedenken Sie, dass die Präsentation Ihren Vortrag nur unterstützenden soll – visualisieren Sie daher sehr gezielt.

12. **Schätzen** Sie Ihre Kompetenzen Geeignete regionale Ausbildungsmöglichkeiten auflisten ein.

Kompetenzen	Geeignete regionale Ausbildungsmöglichkeiten auflisten	Level
Informieren	*Ich kann den Wandel auf dem Arbeitsmarkt erläutern.*	○○○○
Planen	*Ich kann Berufe mit guten Zukunftsperspektiven beschreiben.*	○○○○
Entscheiden	*Ich kann meinen Berufswunsch/-wünsche äußern.*	○○○○
Durchführen	*Ich kann mich bei unterschiedlichen Einrichtungen nach geeigneten regionalen Ausbildungsbetrieben erkunden und im Internet recherchieren, ob diese für mich passende Unternehmensziele verfolgen.*	○○○○
Kontrollieren	*Ich kann kritisch reflektieren, ob meine Berufswünsche in meiner Region erfüllt werden.*	○○○○
Bewerten	*Ich kann meine Vorgehensweise bei der Ausbildungsstellensuche einschätzen und bewerten.*	○○○○

3. Lernsituation: Moderne Arbeitswelten analysieren

3.6 Lernaufgabe

In den letzten Lernaufgaben habe ich bereits einiges darüber gelernt, wie sich die Arbeitswelt in den vergangenen Jahrzehnten verändert hat. Sicherlich muss auch ich mich in meinem Erwerbsleben an einige Neuerungen anpassen. Entsprechend dazu finde ich die nachstehende Pressemitteilung des Statistischen Bundesamtes:

> **Soft Skills und allgemeine IT-Kenntnisse stellen zukünftig wichtige Mitarbeiterqualifikationen dar**
>
> WIESBADEN – Die Vermittlung von Soft Skills und allgemeinen IT-Kenntnissen spielt in den Weiterbildungsstrategien deutscher Unternehmen eine zentrale Rolle. Wie das Statistische Bundesamt (Destatis) mitteilt, wurden bei der Fünften Europäischen Erhebung über die berufliche Weiterbildung Kundenorientierung (50 %) und technische, praktische oder arbeitsplatzspezifische Fertigkeiten (52 %) von jedem zweiten Unternehmen zu den wichtigsten Qualifikationen für die zukünftige Unternehmensentwicklung gezählt. Es folgten Teamfähigkeit (43 %) und Problemlösungskompetenz (30 %). Allgemeine IT-Kenntnisse, die im Zuge der Digitalisierung an Bedeutung gewinnen, gehörten für 35 % der Unternehmen zukünftig zu den wichtigsten Qualifikationen.
>
> Auf technische, praktische oder arbeitsplatzspezifische Fertigkeiten entfielen im Jahr 2015 bei fast zwei Drittel der Unternehmen (64 %) die meisten Stunden interner oder externer Lehrveranstaltungen. Kundenorientierung war bei 27 % der Unternehmen Gegenstand der meisten Schulungsstunden, allgemeine IT-Kenntnisse bei 20 %, Teamfähigkeit bei 16 % der Unternehmen.
>
> *Pressemitteilung vom 27.07.2018*

Inwieweit beeinflussen die Entwicklungen und Trends des Ausbildungs- und Arbeitsmarktes meine berufliche Zukunft?

Arbeitsauftrag

Einzelarbeit

1. **Informieren** Sie sich über die aktuelle Lage sowie Entwicklungstendenzen am Arbeitsmarkt (Seite 114). Beachten Sie die Grafik.

2. **Verschriftlichen** Sie wesentliche Inhalte, z. B. als MindMap, auf Karteikarten, …

3. **Entscheiden** Sie, welche Auswirkungen die Entwicklungstendenzen am Arbeitsmarkt auf Ihr Erwerbsleben haben und wie Sie damit umgehen möchten. Notieren Sie Ihre Ideen.

Tandem

4. **Tauschen** Sie sich über die neuen Informationen aus, gehen Sie insbesondere auf ihre Zukunftsideen ein.

5. **Bereiten** Sie sich auf eine Kurzpräsentation im Plenum vor.

Plenum (Stuhlkreis oder Losverfahren)

6. **Präsentieren** Sie überzeugend, insbesondere wie Sie den Trends der Zukunft begegnen möchten.

7. **Lassen** Sie sich ein konstruktives Feedback geben.

Lernfeld: In der Arbeitswelt orientieren, ein berufliches Selbstverständnis entwickeln und sich bewerben

Einzelarbeit (Hausaufgabe)

8. **Erweitern** Sie Ihre Power-Point-Präsentation „Meine regionale berufliche Perspekive". Insbesondere als Schlussfolie stehen Ihre individuellen Ideen, wie Sie persönlich in der veränderten Arbeitswelt agieren, im Vordergrund. Nutzen Sie die Notizfunktion.

9. **Kontrollieren** Sie Ihre komplette Power-Point-Präsentation ob alle Kriterien erfüllt sind.

10. **Bereiten** Sie sich auf die komplette PowerPoint-Präsentation (Seite 166) „Meine regionale berufliche Perspekive" vor, indem Sie passend zu Ihrem Vortrag die Powerpoint-Präsentation einrichten und animieren. Üben Sie die Präsentation – achten Sie auf freies Sprechen, die Notizzettel sind nur zur Orientierung gedacht, die digitale Präsentation ist nur unterstützend und wirken Sie überzeugend.

Plenum (Stuhlkreis oder Losverfahren)

11. **Stellen** Sie Ihre PowerPoint-Präsentation „Meine regionale berufliche Perspektive" vor.

12. **Lassen** Sie sich ein Feedback geben.

Einzelarbeit

13. **Drucken** Sie Ihre Präsentation aus und heften Sie sie in Ihre Portfolio-Mappe ab.

14. **Schätzen** Sie Ihre Kompetenzen Meine regionale berufliche Perspektive analysieren ein.

Kompetenzen	Meine regionale berufliche Perspektive analysieren	Level
Informieren	Ich kann die aktuelle Lage sowie die Entwicklungstendenzen auf dem Arbeitsmarkt erläutern.	○○○○
Planen	Ich kann Entwicklungstrends für meinen Berufswunsch einbinden und diesen auf dem regionalen Arbeitsmarkt berücksichtigen.	○○○○
Entscheiden	Ich kann in Hinblick auf meine regionale berufliche Perspektive einschätzen, welche regionalen Ausbildungsbetriebe, meine beruflichen (Wirtschaftsbereich) sowie sozialen Anforderungen (Unternehmensziele) anbieten.	○○○○
Durchführen	Ich kann meine regionale berufliche Perspektive anschaulich in einer digitalen Präsentation darstellen und lebendig präsentieren.	○○○○
Kontrollieren	Ich kann durch Selbst- und mithilfe von Fremdreflexion überprüfen, ob meine Präsentation „Meine regionale berufliche Perspekive" den Anforderungen gerecht wird bzw. verbessert werden muss.	○○○○
Bewerten	Ich kann begründet darstellen, welche berulichen Perspektiven mein regionaler Arbeistmarkt bietet.	○○○○

3. Lernsituation: Moderne Arbeitswelten analysieren

	Bewertungsraster	
	Meine regionale berufliche Perspekive	
Instrumente	Kriterien	Punkte
Inhalt	Wirtschaftsstruktur in meinem Umfeld	50/
	Deckung der Bedürfnisse von regionale Unternehmen	
	Passende Unternehmen in der Region	
	Passende Berufsfelder in der Region	
	Berufliche Zukunft – Entwicklungen und Trends	
	Eigenes Fazit	
	Aussagekräftige Überschriften	
	…	
	…	
Gestaltung der Präsentation	Sinnvolle Startfolie	25/
	Masterfolie für einheitliche Schriften, Farben, Kopf- und Fußzeile	
	Überschriften (nicht animiert)	
	Folien überwiegend grafisch und kreativ gestaltet	
	Gute Aufteilung der Folie (freie Flächen – keine überfüllten Folien)	
	Gestaltung unterstützt den Vortrag	
	Harmonische Animation	
	….	
Präsentaton	Der Präsentator überzeugte durch Sprache, Gestik, Mimik und Haltung.	25/
	Die Zuhörer wurden in den Vortrag mit eingebunden.	
	Der Präsentator argumentierte souverän.	
	Die Inhalte wurden aus persönlicher Sicht vorgestellt.	
	Gesamt-Ergebnis	100/

Lernfeld: In der Arbeitswelt orientieren, ein berufliches Selbstverständnis entwickeln und sich bewerben

3.7 Lernaufgabe – Reflexion

Die dritte Lernsituation ist abgeschlossen. Meine derzeitigen Kompetenzfelder reflektiere ich anhand meines persönlichen Portfolios (Handlungsprodukte und Power-Point-Präsentation). Dazu setze ich mich mit den Kerninhalten der Lernsituation „Moderne Arbeitswelten analysieren und dokumentieren" auseinander.

- Menschliche Bedürfnisse klassifizieren
- Betriebs- und volkswirtschaftliche Produktionsfaktoren in den Kontext der Gesamtwirtschaft einordnen
- Ziele, Aufgaben, ... von Unternehmen im Allgemeinen und regional einordnen
- Stellen- und Ausbildungsangebote regionaler Unternehmen prüfen und einordnen bzw. das für mich geeignete Ausbildungsunternehmen in der Region finden
- Aktuelle Entwicklungen auf dem Ausbildungs- und Arbeitsmarkt beurteilen und daraus berufliche Entwicklungsmöglichkeiten für mich entwickeln

Welche beruflichen Perspektiven erwarten mich in meiner Region?

Arbeitsauftrag

Einzelarbeit

1. **Äußern** Sie sich aus den in der vergangenen Lernsituation gemachten Erfahrungen zu den einzelnen Inhaltskategorien des Kompetenz-Portfolios. Orientieren Sie sich an den Kerninhalten, nehmen Sie Ihre erstellten Handlungsprodukte zu Hilfe (Klassifizierung der menschlichen Bedürfnisse, Darstellung des In- und Output eines Unternehmens, Power-Point-Präsentation Meine regionale berufliche Perspekive, insbesondere mit Bezug auf Ihren Berufswunsch).

2. **Geben** Sie in der Einleitung wieder, womit Sie sich in dieser Lernsituation beschäftigt haben. Stellen Sie im Hauptteil Ihre Lernerfolge, -wege und -probleme dar. Ziehen Sie am Schluss ein Fazit und stecken Sie sich neue Ziele.

3. **Gestalten** Sie Ihr Portfolio leserfreundlich, indem Sie Name, Datum ... in die Kopfzeile eintragen, Ihre Gedanken in Abschnitte gliedern und mit Abschnittsüberschriften versehen.

Jour fixe (Beratungsgespräch mit Lehrkraft)

4. **Erläutern** Sie anhand des Kompetenz-Portfolios (Handlungsprodukte und Lernjournal) Ihre Entwicklung.

4. Lernsituation: Berufliches Selbstverständnis entwickeln und sich gezielt im Beruf orientieren

Arbeitsplan

Kompetenzen	■ Berufliches Selbstverstandnis entwickeln ■ Stärken und Schwächen analysieren ■ Unternehmensprofil erstellen ■ Kompetenzorientierten Lebenslauf erstellen ■ Passgenaues Bewerbungsanschreiben verfassen ■ Online bewerben ■ Erfolgreich ein Praktikum absolvieren
Inhalte	■ Unternehmensprofil ■ Lebenslauf ■ Bewerbungsanschreiben ■ Online-Bewerbung ■ Bewerbungsmappe
Methoden/ Lernstrategien	■ Suchstrategien entwickeln ■ Informationen verarbeiten ■ Feedbackmethoden ■ Gruppenpuzzle ■ Kreisbrief
Zeit	ca. 30 Stunden

Warm-up

Wie finde ich erfolgreich meinen Wunscharbeitsplatz?

Werbung in eigener Sache

Lernfeld: In der Arbeitswelt orientieren, ein berufliches Selbstverständnis entwickeln und sich bewerben

4.1 Lernaufgabe

Was kann ich? Was will ich? Was soll ich werden? Hochschule oder Berufsausbildung? Die Frage Studium oder Berufsausbildung ist die zentrale Frage, über die ich möglichst früh nachdenken muss, um die richtigen Weichen zu stellen. Ich kenne meine Lieblingsfächer und meine Interessen, habe schon darüber nachgedacht, welchen Wunschberuf ich mir vorstellen kann. Aber entspricht mein bisheriger Wunsch auch meinen Fähigkeiten und Fertigkeiten. Kenne ich die geforderten berufsrelevanten Fähigkeiten (Soft Skills)? Zu meinem Beruf sollte ich eine Leidenschaft entwickeln – nur dann werde ich Freude daran haben und mich entwickeln können.

Wie entwickle ich ein berufliches Selbstverständnis, damit ich mich mit meiner Berufswahl identifizieren kann?

Arbeitsauftrag

Einzelarbeit

1. **Lesen** Sie den Informationstext Berufsrelevante Kompetenzen (Seite 116).
2. **Markieren** Sie die Schlüsselwörter.
3. **Informieren** Sie sich ggf. im Internet über die Bedeutung der Fremdwörter.
4. **Gestalten** Sie ein klar strukturiertes Merkblatt zu den Hard Skills und Soft Skills.
5. **Strukturieren** Sie die Informationen in Tabellenform – Tabellen gestalten (Seite 158)

Partnerarbeit

6. **Vergleichen** Sie Ihre Ergebnisse – üben Sie konstruktive Kritik, d. h. machen Sie Ihrem Partner Vorschläge, was er besser machen kann, bzw. sagen Sie ihm, was ihm gut gelungen ist.
7. **Verbessern** Sie ggf. Ihr Merkblatt über Hard Skills und Soft Skills.
8. **Erläutern** Sie schriftlich drei Soft Skills an Beispielen aus dem eigenen Umfeld bzw. aus der Berufspraxis.

Gruppenarbeit (Vierergruppen)

9. **Stellen** Sie sich die Anwendungsbeispiele zu den Soft Skills gegenseitig vor. Entscheiden Sie sich für die vier aussagekräftigsten.
10. **Bereiten** Sie sich auf eine gemeinsame lebendige Präsentation vor.

4. Lernsituation: Berufliches Selbstverständnis entwickeln und sich gezielt im Beruf orientieren

Plenum

11. **Präsentieren** Sie Ihr Ergebnis.
12. **Beurteilen** Sie die Ergebnisse:
    - Merkblatt: Inhalt, Layout
    - Beispiele: anschaulich, realitätsnah

Einzelarbeit

13. **Korrigieren** Sie ggf. Ihr Ergebnis und heften Sie es in Ihre Portfolio-Mappe ab.
14. **Schätzen** Sie Ihre Kompetenzen zu Berufsrelevanten Soft Skills erläutern ein. Sie werden erst mit der Zeit sicher in der Fachsprache werden, so dass Sie erst später das vierte Level erreichen.

Kompetenzen	Berufsrelevante Soft Skills erläutern	Level
Informieren	Ich kann die Informationen zu den berufsrelevante Kompetenzen erschließen und das Fachvokabular verstehen.	▣☐☐☐
Planen	Ich kann die Informationen über Hard- und Soft Skills so anordnen, dass sie für die Problemstellung (Tabelle gestalten) passsend ist.	▣☐☐☐
Entscheiden	Ich kann mich für die Situation (persönliche Soft Skills an Beispielen erläutern) für ein fachsprachliches Vokabular entscheiden und einen Lösungsweg (Beispiele aus dem Umfeld oder Berufspraxis) auswählen.	▣☐☐☐
Durchführen	Ich kann mithilfe des Lösungsweges und dem geeigneten Fachvokabular Anwendungsbeispiele zu den Soft Skills schriftlich erläutern und präsentieren.	▣☐☐☐
Kontrollieren	Ich kann durch Vergleich mit anderen Lösungen meinen eigene Darstellung und Anwendung der Fachsprache überprüfen und ggf. verbessern.	▣☐☐☐
Bewerten	Ich kann die Anwendung der Fachsprache einschätzen und bewerten.	▣☐☐☐

Lernfeld: In der Arbeitswelt orientieren, ein berufliches Selbstverständnis entwickeln und sich bewerben

4.2 Lernaufgabe

Für eine erfolgreiche Bewerbung spielen die Soft Skills eine sehr wichtige Rolle. Die Hard Skills, also das Fachwissen, lassen sich in der Regel schnell antrainieren.

Anders verhält sich das mit den Soft Skills, die werden nur sehr langsam weiter entwickelt. Dies bedeutet, dass ich mir meiner Soft Skills bewusst sein soll, um diese entsprechend zu fördern. Am besten mache ich mir einmal spontan Gedanken über drei meiner Stärken und drei meiner Schwächen. Die Stärken fallen mir sicherlich sofort ein – aber wie sieht es mit meinen Schwächen aus?

Worin liegen meine Stärken und Schwächen?

Arbeitsauftrag

Einzelarbeit

1. **Wählen** Sie aus den siebzehn genannten persönlichen Soft Skills (Seite 117) mindestens zehn Eigenschaften aus und schätzen Sie Ihren jetzigen Stand ein (Optimalbereich = Stärke, Potenzialmangel = Schwäche, übertriebene Ausprägung = Schwäche).

2. **Erstellen** Sie eine tabellarische Übersicht (Seite 159) zu Ihren Stärken und Schwächen.

Partnerarbeit

3. **Besprechen** Sie Ihre Stärke-Schwäche-Profile.

4. **Suchen** Sie gemeinsame Maßnahmen, um dem Optimalbereich Ihrer gewünschten Soft Skills näherzukommen.

Einzelarbeit

5. **Notieren** Sie drei überprüfbare verbindliche Zielvereinbarungen, die Sie in den nächsten beiden Monaten erreichen möchten.

Plenum (Stuhlkreis)

6. **Äußern** Sie sich zu den Fragen:
   - Warum ist regelmäßige Selbsteinschätzung sinnvoll?
   - Warum sollte ich meine Schwächen erkennen?
   - Warum sollte ich mir meiner Stärken bewusst sein?

Einzelarbeit

7. **Formulieren** Sie drei weitere Anwendungsbeispiele für Ihre Stärken.

8. **Heften** Sie Ihr Stärke-Schwäche-Profil in Ihr Portfolio-Mappe ab und überprüfen Sie Ihre Zielvereinbarungen turnusmäßig.

4. Lernsituation: Berufliches Selbstverständnis entwickeln und sich gezielt im Beruf orientieren

9. **Schätzen** Sie Ihre Kompetenzen zu Eigene Stärken und Schwächen analysieren ein. Sie werden sicher in dieser Lernaufgabe schon vertrauter sein.

Kompetenzen	Eigene Stärken und Schwächen analysieren	Level
Informieren	Ich kann wichtige berufsrelevante Eigenschaften (Soft Skills) aufzählen und erläutern.	○○○○
Planen	Ich kann meine persönlichen Eigenschaften in Stärken und Schwächen strukturieren.	○○○○
Entscheiden	Ich kann entscheiden, welche Eigenschaften bei mir sehr gut, verbesserungswürdig oder übertrieben ausgeprägt sind.	○○○○
Durchführen	Ich kann mein Stärke- und Schwächeprofil erstellen und Ziele formulieren, um die Eigenschaften dem Optimalbereich näher zu bringen.	○○○○
Kontrollieren	Ich kann überprüfen, ob meine Selbsteinschätzung der Fremdeinschätzung entspricht.	○○○○
Bewerten	Ich kann meine Stärken und Schwächen einschätzen und damit zukunftsorientiert mein Selbstbewusstsein stärken.	○○○○

Lernfeld: In der Arbeitswelt orientieren, ein berufliches Selbstverständnis entwickeln und sich bewerben

4.3 Lernaufgabe

Es ist so weit. Ich muss mich für einen Praktikumsplatz bewerben. Den größten Nutzen eines solchen Praktikums habe ich aber nur, wenn ich eine gründliche Vorbereitung, Durchführung und Nachbereitung vollziehe und mich über die Rechte und selbstverständlich auch Pflichten von Praktikanten informiere.

Wie absolviere ich korrekt ein Praktikum?

Arbeitsauftrag

Einzelarbeit

1. **Informieren** Sie sich zu den Themen Praktikum und Rechte und Pflichten von Praktikanten (Seite 121).
2. **Erstellen** Sie ein Informationsblatt „Erfolgreiches Praktikum" (Seite 80).

Tandem

3. **Vergleichen** Sie Ihre Ergebnisse und ergänzen Sie ggf.
4. **Stellen** Sie je eine Frage zu den Themen Praktikum und Rechte und Pflichten.

Plenum

5. **Präsentieren** Sie Ihr Ihr Informationsblatt „Erfolgreiches Praktikum vor und lassen Sie sich ein Feedback geben.
6. **Stellen** Sie Ihre Fragen und lassen Sie sie sich vom Plenum beantworten.
7. **Diskutieren** Sie im Plenum über „berufliches Selbstverständnis entwickeln" und welche Konsequenzen ein fehlerhaftes Verhalten hat. Lassen Sie eigene Erfahrungen mit einfließen.

Einzelarbeit

8. **Heften** Sie Ihr Informationsblatt „Erfolgreiches Praktikum" in Ihrer Portfolio-Mappe ab.
9. **Schätzen** Sie Ihre Kompetenzen zu Praktikum systematisch planen ein.

4. Lernsituation: Berufliches Selbstverständnis entwickeln und sich gezielt im Beruf orientieren

Kompetenzen	Praktikum systematisch planen	Level
Informieren	Ich kann Informationen rund ums Praktikum erläutern.	○○○○
Planen	Ich kann die Informaitonen zum Praktium strukturieren.	○○○○
Entscheiden	Ich kann entscheiden, welche Informationen auf das Informationsblatt kommen.	○○○○
Durchführen	Ich kann ein aussagekräftiges strukturiertes Informationsblatt „Erfolgreiches Praktikum" erstellen und präsentieren.	○○○○
Kontrollieren	Ich kann überprüfen, ob mein Informationsblatt den Anforderungen entspricht.	○○○○
Bewerten	Ich kann einschätzen, zu welchen Konsequenzen ein fehlerhaftes Verhalten während des Praktikum führen kann und inwieweit ich beginne ein berufliches Selbstverständnis zu entwickeln.	○○○○

Lernfeld: In der Arbeitswelt orientieren, ein berufliches Selbstverständnis entwickeln und sich bewerben

4.4 Lernaufgabe

Mittlerweile habe ich mich intensiv mit meinen Hard- und Soft Skills und über das berufliche Selbstverständnis eines Berufes auseinandergesetzt. Außerdem weiß ich aus der vorherigen Lernsitutation, welche Berufe in meiner Region angeboten werden. Im nächsten Schritt werde ich mich intensiv mit den verschiedenen Berufsbildern auseinander setzen. Ich möchte einen Ausbildungsberuf finden, mit dem ich mich identifizieren kann.

Welches Berufsbild entspricht meinen Fähigkeiten und meinen beruflichen Zielen?

Arbeitsauftrag

Einzelarbeit

1. **Recherieren** Sie im Internet (Berufe-Lexikon) nach passenden Ausbildungsberufen, z. B. aus den Sparten Industrie, Handel, Handwerk, öffentlicher Dienst bzw. freier Beruf. Notieren Sie auf Medienkarten vier unterschiedliche (z. B. kaufmännische) Berufe, die Ihnen zusagen.

Plenum (Stuhlkreis)

2. **Erläutern** Sie einen Ihrer ausgesuchten Berufe und legen Sie Ihre Medienkarte in die Mitte. Achten Sie darauf, dass keine Berufe doppelt genannt werden. Nur wenn keine neuen Berufe mehr genannt werden können, sind Doppelnennungen erlaubt, diese Karten werden übereinander gelegt.

3. **Drehen** Sie alle Karten um und mischen Sie sie. Jeder Lernende zieht nun eine Karte.

Einzelarbeit

4. **Informieren** Sie sich im Internet, beim Arbeitsamt, bei berufsbildenden Schulen usw. über Ihren Beruf. Erstellen Sie eine Tabelle (Seite 158) für Ihr Berufsprofil mit folgenden Leitwörtern: Beruf, Vorbildung, Ausbildungsdauer, Unterrichtsfächer, kurze Beschreibung des Berufsbildes.

Plenum

5. **Hängen** Sie Ihre Berufsprofile im Klassenraum aus bzw. speichern Sie sie so ab, das jeder die Berufsprofile öffnen kann.

6. **Informieren** Sie sich über die verschiedenen Berufe und notieren Sie zu jedem Beruf aus Ihrer Sicht die Vor- und Nachteile. Entscheiden Sie sich für zwei Berufe, die Ihren Fähigkeiten am ehesten entsprechen.

7. **Erläutern** Sie Ihren Mitschülern, warum Sie sich für diese Berufe entschieden haben.

4. Lernsituation: Berufliches Selbstverständnis entwickeln und sich gezielt im Beruf orientieren

Einzelarbeit

8. **Übernehmen** Sie die beiden ausgewählten Berufsprofile und heften Sie diese in Ihre Portfolio-Mappe ab.

9. **Schätzen** Sie Ihre Kompetenzen zu Geeignete Berufsbilder analysieren ein.

Kompetenzen	Geeignete Berufsbilder analysieren	Level
Informieren	Ich kann nach Informationen zu verschiedenen Ausbildungsberufen recherchieren.	☐☐☐☐
Planen	Ich kann für verschiedene Ausbildungsberufe Vor- und Nachteile für mich erläutern.	☐☐☐☐
Entscheiden	Ich kann entscheiden, welche Ausbildungsberufe für meine Fähigkeiten und Eigenschaften am besten geeignet sind.	☐☐☐☐
Durchführen	Ich kann aussagekräftige Berufsprofile erstellen und präsentieren.	☐☐☐☐
Kontrollieren	Ich kann überprüfen, ob meine gewählten Ausbildungsberufe meinen Fähigkeiten entsprechen.	☐☐☐☐
Bewerten	Ich kann einschätzen, welche Bedeutung eine intensive Auseinandersetzung mit den verschiedenen Berufsprofilen hat.	☐☐☐☐

© gstockstudio – stock.adobe.com

Lernfeld: In der Arbeitswelt orientieren, ein berufliches Selbstverständnis entwickeln und sich bewerben

4.5.1 Lernaufgabe

Im nächsten Schritt erstelle ich meinen kompetenzorientierten Lebenslauf. Dieser sollte aussagekräftige Daten enthalten, damit der Personalverantwortliche ein umfangreiches Bild von mir erhält.

Außerdem sollten sich meine Bewerbungsunterlagen durch die innere und äußere Form von denen der Mitbewerber abheben. Daher erhalten alle Unterlagen für die Kontaktdaten ein einheitliches Layout, das von der Farbgestaltung und Schriftart meinem Typ entspricht.

Wie sieht ein aussagekräftiger Lebenslauf aus, damit der Personalverantwortliche auf mich aufmerksam wird?

Arbeitsauftrag

Einzelarbeit

1. **Informieren** Sie sich im Manual für professionelle Bewerbung über die Anforderungen an die Bewerbungsunterlagen (Seite 126) und den Lebenslauf (Seite 126). Machen Sie sich Randnotizen.

Partnerarbeit

2. **Tauschen** Sie sich mit Ihrem Partner aus und klären Sie Unstimmigkeiten.

Einzelarbeit

3. **Erstellen** Sie zunächst eine Dokumentvorlage (Seite 147) mit Ihren Kontaktdaten. Die Informationen finden Sie unter den Wordfunktionen:

   - Kontaktdaten in die Kopf- und Fußzeile (Seite 145) in Ihrem Corporate Design einfügen.

   - Datei abspeichern als Dateityp Dokumentvorlage in einen neuen Ordner „Bewerbung".

   - Dokumentvorlage schließen und anschließend wieder öffnen, damit Sie als Dokument abgespeichert werden kann.

4. **Sammeln** Sie alle notwendigen Daten für Ihren aktuellen Lebenslauf. Greifen Sie auf die Ergebnisse der 1. Lernsituation in Hinblick auf Kompetenzen und Stärke-Schwäche-Profil zurück.

5. **Schreiben** Sie einen tabellarischen Lebenslauf (Seite 159). Achten Sie darauf, dass Sie mit den aktuellen Daten beginnen und stets die gleiche Schreibweise des Datums verwenden.

6. **Gestalten** Sie Ihren Lebenslauf, indem Sie Schwerpunkte (Schulbildung, Berufserfahrung, Sprachen ...) gruppiert darstellen und ansprechend nach Ihrem Corporate Design formatieren.

4. Lernsituation: Berufliches Selbstverständnis entwickeln und sich gezielt im Beruf orientieren

7. **Speichern** Sie Ihren Lebenslauf unter dem Dateinamen Nachname_Vorname_Lebenslauf in dem Ordner „Bewerbung" ab (Seite 159).

8. **Legen** Sie Ihren Lebenslauf Ihrer Lehrkraft zur Korrektur vor.

9. **Schätzen** Sie Ihre Kompetenzen zu Lebenslauf individuell erstellen ein.

Kompetenzen	Lebenslauf individuell erstellen	Level
Informieren	Ich kann die Anforderungen an die Bewerbungsunterlagen erklären.	○○○○
Planen	Ich kann meine Daten für den Lebenslauf erläutern.	○○○○
Entscheiden	Ich kann entscheiden, welche Kompetenzen relevant für das Berufsbild sind.	○○○○
Durchführen	Ich kann meinen tabellarischen Lebenslauf strukturiert und normgerecht erstellen und dazu eine Dokumentenvorlage mit meinem Corporate Design nutzen sowie ordnungsgemäß abspeichern.	○○○○
Kontrollieren	Ich kann überprüfen, ob mein Lebenslauf den Anforderungen entspricht.	○○○○
Bewerten	Ich kann einschätzen, welche Bedeutung ein aussagekräftiger Lebenslauf hat.	○○○○

4.5.2 Lernaufgabe

Mein Lebenslauf habe ich fürs erste fertiggestellt und nun suche ich für mich passende Unternehmen. Dazu informiere ich mich über offene Ausbildungsstellen, da Praktikumsstellen selten ausgeschrieben werden.

Der Vorteil für die Unternehmen besteht darin, dass sie zunächst Praktikanten einstellen, um evtl. spätere Ausbildungsverhältnisse abzuschließen.

Wie finde ich Unternehmen, die Arbeitsstellen anbieten, die meinem Berufswunsch entsprechen?

Arbeitsauftrag

Einzelarbeit

1. **Informieren** Sie sich über Wege der Stellensuche (Seite 123) – arbeiten Sie mit Randnotizen.

Partnerarbeit

2. **Tauschen** Sie sich über die Möglichkeiten des Auffindens von Stellen aus.

3. **Erstellen** Sie eine Checkliste (Seite 79) über die verschiedenen Wege des Auffindens von Stellen.

Lernfeld: In der Arbeitswelt orientieren, ein berufliches Selbstverständnis entwickeln und sich bewerben

Einzelarbeit

4. **Recherchieren** Sie im Internet mithilfe Ihrer Checkliste eine Stellenausschreibung mit einem Anforderungsprofil, die Ihrem Kompetenz-Profil entspricht.

5. **Nehmen** Sie das Unternehmen unter die Lupe, um festzustellen, ob es für Sie infrage kommt. **Erfassen** Sie die Informationen in einem Unternehmens-Auswertungs-Raster (Seite 125) und speichern Sie diese im Ordner „Bewerbung" ab.

Gruppenarbeit

6. **Stellen** Sie sich gegenseitig die Checklisten, die Stellenanzeigen und die Auswertungsraster über die Unternehmen vor. Ergänzen Sie ggf.

7. **Entscheiden** Sie sich für ein Ergebnis, das im Plenum vorgestellt wird.

Plenum

8. **Präsentieren** Sie Ihre Checkliste und das Auswertungsraster Ihres Unternehmens und begründen Sie, warum Sie sich auf diese Stellenausschreibung bewerben werden.

9. **Lassen** Sie sich ein Feedback geben.

10. **Schätzen** Sie Ihre Kompetenzen zu Ausbildungsangebote systematisch überprüfen ein.

Kompetenzen	Ausbildungsangebote systematisch überprüfen	Level
Informieren	Ich kann verschiedene Wege zur Stellensuche beschreiben.	○○○○
Planen	Ich kann übersichtlich die verschiedenen Wege des Auffindens von Stellen in einer Checkliste strukturieren.	○○○○
Entscheiden	Ich kann mithilfe der Checkliste im Internet Ausbildungsbetriebe finden.	○○○○
Durchführen	Ich kann mithilfe des Unternehmensauswertungsraster das Unternehmen und die Ausschreibungen unter die Lupe nehmen und für mich geeignete Ausbildungsstellen heraussuchen.	○○○○
Kontrollieren	Ich kann überprüfen, ob das Unternehmen meinen Vorstellungen entspricht.	○○○○
Bewerten	Ich kann einschätzen, welche Bedeutung eine sorgfältige Auseinandersetzung mit den Ausbildungsunternehmen hat.	○○○○

4. Lernsituation: Berufliches Selbstverständnis entwickeln und sich gezielt im Beruf orientieren

4.5.3 Lernaufgabe

Zwei Unternehmen habe ich genau unter die Lupe genommen und werde nun das Bewerbungsanschreiben formulieren, das passgenau auf die Stellenausschreibung passt.

Wie erstelle ich passgenaue Bewerbungsunterlagen?

Arbeitsauftrag

Partnerarbeit

1. **Informieren** Sie sich zunächst über das Bewerbungsanschreiben (Seite 132).
2. **Notieren** Sie die Bestandteile und die für Sie wichtigen Informationen als Randnotiz neben der Musterbewerbung zur Ausbildung als Industriekaufmann Jobbörse Monster KZ 7856912 (Seite 134).

Einzelarbeit

3. **Laden** Sie Ihre Dokumentvorlage „Bewerbung" (siehe LA 4.5.1)
4. **Formulieren** Sie in Bezug auf Ihre Stellenausschreibung ein passgenaues Bewerbungsanschreiben.
5. **Speichern** Sie Ihre Datei unter: Nachname_Vorname_Bewerbungsanschreiben in einem Ordner ab, dem Sie den Namen: Bewerbung_Unternehmensnamen geben.

Gruppenarbeit – Kreisbrief (es darf nicht gesprochen werden)

6. **Lassen** Sie sich von Ihren Gruppenmitgliedern ein Feedback geben, indem Sie Ihr Anschreiben und ein unbeschriebenes Blatt Ihrem rechten Teammitglied vorlegen.
7. **Lesen** Sie das Anschreiben, das Sie bekommen, gewissenhaft durch und notieren Sie auf einem leeren Blatt Ihren Kommentar hinsichtlich:
   - Rechtschreibung, Grammatik und Zeichensetzung
   - Gestaltung
   - Formulierung
   - Inhaltlicher Vollständigkeit
8. **Unterschreiben** Sie Ihren Kommentar und reichen Sie das Blatt Ihrem rechten Teammitglied weiter.

Einzelarbeit

9. **Korrigieren** Sie ggf. Ihr Anschreiben.
10. **Scannen** Sie die infrage kommenden Anlagen zur Bewerbung (Seite 136) ein und speichern diese in einer Datei unter dem Dateinamen: Nachname_Vorname_Zeugnisse ab.

Lernfeld: In der Arbeitswelt orientieren, ein berufliches Selbstverständnis entwickeln und sich bewerben

11. **Erstellen** Sie ggf. ein Deckblatt (Seite 131) und fügen Sie ein Bewerbungsfoto (Seite 131) ein und speichern Sie es entsprechend in den Bewerbungsordner des Unternehmens ab.

12. **Geben** Sie Ihre Bewerbungsmappe in einem beschrifteten Umschlag Ihrer Lehrkraft zur Kontrolle ab. Fügen Sie Ihre korrigierte Bewerbung in Ihre Portfolio-Mappe.

13. **Schätzen** Sie Ihre Kompetenzen zu Passgenaue Bewerbungsunterlagen erstellen ein.

Kompetenzen	Passgenaue Bewerbungsunterlagen erstellen	Level
Informieren	Ich kann die Bestandteile eines Bewerbungsanschreibens erklären.	○○○○
Planen	Ich kann die Inhalte für das Bewerbungsanschreiben zusammenstellen.	○○○○
Entscheiden	Ich kann entscheiden, welche passgenauen Kompetenzen für das Bewerbungsanschreiben relevant sind.	○○○○
Durchführen	Ich kann das passgenaue Bewerbungsanschreiben normgerecht und fehlerfrei in die Wordvorlage erstellen. Ich kann die notwendigen Anlagen einscannen und mit aussagekräftigen Dateinamen abspeichern.	○○○○
Kontrollieren	Ich kann überprüfen, ob das Bewerbungsanschreiben den Anforderungen entspricht.	○○○○
Bewerten	Ich kann einschätzen, welche Bedeutung ein passgenaues Bewerbungsanschreiben hat.	○○○○

4.5.4 Lernaufgabe

Mir ist bei der Recherche nach Stellenausschreibungen aufgefallen, dass viele Unternehmen die Bewerbungen als E-Mail-Bewerbung oder direkt im Online-Bewerbungs-Formular erhalten möchten, dabei muss ich sicherlich einige Regeln beachten.

Welche Aspekte muss ich bei einer Online-Bewerbung beachten?

4. Lernsituation: Berufliches Selbstverständnis entwickeln und sich gezielt im Beruf orientieren

Arbeitsauftrag

Einzelarbeit (ggf. Hausaufgabe)

1. **Informieren** Sie sich zunächst über das Thema Online-Bewerbung (Seite 137) und nehmen Sie alle Einstellungen in Ihrem E-Mail-Account vor, um professionelle Bewerbungs-E-Mails versenden zu können.
2. **Legen** Sie sich eine E-Mail-Signatur (Seite 139) an.
3. **Schreiben** Sie Ihren Betreff mit Kennziffer.
4. **Verfassen** Sie einen kurzen Anschreibetext.
5. **Achten** Sie auf die persönliche Anrede des Personalverantwortlichen.
6. **Fügen** Sie die Bewerbungsunterlagen (Anschreiben, Lebenslauf mit Foto in der rechten oberen Ecke und Zeugnisse) als PDF-Datei (Seite 164) an.
7. **Achten** Sie auf die korrekten Dateinamen und auf den Dateiumfang (höchstens zwei bis drei MB).
8. **Erstellen** Sie als spätere Erinnerungsstütze einen Screenshot Ihrer E-Mail.
9. **Versenden** Sie zunächst eine Kontrollmail an sich selbst oder einen Bekannten und anschließend an Ihre Lehrkraft.
10. **Lassen** Sie sich von Ihrer Lehrkraft ein Feedback zu Ihrer Online-Bewerbung geben.
11. **Heften** Sie Ihren Screenshot der E-Mail (Benutzerinformationen inkl. Signatur) in Ihre Portfolio-Mappe ab.
12. **Schätzen** Sie Ihre Kompetenzen zu Professionelle Online-Bewerbung versenden ein.

Kompetenzen	Professionelle Online-Bewerbung	Level
Informieren	Ich kann den Ablauf von Online-Bewerbungen erklären.	○○○○
Planen	Ich kann die korrekt abgespeicherten Bewerbungsunterlagen für den E-Mail-Versand zusammenstellen.	○○○○
Entscheiden	Ich kann den passgenauen Anschreibetext formulieren und den persönlichen Ansprechpartner ansprechen.	○○○○
Durchführen	Ich kann eine Signatur anlegen und die Bewerbung mit allen notwendigen Anlagen online zunächst als Test und anschließend an das Unternehmen versenden. Ich kann zur Kontrolle einen Screenshot erstellen.	○○○○
Kontrollieren	Ich kann die Einhaltung der Regeln bei der Online-Bewerbung überprüfen.	○○○○
Bewerten	Ich kann einschätzen, welche Bedeutung die Einhaltung von Regeln bei der Online-Bewerbung hat.	○○○○

Lernfeld: In der Arbeitswelt orientieren, ein berufliches Selbstverständnis entwickeln und sich bewerben

Bewertungsraster – Bewerbung

Bewertungskriterien	Entspricht den Anforderungen	Entspricht nicht den Anforderungen
Lebenslauf		
Kontaktdaten in der Kopf- und Fußzeile eingefügt		
Mit aktuellen Daten begonnen		
Datum immer in der gleichen Schreibweise dargestellt		
Schwerpunkte gruppiert eingefügt		
Keine Lücken vorhanden		
Foto in der rechten oberen Ecke eingefügt		
Ort und Datum identisch zum Anschreiben formuliert		
Unterschrift eingefügt		
Anschreiben		
Kontaktdaten in der Kopf- und Fußzeile eingefügt		
Auf Stellenanzeige Bezug genommen und passgenau, gewandt sowie inhaltlich vollständig formuliert		
Personalverantwortlicher persönlich angesprochen		
Rechtschreibung, Grammatik, Zeichensetzung beachtet und Silbentrennung aktiviert		
DIN 5008 beachtet		
Unterschrift eingefügt		
Online-Bewerbung		
aussagekräftiger Betreff in der E-Mail mit Kennziffer eingefügt		
Personalverantwortlicher persönlich angesprochen		
kurzer freundlicher Anschreibtext in der E-Mail geschrieben		
E-Mail-Signatur eingefügt		
Vollständige Bewerbungsunterlagen (Anschreiben, Lebenslauf mit Foto in der rechten oberen Ecke, Zeugnisse) als PDF-Datei mit passenden Dateinamen eingefügt (höchstens zwei bis drei MB Dateiumfang)		

Die Bewerbung entspricht den Anforderungen.

Die Bewerbung muss überarbeitet werden.

Ort, Datum

Betreuende Lehrkraft

4. Lernsituation: Berufliches Selbstverständnis entwickeln und sich gezielt im Beruf orientieren

4.6 Lernaufgabe

In den letzten Lernaufgaben habe ich mich intensiv auf das Praktikum vorbereitet, indem ich mich über ein für mich geeignetes Berufsbild entschieden und passgenaue Bewerbungsunterlagen erstellt habe. Nun kommt die Phase des Durchführens.

Wie dokumentiere ich meine Erfahrungen des Praktikums?

Arbeitsauftrag

1. Erstellen Sie vor Beginn des Praktikums eine Praktikumsmappe mit:
   - Deckblatt und Inhaltsverzeichnis
   - Erwartungen an das Praktikum

2. Ergänzen Sie während des Praktikums Ihre Praktikumsmappe mit
   - Berufsbild
     - Arbeitsplatzbeschreibung
     - berufliche Perspektiven
   - Vorstellung des Betriebes
     - Unternehmensziele
     - Leitbild
     - Struktur der Organisation
     - Rechtsform
     - Dienstleistungen/Produkte

3. **Beschreiben** Sie je nach Vorgabe zu einem Wahlthema einen betriebstypischen Arbeitsprozess von mindestens einer Berichtsseite. Geben Sie an den entsprechenden Stellen die Literaturquellen an oder fertigen Sie je nach Vorgabe der Schule Wochen- bzw. Tagesberichte.

4. **Sammeln** Sie für die Praktikumsmappe einige aussagekräftige Materialien aus dem Unternehmen.

5. **Lassen** Sie sich von dem Unternehmen ein Feedback geben und eine tätigkeitsorientierte Praktikumsbescheinigung.

6. **Schreiben** Sie über Ihre persönlichen Erfahrungen (Reflexion des Praktikums).

7. **Formatieren** Sie Ihre Praktikumsmappe – vergessen Sie nicht das Literaturverzeichnis und ggf. den Anhang (Materialien aus dem Unternehmen).

8. **Überprüfen** Sie Ihre Praktikumsmappe mithilfe des Kriterienkataloges „Praktikumsmappe" auf der nachfolgenden Seite.

9. **Schätzen** Sie Ihre Kompetenzen zu Praktikumserfahrungen dokumentieren ein.

Lernfeld: In der Arbeitswelt orientieren, ein berufliches Selbstverständnis entwickeln und sich bewerben

L4

Kompetenzen	Praktikumserfahrungen dokumentieren	Level
Informieren	*Ich kann die Anforderungen an die Dokumentation der Praktikumsmappe erklären.*	○○○○
Planen	*Ich kann für die Dokumentation eine Gliederung anlegen.*	○○○○
Entscheiden	*Ich kann begründet Erfahrungen und Erkenntnisse dokumentieren.*	○○○○
Durchführen	*Ich kann allgemeine Informationen und berufstypische Arbeitsprozesse mit einem Fachvokabular formulieren, erklärende Materialien hinzufügen und dadurch eine aussagekräftige Praktikumsmappe erstellen.*	○○○○
Kontrollieren	*Ich kann kriterienorientiert überprüfen, ob ich die Anforderungen an die Praktikumsmappe erfülle.*	○○○○
Bewerten	*Ich kann die Qualität meiner Dokumentation einschätzen und ggf. verbessern.*	○○○○

© Eisenhans – stock.adobe.com

4. Lernsituation: Berufliches Selbstverständnis entwickeln und sich gezielt im Beruf orientieren

4.7 Lernaufgabe

Die erste Phase des Praktikums habe ich absolviert und möchte nun mit meinen Mitschülern und Mitschülerinnen über ihre und meine Erfahrungen sprechen.

Was können wir aus unseren Praktika lernen?

Arbeitsauftrag

Dreiergruppe

1. **Tauschen** Sie sich über Ihre gemachten Erfahrungen in Ihrem Praktikum aus und visualisieren Sie Ihre Erfahrungen kurz und prägnant mittels eines Mediums Ihrer Wahl:
   - Was ist gut gelaufen?
   - Was nehme ich für meine berufliche Zielplanung mit?
   - Was würde ich das nächste Mal anders machen?

2. **Bereiten** Sie sich auf eine gemeinsame lebendige Präsentation vor – teilen Sie sich die Beiträge gleichmäßig auf und benutzen Sie während des Vortrages Handzettel, um den roten Faden nicht zu verlieren.

Plenum

3. **Präsentieren** Sie Ihre Erfahrungsberichte Ihrer Praktika.

4. **Binden** Sie das Plenum in den Erfahrungsaustausch mit ein.

5. **Schätzen** Sie Ihre Kompetenzen zu Praktikumserfahrungen für die Zukunft nutzen ein.

Kompetenzen	Praktikumserfahrungen in der Zukunft nutzen	Level
Informieren	Ich kann meine Erfahrungen aus dem Praktikum beschreiben.	○○○○
Planen	Ich kann meine positiven und negativen Erfahrungen gegenüberstellen.	○○○○
Entscheiden	Ich kann aus der Gegenüberstellung meiner Praktikumserfahrungen entscheiden, welche ich gezielt visualisiere.	○○○○
Durchführen	Ich kann Praktikumserfahrung gezielt visualisieren und diese sowie zukünftige Ziele lebendig präsentieren.	○○○○
Kontrollieren	Ich kann durch Selbst- und Fremdwahrnehmung überprüfen, ob meine Praktikumserfahrungen den gewünschten Erfolg gebracht haben.	○○○○
Bewerten	Ich kann die Erfahrungen aus dem Praktikum reflektieren und für die Zukunft daraus Schlüsse ziehen.	○○○○

Lernfeld: In der Arbeitswelt orientieren, ein berufliches Selbstverständnis entwickeln und sich bewerben

Bewertungsraster – Praktikumsmappe

Praktikant:

Praktikumsbetrieb:

Bewertungskriterien	Entspricht den Anforderungen	Entspricht nicht den Anforderungen
Pflichtbestandteile		
Deckblatt		
Persönliche Daten		
Inhaltsverzeichnis		
Erwartungen an das Praktikum		
Betrieb vorstellen		
Berufsbild		
Wahlthema/Geschäftsprozess (... Seiten – Literaturangaben)		
Persönliche Erfahrungen (... Seiten)		
Praktikumsbeurteilung (Unterschrift, Stempel vom Betrieb)		
Inhaltliche Anforderung		
Fachlicher Ausdruck der ausgewählten Aspekte entspricht in der Formulierung und im Umfang den Anforderungen (Fachbegriffe, Zusammenhänge, theoretischer Hintergrund)		
Die Quellen zu den Informationen sind angegeben		
Formale Aspekte		
Schriftart und -grad einheitlich		
Ansprechende Formatierung (Hervorhebungen, Grafiken ...)		
Silbentrennung, Rechtschreibung, Grammatik		
Inhalts-, Literatur- und Abbildungsverzeichnis		
Korrektes Zitieren der Quellen		

Die Praktikumsmappe entspricht den Anforderungen

Die Praktikumsmappe muss ergänzt bzw. umfangreicher beschrieben werden.

Ort, Datum

Betreuende Lehrkraft

> **4. Lernsituation: Berufliches Selbstverständnis entwickeln und sich gezielt im Beruf orientieren**

4.8 Lernaufgabe – Reflexion

Die vierte Lernsituation ist abgeschlossen, und ich möchte in meinem persönlichen Kompetenz-Portfolio (Handlungsprodukte und Lernjournal) meine derzeitigen Kompetenzfelder reflektieren. Dazu setze ich mich erneut mit den Kerninhalten auseinander:

- berufliches Selbstverstandnis eines Ausbildungsberufes
- Stärke-Schwäche-Profil
- Stellenausschreibungen finden (Unternehmensraster)
- Bewerbungsmappe erstellen
- Sich online bewerben
- ein Praktikum absolvieren

Wie bewerbe ich mich unter Berücksichtigung des beruflichen Selbstverständnisses erfolgreich?

Arbeitsauftrag

Einzelarbeit

1. **Äußern** Sie sich aus den in der vergangenen Lernsituation gemachten Erfahrungen zu den einzelnen Inhaltskategorien des Kompetenz-Portfolios. Orientieren Sie sich an den Kerninhalten, nehmen Sie Ihre erstellten Handlungsprodukte zu Hilfe (Stärke-Schwäche-Profil, Lebenslauf, Anschreiben ...).

2. **Geben** Sie in der Einleitung wieder, womit Sie sich in dieser Lernsituation beschäftigt haben. Stellen Sie im Hauptteil Ihre Lernerfolge, -wege und -probleme dar. Ziehen Sie am Schluss ein Fazit und stecken Sie sich neue Ziele.

3. **Gestalten** Sie Ihr Portfolio leserfreundlich, indem Sie Name, Datum ... in die Kopfzeile eintragen, Ihre Gedanken in Abschnitte gliedern und mit Abschnittsüberschriften versehen.

Jour fixe (Beratungsgespräch mit Lehrkraft)

4. **Erläutern** Sie anhand des Kompetenz-Portfolios (Handlungsprodukte und Lernjournal) Ihre Entwicklung.

Lernfeld: In der Arbeitswelt orientieren, ein berufliches Selbstverständnis entwickeln und sich bewerben

Lernstrategien anwenden

Im Berufsleben wird von Ihnen erwartet, dass Sie zu einem lebenslangen Lernen bereit sind – analog dem Motto „Was heute als richtig und wichtig angesehen wird, kann morgen schon überholt sein" (Moschner & Wagener, 2006, S. 48). Das Fachwissen wächst auf allen Gebieten in immer rasanterem Tempo. Wer bei dieser Entwicklung mithalten will, sollte über eine große Lernbereitschaft verfügen und wissen, wie neue Wissensinhalte aufgenommen werden.

Die Schule unterstützt Sie dabei, dass Sie sich Lernstrategien mit entsprechenden Arbeits- und Lerntechniken aneignen, die Ihnen ein lebenslanges Lernen ermöglichen. Sie lernen zum Beispiel Techniken kennen, um selbstständig Fachtexte zu durchdringen, berufsbezogene Inhalte zu präsentieren und zu reflektieren oder sich selbstständig Ziele zu setzen (vgl. Hellmich & Wernke, 2009).

Sie verfügen bereits über Lernstrategien, die Sie sowohl bewusst als auch unbewusst anwenden. Die Lösung liegt allerdings darin, über ein großes Repertoire an Lern- und Arbeitstechniken zu verfügen und dann bewusst und gezielt die Lernstrategien einzusetzen. Dann wird die Kompetenz bzw. das Ziel schneller und oft auch qualitativ höher erreicht. Die Lernstrategien können in drei Kategorien unterschieden werden:

Ressourcenbezogene Lernstrategien – Lernen organisieren

Diese beziehen sich in erster Linie auf die Organisation des Lernens. Dazu gehören Anstrengung, Aufmerksamkeit, Willensstärke und Konzentration, auch bei ungeliebten Stoffgebieten, das Ausdehnen der Lernzeiten auch auf Abend und Wochenende, das Zeitmanagement (Lernzeiten, Pausen festlegen und einhalten), die Arbeitsplatzgestaltung, dass keine Ablenkungen auftreten können (z. B. TV, Haustier, Kollegen) und dass notwendige Hilfsmittel greifbar sind (Stifte, Rechner, Papier), die Nutzung zusätzlicher Informationsquellen (Lexika, Wörterbücher, Internet, CD-ROMS, Bücher) oder das Lernen im Team (Lerngruppe). (vgl. Schmalenbach, 2008, S. 6 ff.)

Kognitive Lernstrategien – Informationen verarbeiten (Wissen erwerben)

Dies sind Aspekte, die mit der unmittelbaren Informationsaufnahme zu tun haben. Es sind Arbeitstechniken, die Sie zum Einprägen von neuen Informationen anwenden. Beispiele dazu sind: effizient Lesen, Skizzen anfertigen, Textstellen markieren, Inhalte präsentieren usw.

Metakognitive Lernstrategien – Lernfortschritt kontrollieren

Diese beziehen sich weniger auf den eigentlichen Lernvorgang, sondern mehr auf die Kontrolle des eigenen Lernfortschrittes, also das selbstständige Planen der Lernschritte. Beispiele dafür sind: Reihenfolge festlegen, das Überwachen des Lernerfolges und der Lernschritte usw.

5. Manual: Lernen lernen

Erfolgreiches Teamverhalten (LA 1.1)

Eine gute Teamarbeit funktioniert nur dann, wenn sich innerhalb des Teams konstruktiv verhalten wird. Dazu empfiehlt Pabst-Weinschenk (2004) folgende Gesprächsregeln zu beachten:

Gesprächsregeln Teil 1

Ausreden lassen und gut zuhören: Gutes Zuhören erfordert zwar etwas mehr Zeit, aber diese Zeit ist eine ausgezeichnete Investition in die Qualität der Diskussion. Wir sind gut beraten, wenn wir unsere eigene Meinung manchmal für eine gewisse Zeit beiseitelassen, um den Standpunkt eines Diskussionspartners zu verstehen und uns in seine Perspektive einzufühlen.

Ich-Botschaften statt Man-Formeln: Pauschale Verallgemeinerungen (man) machen aus einem kooperativen Miteinander schnell ein Sieg-Niederlagen-Spiel: Die anderen fühlen sich angegriffen, wenn sie so belehrt oder vereinnahmt werden. Ich-Botschaften bieten jedem mehr Chancen, den Reichtum seiner eigenen Anschauungen und Kreativität auszuschöpfen.

Körpersprache und Sprechausdruck beachten: „Der Ton macht die Musik" wird oft gesagt, wenn auf die grundlegende Bedeutung von Körpersprache und Sprechausdruck hingewiesen wird. Das Nonverbale ist ein ursprüngliches Kommunikationsmittel des Menschen. Widersprechen die nonverbalen Botschaften den Worten, entstehen Verwirrung und Zweifel an der Glaubwürdigkeit des Kommunikationspartners.

Das Positive betonen: Optimismus und Wohlwollen werden gefördert, wenn die positiven Aspekte einer Situation, eines Problems oder einer Person herausgestellt werden. So zeigen Sie auch Respekt und Wertschätzung anderen gegenüber. Das Positive, das Sie aussenden, kommt in der Regel zu Ihnen zurück.

Rückmeldungen ernst nehmen: Je wichtiger Sie für Ihre Kommunikationspartner sind, desto aufmerksamer werden Sie beobachtet. Darum lohnt es sich, die Beobachtungen und Rückmeldungen Ihrer Partner ernst zu nehmen.

Nicht übertreiben oder immer bei Adam und Eva anfangen: Sie diskutieren unter Zeitdruck, und Ihre Diskussionspartner sind darauf angewiesen, nicht immer erst die Spreu vom Weizen trennen zu müssen. Deshalb: Drücken Sie sich vernünftig und realistisch aus und vermeiden Sie Übertreibungen oder lange Herleitungen.

Annahmen explizit überprüfen: Sie sollten überprüfen, was Sie glauben, gehört zu haben: „Meinen Sie damit, dass ..." Nur mit einer solchen ausdrücklichen Überprüfung und Kontrolle des eigenen Verstehens können Missverständnisse vermieden werden.

Gesprächsregeln Teil 2

Sich genau und klar ausdrücken: Vermeiden Sie eine unklare Terminologie und bestehen Sie darauf, dass die anderen Diskussionspartner sich ebenfalls klar und genau ausdrücken. Das gilt für Ideen oder Vorschläge genauso wie für Gefühle, Feedbacks usw.

Jedes Ding hat viele Seiten: Es sollte eine gewisse Vielfalt von Perspektiven existieren, weil Sie dann mehrere Optionen zur Problemlösung haben. Jedes Ereignis und jedes Problem kann man von verschiedenen Standpunkten aus betrachten. Verschiedene Standpunkte müssen nicht zum Streit führen, sondern sie bereichern jedes Gespräch.

Lernfeld: In der Arbeitswelt orientieren, ein berufliches Selbstverständnis entwickeln und sich bewerben

Relevant und kongruent sprechen: Finden Sie heraus, was Sie für wichtig halten, und illustrieren Sie das durch Beispiele. Keine Zeit mit Nebensächlichkeiten verschwenden. Wer so spricht, wird ernst genommen und als Gesprächspartner geschätzt.

Mut zu abweichender Meinung: Wenn Sie eine abweichende Meinung haben, sollten Sie sie mutig immer wieder auch vertreten. Versuchen Sie dabei jedoch nicht, klüger als die anderen zu sein oder den eigenen Standpunkt rücksichtslos durchzusetzen. Tragen Sie Ihre abweichende Meinung freundlich und mit einsichtigen Argumenten vor, damit die anderen hören, was Sie meinen.

Keine unfairen Tricks: Sarkasmus, Unterbrechen, Ignorieren, Themenwechsel, persönliche Angriffe, Übertreibungen usw. sind Verhaltensweisen, die andere verletzen und aus einem Miteinander ein Sieg-Niederlagen-Spiel machen. Die Quittung: Gemeinheiten erweisen sich als Bumerang und das sachbezogene Gespräch gleitet ab in anstrengende, aufreibende Kämpfe einzelner Teilnehmer.

Mit Takt, Rücksicht und Wohlwollen: Nutzen Sie keine persönlichen Schwächen anderer aus, stellen Sie sie nicht bloß. Bemühen Sie sich um ein Klima, das von gegenseitigem Wohlwollen bestimmt ist.

Nicht predigen oder Vorlesungen halten: Lange Monologe belasten jede Gesprächsbeziehung. Wer in Selbstüberschätzung meint, er habe schon die richtige Lösung parat, zieht in einer Diskussionsrunde für die Beobachter auf jeden Fall den Kürzeren.

Positiv werden Sie abschneiden, wenn Sie mit stichhaltigen Argumentationen die Diskussion in Gang bringen, zu Zwischenergebnissen kommen und wortkarge Teilnehmer mit Aufforderungsgesten mit einbeziehen. Machen Sie sich Notizen, um später die Gruppenmeinung zusammenzufassen. Die Beobachter überprüfen, wie Sie sich bei der Ergebnisfindung verhalten.

5. Manual: Lernen lernen

Kognitive Lernstrategien – Informationen verarbeiten (LA 1.2)

Lesestrategien einsetzen

Sie kennen sicher das Problem bzw. die innere Sperre, einen umfangreichen Text zu lesen. Lesestrategien helfen Ihnen, einen Text gut zu verstehen. Sie helfen Ihnen – wie Werkzeuge beim Bauen –, den Text möglichst selbstständig zu erschließen. Die Lesestrategie wird in die drei Phasen Vorbereitung, Durchführung und Nachbereitung eingeteilt.

Vorbereitungsphase

Sie sollten sich in dieser Phase folgende Fragen stellen:

Wozu benötige ich den Text?	Referat, Prüfung, Projektarbeit …
Wie gründlich muss ich den Text lesen?	Überblick, Ergänzung, Zusammenhänge verstehen
Um welche Art von Text handelt es sich?	Zeitung, Lehrbuch, Unterrichtsnotizen
Um welches Fachgebiet handelt es sich?	Biologie, Betriebswirtschaftslehre
Wie viel Zeit steht mir zur Verfügung?	Abgabetermin, Lesestrategie, Lesetempo
Wo und wie lese ich den Text?	Ruhige, ungestörte Leseatmosphäre, passenden Arbeitsplatz aussuchen, aufrechte Haltung (Konzentration)
Welche weiteren Materialien benötige ich?	Textmarker, Bleistift, Notizpapier

Durchführungsphase

Verschaffen Sie sich also zunächst einen Überblick, indem Sie den Text überfliegen. Achten Sie auf Überschriften, Untertitel, Vorwort, Inhaltsverzeichnis, Hervorhebungen (Fettdruck, Farbe usw.), grafische Darstellungen und Glossar oder Literaturverzeichnis.

Beim zweiten Schritt überlegen Sie sich, auf welche Fragen Ihnen der Text eine Antwort gibt. Damit bereiten Sie sich auf zielgerichtetes Lesen vor und fördern das Interesse. Halten Sie diese Fragen schriftlich fest, um immer wieder darauf zurückzugreifen.

Lesen Sie nun den Text gründlich durch. Achten Sie auf Ihre Fragen, indem Sie kleine Pausen einlegen und über das Gelesene nachdenken. Machen Sie sich eigene Gedanken über den Text. Fremdwörter schlagen Sie im Wörterbuch nach.

Nachdem Sie einen Abschnitt gelesen haben, machen Sie sich Randnotizen. Schreiben Sie die Hauptgedanken, Fragen oder eigene Gedanken auf. Machen Sie sich zusätzliche Markierungen. Setzen Sie höchstens vier Farben ein. Markieren Sie sparsam!

Nachbereitungsphase

Fassen Sie nun das Gelesene gedanklich oder laut sprechend mithilfe der Überschriften, Ihrer Notizen bzw. Markierungen zusammen und fragen Sie sich: Was sind die Hauptgedanken bzw. -erkenntnisse? Was habe ich noch nicht verstanden? Wo liegen die Schwierigkeiten?

Lernfeld: In der Arbeitswelt orientieren, ein berufliches Selbstverständnis entwickeln und sich bewerben

Lesen Sie effektiv, d. h., nachdem Sie Markierungen und Randnotizen beim Text vorgenommen haben, strukturieren bzw. visualisieren Sie die Inhalte mit grafischen Mitteln. So werden Zusammenhänge deutlicher und können auch zu einem späteren Zeitpunkt leicht und schnell wieder ins Gedächtnis gerufen werden, ohne den ganzen Text noch einmal zu lesen.

Am einfachsten ist es, Sie erhalten zu dem Text Fragen, die Sie beantworten. Als leichte Fragen zählen hier jene, die sich explizit auf Informationen im Text beziehen, anspruchsvolle ergeben sich aus dem Zusammenhang des Textes.

Erhalten Sie keine Fragen, so überlegen Sie im Nachhinein, worum es in diesem Text ging. Welches sind die Hauptgedanken? Welches ist meine Erkenntnis? Wo sehe ich Schwierigkeiten? Was habe ich nicht verstanden? Welche Fragen sind noch offen?

Damit Sie das Gelesene besser verstehen, erzählen Sie sich selbst oder jemand anderem den Inhalt des Textes. Verwenden Sie die Fachsprache. Schwierige Textteile lesen Sie wiederholt. Ergänzen Sie ggf. Ihre Notizen.

Informationen beschaffen und filtern (LA 1.3)

Internetrecherche

Bei der Suche nach Inhalten für eine Präsentation, ein Referat oder Firmen für einen Praktikumsplatz ist das Internet die erste Anlaufstelle. Nicht immer haben wir die passenden Bücher zum Inhalt des Referates zur Hand, aber auf Informationen aus dem Internet können wir rund um die Uhr zugreifen. Allerdings finden wir dort Unmengen an Informationen, sodass wir strategisch recherchieren sollten. Einige mögliche Vorgehensweisen werden hier vorgestellt:

Suchmaschinen: Am häufigsten wird auf große bzw. namhafte Suchmaschinen zurückgegriffen. Die Maschine arbeitet standardmäßig mit einer UND-Verknüpfung, um die Suchanfrage genauer zu formulieren und schneller an die gewünschten Informationen zu gelangen.

Und-Verknüpfung

Bei manchen Suchmaschinen werden die Suchbegriffe mit Leerzeichen abgetrennt, bei anderen wiederum mit einem Pluszeichen. So werden nur Informationen zu Ausbildungen bzw. Ausbildungsmöglichkeiten im Einzelhandel, und zwar speziell im Sektor Lebensmittel angezeigt. Die Informationen können mithilfe der „erweiterten Suche" noch stärker gefiltert werden.

Es wird nach Seiten gesucht, die	Eingabe in das Suchfeld	Hinweise
… all diese Wörter enthalten:	Ausbildung Einzelhandel Kompetenzen Fähigkeiten Interessen	Geben Sie die wichtigsten Wörter ein.
… diese Wortgruppe enthalten:	„Ausbildung Einzelhandel Perspektive nach der Ausbildung"	Setzen Sie die gesuchten Wörter zwischen Anführungszeichen.
… eines dieser Wörter enthalten:	Schulabschluss OR Zugangsvoraussetzungen	Geben Sie **OR** zwischen allen gesuchten Wörtern ein.

Die Suchergebnisse können weiterhin hinsichtlich Sprache, Land, letzte Aktualisierung etc. eingegrenzt werden. Suchmaschinen erlauben außerdem die Suche nach einer bestimmten Textpassage. Um eine solche Suche zu starten, muss man meist die gesamte Phrase in Anführungszeichen setzen.

Beispiel: „Er hat sich stets bemüht, die ihm übertragenen Aufgaben in"

Um herauszufinden, ob dieser Passus in einem Arbeitszeugnis positiv oder eher negativ auszulegen ist, gibt man die Textpassage in Anführungszeichen an.

AEIOU-Regel

Die AEIOU Regel (Aktualität, Referenz, Identität, Objektivität und das U für „unbedingt misstrauisch sein und immer kontrollieren!" sollte bei der Internetrecherche stets angewendet werden. Stellen Sie sich nachfolgende Fragen:

- Wie aktuell ist die Webseite? Welchen Rang nimmt die Quelle in der Suchmaschinen-Trefferliste ein? (**Aktuell**)
- Was weißt du über den Autor des Textes/den Verfasser der Seite? – Evtl. woanders zu dem Namen suchen! (**Referenz**)
- Was steht im Impressum der Seite? Kann man daraus etwas erkennen? (**Identität**)
- Wie ist der Text geschrieben? Warum wurde er geschrieben? Kann man eine Meinung/Absicht erkennen? (**Objektivität**)

Suchleiste: Mit der Suchleiste kann auf der aktuellen Seite nach bestimmten Wörtern gesucht werden.

Lesezeichenleiste: Informative Websites bzw. Webadressen sollten als Lesezeichen gespeichert werden. Die Lesezeichenleiste ist standardmäßig unter der Adressleiste verankert. Um einen Überblick zu behalten, sollte mit dem Lesezeichenmanager die gespeicherte Website durch das Anlegen von Ordnern thematisch eingeordnet werden.

Newsgroups: Es werden fachliche Diskussionsforen aller Art zur Verfügung gestellt, an denen jeder teilnehmen kann. Jemand schreibt einen Artikel bzw. eine Nachricht für die Newsgroup. Ein anderer nimmt anschließend Bezug und äußert sich zu dem Artikel. Es folgen ggf. andere Leserbriefe, die sich auf den Artikel beziehen. Sie können hier also Fragen an ein Publikum stellen, das über spezielle Fachkenntnisse in einem bestimmten Themengebiet verfügt.

Internetforum: Hier können Sie sich in ein virtuelles Diskussionsforum zum Austausch und Archivieren von Gedanken, Meinungen und Erfahrungen einklicken. Jeder kann Diskussionsbeiträge (Postings) schreiben, die andere lesen und beantworten können.

Webkataloge: Vergleichbar mit einer Bücherei, in der die Bücher nach Themen katalogisiert werden, finden Sie in Webkatalogen Adressen von Webseiten nach Themen sortiert aufgelistet.

Wikipedia: Öffentliches Online-Nachschlagewerk, auf das jeder zugreifen kann. Es eignet sich besonders, um einen ersten Überblick über das Gesuchte zu bekommen. Wikipedia ist allerdings keine zitierfähige Quelle.

Wikis. Hier werden Informationen erfasst, gesammelt und anderen Menschen zur Verfügung gestellt, die sich ebenso an der Erfassung beteiligen können. Der Austausch findet in einer geschlossenen Gruppe, einer Art Intranet statt.

Lernfeld: In der Arbeitswelt orientieren, ein berufliches Selbstverständnis entwickeln und sich bewerben

Informationen festhalten und darstellen

Die vermeintliche Fülle der Informationen aus dem Internet verführt geradezu zu einem schnellen und unreflektierten Kopieren und Einfügen. Aber ist das korrekt bzw. erlaubt? Andererseits sollten doch die Erkenntnisse bzw. Standpunkte Dritter in einem Referat oder einer Präsentation genannt werden, um so die eigenen Fachkenntnisse begründen zu können. Mit den rechtlichen Grundlagen im Internet oder sozialen Medien sollten Sie sich auskennen, um Konflikte und schlimmstenfalls Haftungsrisiken zu vermeiden. Beachten Sie:

Datenschutz

Eigene Texte und Fotos ins Netz stellen ist erlaubt. Sobald eine weitere Person auf dem Bild zu sehen ist, darf das Foto nur mit Zustimmung dieser Person veröffentlicht werden. Bei ungefragter Veröffentlichung wird deren Persönlichkeitsrecht verletzt. Bei der Veröffentlichung von Fotos sollte bedacht werden, dass z. B. Fotos von betrunkenen Leuten auf einer Party lustig für andere anzusehen sind, die Person selbst aber so unter Umständen zum Objekt allgemeiner Belustigung oder gar von Mobbing wird.

© Olivier Le Moal – stock.adobe.com

Fremde Inhalte, wie z. B. Musik, Filme, Texte, Fernsehsendungen, Computerprogramme, Grafiken etc., sind in der Regel urheberrechtlich geschützte Werke, die mit dem ©-Logo versehen sind. Die Nutzung dieser Inhalte ist in der Regel im privaten Bereich auch ohne Zustimmung der Rechteinhaber erlaubt. Die Weitergabe an Dritte ist zulässig, Voraussetzung ist jedoch, dass die Kopien im privaten Bereich verbleiben, also nicht an nur flüchtig Bekannte weitergegeben werden.

Da eine Kontrolle der Haushalte nicht durchsetzbar war, wurde vom Gesetzgeber die legale Privatkopie (§ 53 Absatz 1 Satz 1 UrhG) eingeräumt. Zum finanziellen Ausgleich für die Urheber und Verwerter wurden Urheberabgaben eingeführt. § 53 (1) 1 UrhG besagt aber, dass Privatkopien nicht zulässig sind, sofern zur Vervielfältigung „eine offensichtlich rechtswidrig hergestellte oder öffentlich zugänglich gemachte Vorlage" verwendet wird.

Beim Ansehen von Videos oder Hören von Musik verstoßen Sie nicht gegen das Urheberrecht, unabhängig davon, ob sie rechtmäßig oder illegal ins Netz gestellt wurden. Verboten ist, Filme hochzuladen oder Musikdateien von einer CD oder aus dem Internet in einer Tauschbörse zum Download bereitzustellen. Dann nutzen Sie die Werke nicht mehr für den privaten Bereich, sondern machen sie öffentlich zugänglich (vgl. klicksafe, 2011). Hierbei besteht auch kein Unterschied, ob die fremden Inhalte ohnehin frei online zugänglich sind oder ob der Urheber selbst kommerziell oder nicht-kommerziell tätig ist. Wenn Sie einen Text von einer fremden Webseite auf die eigene stellen, bedarf es der Zustimmung des Autors. Wenn Sie auf den Text hinweisen wollen, sollten Sie einen Hyperlink setzen, denn das ist keine Urheberrechtsverletzung.

Freie Inhalte (Musik, Texte, Fotos, Filme) sind am CC-Logo zu erkennen und deren Nutzung wurde von den Urhebern ausdrücklich gestattet. Ein Klick auf das CC-Logo führt auf eine Webseite, auf der erklärt wird, was mit dem Inhalt gemacht werden darf und welche Regeln dabei zu beachten sind.

5. Manual: Lernen lernen

Urheberrecht

Es wird geschützt, wenn die Quellen der gewonnenen Informationen korrekt zitiert werden. Dabei ist zu beachten:

Alle wörtlich oder sinngemäß aus fremden Quellen übernommenen Gedanken (= Zitate) müssen als solche zu erkennen und prüfbar sein; sie sind im Text eindeutig zu kennzeichnen. Es gibt verschiedene Zitiertechniken. Alle Prüfungskommissionen geben jedoch eigene Zitierrichtlinien heraus oder erwarten die Einhaltung bestimmter Varianten. Die praktizierte Zitiertechnik ist durchgehend in der gesamten Arbeit einzuhalten.

Wörtliche (direkte) Zitate: Sie werden in Anführungszeichen gesetzt. Von wörtlichen Zitaten spricht man, wenn fremde Ausführungen original- und buchstabengetreu in den eigentlichen Text übernommen werden. Sie sollten maximal zwei bis drei Sätze umfassen und allenfalls dann verwendet werden, wenn sie gelungen oder originell formuliert sind. Bei der **Harvard-Zitierweise** werden nach einem Zitat in Klammern im laufenden Text Verfasser, Erscheinungsjahr und Seite der Fundstelle angegeben.

„Zu den schwachen Hervorhebungen, die erst während des Lesens auffallen, zählen Anführungszeichen und Kursivschrift" (Brämer & Blesius, 2008, S. 94).

Veränderte Zitate: Jede Veränderung im wörtlichen Zitat ist durch eckige Klammern kenntlich zu machen. Wer Text, Hinweise bzw. Anmerkungen in das Originalzitat einfügt, klammert diese Ergänzung ein und kennzeichnet sie mit dem Hinweis [xxx; Anm. d. Verf.].

„Zu den schwachen Hervorhebungen [genaue Differenzierung; Anm. d. Verf.], die erst während des Lesens auffallen, zählen Anführungszeichen und Kursivschrift" (Brämer & Blesius, 2008, S. 94).

Weglassung innerhalb eines Zitats sind wie folgt zu kennzeichnen: [.] für ein ausgelassenes Wort [...] für mehr als ein ausgelassenes Wort.

„Zu den schwachen Hervorhebungen [...] zählen Anführungszeichen und Kursivschrift" (Brämer & Blesius, 2008, S. 94).

Indirekte Zitate: Bei sinngemäßen (indirekten) Zitaten werden Gedanken bzw. Ausführungen anderer übernommen oder sich daran angelehnt, ohne indessen den betreffenden Text wörtlich wiederzugeben. Indirekte Zitate werden nicht zwischen Anführungszeichen gesetzt. Bezieht sich die Quellenangabe lediglich auf den Satz, steht sie vor dem Satzschlusspunkt in Klammern. Bezieht sie sich auf den Absatz, steht sie hinter dem Satzschlusspunkt in Klammern. Der Quellenverweis bei sinngemäßen Zitaten muss unbedingt mit dem Zusatz „vgl." beginnen. Dieser entfällt, falls ein einleitender Satz den Autor bzw. die Autoren nennt; dann erscheinen in Klammern lediglich Jahr und Seite(n).

Zu den starken Hervorhebungen zählen Einrückung und Zentrieren (vgl. Brämer & Blesius, 2011).

Zu den starken Hervorhebungen zählen Einrückung und Zentrierung. Die Anführungszeichen und Kursivschrift gehören zu den schwachen Hervorhebungen, da sie erst während des Lesens auffallen. (vgl. Brämer & Blesius, 2011)

Brämer und Blesius (2011, S. 94) vertreten die Auffassung, dass Einrückung und Zentrieren innerhalb einer Textseite nur einmal verwendet werden sollten.

Lernfeld: In der Arbeitswelt orientieren, ein berufliches Selbstverständnis entwickeln und sich bewerben

Mehrere Autoren: Bei mehr als drei Autoren genügt es, im Text den ersten Verfasser mit dem Zusatz „u. a." bzw. „et al." zu versehen. Bezieht sich das Zitat auf zwei aufeinanderfolgende Textseiten, so schreibt man „S. 1 f."; bei mehr als zwei Seiten lautet die korrekte Angabe „S. 1–7" bzw. S. 1 ff.". Ein längeres Zitat kann im Text mit einer entsprechenden Formulierung eingeleitet werden. Enthalten Internetquellen keine Seitenzahl, genügt es, den Autor bzw. Herausgeber und das Jahr zu nennen.

Der Inhalt des folgenden Abschnitts basiert im Wesentlichen auf Müller u. a. (2010, S. 94 ff.) ...

Abbildungen, Tabellen und Grafiken erstellen

Schaubilder oder Tabellen werden verwendet, damit die Ergebnisse verständlicher werden. Sie dienen als „Eyecatcher" und lockern das Schriftbild auf. Sehr einfach lassen sich Abbildungen und Tabellen mit den MS-Office-Funktionen erstellen. Jede Abbildung, Tabelle oder Grafik sollte einen aussagekräftigen Titel erhalten. Der Informationsgehalt von Abbildungen, Tabellen und Grafiken muss immer im Text ausformuliert werden. An jener Stelle, wo mit inhaltlichen Aussagen der Tabelle oder Grafik argumentiert wird, sollte ein entsprechender Hinweis stehen (z. B. „vgl. Abb. 2" oder „vgl. Tab. 3").

Abb. 1: Meilensteine definieren
Quelle: Brämer & Blesius (2011, S. 38).

Quellenangaben für Darstellungen (Tabellen, Grafiken, Abbildungen) stehen nicht in der Fußnote, sondern direkt unter der Tabelle bzw. Abbildung. Abbildungen und Tabellen in den Anhang zu verlagern, ist nicht ratsam und zugleich schädlich, weil dann nicht kraftvoll genug argumentiert werden kann. Je nachdem, wie stark die Abbildungen etc. sich inhaltlich von einer oder mehreren Quellen entfernen, kann zwischen folgenden Optionen gewählt werden:

Quelle: Brämer & Blesius (2011, S. 106).
Quelle: Brämer & Blesius (2011, S. 106); leicht modifiziert.
Quelle: Brämer & Blesius (2011, S. 106); stark modifiziert.
Quelle: eigene Darstellung auf der Basis von Brämer & Blesius (2011, S. 106).
Quelle: eigene Erhebung.

5. Manual: Lernen lernen

Literaturverzeichnis erstellen

Das Literaturverzeichnis soll dem Leser ermöglichen, die Quellen ohne unnötige Mühe zu beschaffen, um sie nachvollziehen und überprüfen zu können. Es beginnt mit der Überschrift „Literaturverzeichnis". Im Literaturverzeichnis sind alle in der Arbeit verwendeten Texte, **Bücher**, Aufsätze, Gesetzestexte, Internetseiten etc. aufzuführen.

Es gibt eine nicht mehr überschaubare Anzahl von verschiedenen akademischen Zitierweisen. Wichtig ist, in einer Arbeit die gewählte Zitierweise strikt durchzuhalten. So ist die Quelle im APA-Standard (American Psychological Association) wie folgt anzugeben: Nachname, Vorname als Initiale. (Erscheinungsjahr). *Titel*. (ggf. Aufl.). Verlagsort: Verlag.

Satzzeichen, wie Punkt, Komma, Klammer und Doppelpunkt sind zu beachten. Die Namen werden herausgerückt (Hängender Einzug um 1 cm). Titel wie „Dr." oder „Prof." werden nie angegeben. Die Einträge sind alphabetisch nach den Nachnamen der Verfasser zu ordnen. Innerhalb gleicher Nachnamen wird nach den Vornamen sortiert.

> **Müller, A.** *(2014). Anleitung für die Erstellung und Publikation wissenschaftlicher Arbeiten. (3. Aufl.). Buxtehude: Phantasie-Verlag.*
>
> **Müller, K.** *(2012). Hausarbeiten richtig verfassen. (2. Aufl.). Trier: Verlag an der Mosel.*

Mehrere Titel eines Verfassers werden in zeitlich aufsteigender Reihenfolge angeordnet. Die Auflage wird immer als Aufl. abgekürzt und erst ab der 2. Auflage genannt.

> **Müller, A.** (2014). *Wissenschaftliches Arbeiten. Buxtehude: Phantasie-Verlag.*
>
> **Müller A.** (2014). *Technik des wissenschaftlichen Arbeitens. (4. Aufl.). Buxtehude: Phantasie-Verlag.*

Beispiel: Haben mehrere Titel mit Co-Autoren den gleichen ersten Autor, wird innerhalb dieser Gruppe nach dem Namen des zweiten Autors sortiert. Das Trennzeichen zwischen zwei Autoren ist das Et-Zeichen; bei mehreren Autoren wird lediglich vor dem letztgenannten das Et-Zeichen geschrieben. Bei mehr als drei Autoren folgt hinter dem ersten Namen der Zusatz „u. a." oder „et al.".

> **Müller, A. & Becker, J.** (2014). *Publizieren im Bereich der Sozial- und Humanwissenschaften. Buxtehude: Phantasie-Verlag.*
>
> **Müller A. & Schmitt, K.** (2014). *Leitfaden zum wissenschaftlichen Arbeiten. (6. Aufl.). Buxtehude: Phantasie-Verlag.*
>
> **Müller A., Ullrich, G. & Becker, J.** (2014). *Wissenschaftliches Arbeiten und Wissenschaftstheorie: Eine Einführung für Studierende. Buxtehude: Phantasie-Verlag.*

Zitate aus **Zeitschriftenartikeln** werden nach folgendem Schema angegeben:

Nachname, Vorname als Initiale. *Titel des Beitrages*. Name der Zeitschrift, Jahrgang (Ausgabe), Seitenzahl(en).

> **Müller, A.** *Erfolgreich wissenschaftlich publizieren. Das Magazin für strategisches Marketing, 2014 (2), 35–38.*

Lernfeld: In der Arbeitswelt orientieren, ein berufliches Selbstverständnis entwickeln und sich bewerben

Internetquellen: Grundsätzlich gelten für die Angabe von Internetquellen die gleichen Grundregeln wie für gedruckte Quellen. Internetinhalte haben oft nur einen kurzen Bestand mit unbekannter Dauer. Da die Quellen überprüfbar sein müssen, sollten die Internetseiten ausgedruckt oder auf einem eigenen Datenträger gespeichert werden. Zitierte Quellen müssen grundsätzlich so nachgewiesen werden, dass der Leser sie auch zu einem späteren Zeitpunkt finden und nachvollziehen kann. Internetseiten können nach folgendem Schema angegeben werden:

Name, Vorname als Initiale. (Erscheinungsjahr). *Titel des Beitrages.* Gefunden am Datum. unter URL. ggf. Seitenzahl bei PDF-Dateien.

> **Müller, A.** (2014). *10 Tipps zum Erstellen von wissenschaftlichen Arbeiten. Gefunden am 29. April 2014. unter www.phantasieverlag.de/tipps.*

Das Datum für Internet-Quellen ist nur dann international eindeutig, wenn der Monat in Buchstaben (ggf. abgekürzt) und das Jahr vierstellig geschrieben werden. Auf die einleitende Angabe von „http://" wird verzichtet. Internet-Adressen (URL) sollten am Zeilenende an einer sinnvollen Stelle (z. B. hinter einem Schrägstrich) getrennt und nicht mit einem Trennstrich gekennzeichnet werden; er könnte sonst leicht als Adressbestandteil missverstanden werden.

Werden von einem Internetauftritt mehrere Seiten zitiert, so sollte zur besseren Übersicht nach der Jahreszahl durchnummeriert werden.

> **Müller, A.** (2014-1). *10 Tipps zum Erstellen von wissenschaftlichen Arbeiten. Gefunden am 29. April 2014. unter www.phantasieverlag.de/phasen.*

> **Müller, A.** (2014-2). *10 Tipps zum Erstellen von wissenschaftlichen Arbeiten. Gefunden am 29. April 2014. unter www.phantasieverlag.de/literaturverzeichnis.*

> **Müller, A.** (2014-3). *10 Tipps zum Erstellen von wissenschaftlichen Arbeiten. Gefunden am 29. April 2014. unter www.phantasieverlag.de/gliederungsarten.*

Arbeitstechniken

Texte markieren (LA 1.2)

Wichtige Textstellen sollten hervorgehoben werden, damit sie leicht wiederzufinden sind. Es können Texte durch Codes oder Stichwörter ergänzt oder Wichtiges durch Farbe und Symbole markiert werden. Pfeile zeigen Zusammenhänge. Auch eigene Fragen, Widersprüche und Zustimmungen können durch Bildzeichen verdeutlicht werden. Es kommt auf das Thema der Arbeit, die Fragestellung bzw. das Erkenntnisinteresse an, was hervorzuheben ist. Häufig sind es:

- Fachbegriffe
- Thematisch relevante Schlüsselwörter
- Definitionen
- Regeln
- Jahresangaben
- Literaturhinweise
- Zentrale Thesen
- Textstellen, die Widerspruch erregen

Techniken: Mit Unterstreichungen (am besten eignet sich dazu ein Bleistift) können schon bei der ersten Lektüre eines Textes wichtige Gesichtspunkte hervorgehoben werden. Allerdings sollten Sie sich vor zeilenweisem Unterstreichen hüten. Stattdessen ist ein Längsstrich am Rand des Textes angebracht, wenn Passagen länger als zwei Zeilen, gekennzeichnet werden. Im zweiten Lektüredurchgang können dann bei genauerer Textkenntnis einzelne Begriffe und Wendungen in dem so markierten Abschnitt hervorgehoben werden. (Nun kann ein Textmarker eingesetzt werden.)

Randbemerkungen oder Markierungen am Rand oder innerhalb eines Textes bewirken den nötigen Überblick. Ziel ist es, die Schlüsselbegriffe zu erfassen, die Hauptthesen zu erkennen und den gedanklichen Aufbau des Textes herauszuarbeiten. Im Prinzip sollte es möglich sein, mit den markierten Stellen den Text kurz zusammenzufassen. Fehlen zur Logik Punkte, wurde unvollständig markiert!

Um das Markieren und Hervorheben übersichtlich zu gestalten und die Markierungen auch nach längerer Zeit noch verstehen zu können, können bestimmte Arten von Randmarkierungen oder -kommentaren verwendet werden. Hierzu ein paar Vorschläge:

Randmarkierungen	Markierungen innerhalb des Textes	Randkommentare
⇒ / wichtig	⇒ einkreisen	⇒ Th (These)
⇒ // sehr wichtig	⇒ einrahmen	⇒ Arg (Argument)
⇒ ! erstaunlich	⇒ unterstreichen	⇒ Def (Definition)
⇒ ? fragwürdig	⇒ Wellenlinien	⇒ Log (Logik)
⇒ + gut	⇒ mehrfarbig markieren	⇒ Bsp (Beispiel)
⇒ – schlecht		

Lernfeld: In der Arbeitswelt orientieren, ein berufliches Selbstverständnis entwickeln und sich bewerben

Inhalte strukturieren und visualisieren

Um sich das Strukturieren der Texte, einzelner Textpassagen oder Sinnabschnitte zu erleichtern, können Sie z. B. grafische Strukturierungshilfen nutzen. Listen Sie dazu zunächst alle Textelemente, die Sie in eine Struktur bringen möchten, auf und bringen Sie sie in einem nächsten Schritt in eine räumliche Ordnung zueinander. Das kann durch typografische bzw. durch grafische Mittel geschehen.

Zu den **typografischen** Mitteln zählen Absätze, mehrspaltiger Text, Nummerierung und Aufzählung.

Grafische Mittel (Visualisierungen) bieten sich an, um Texte und Textinhalte zu ordnen, Verbindungen zu erkennen und Zusammenhänge herzustellen. MS-Word bietet hier unter „Illustrationen – SmartArt" eine große Vielfalt von grafischen Darstellungen an.

Was wird geordnet?	Wie wird geordnet?	Beispiele
Gleiche Ebene Aufzählung	Liste	
Über- und Unterordnung	Organigramm/Hierarchie, MindMap (siehe nächste Seite)	
Elemente, die zu vergleichen oder zu beurteilen sind	Matrix Entscheidungs-Matrix	
In welcher Beziehung stehen die Aussagen zueinander?	Pro und Kontra, Ideen vergleichen, Beziehungsnetz	
Dinge, die in einer Entwicklung stehen	Prozessablauf	

5. Manual: Lernen lernen

MindMaps erstellen

MindMapping ist eine gehirngerechte Kreativitätstechnik, die in den Siebzigerjahren von Tony Buzan erfunden worden ist. In MindMaps notieren Sie Ihre Gedanken nicht wie üblich hinter- oder untereinander. Stattdessen schreiben Sie das Hauptthema Ihrer Notizen auf die Mitte des Blattes und notieren Ihre Gedanken als Schlüsselwörter auf Linien, die von der Mitte der MindMap ausgehen. Dadurch entsteht eine bildhafte Darstellung Ihrer Gedanken, also so etwas wie eine Gedankenkarte.

Mindmaps unterstützen das radiale Denken, sprich die unterschiedlichen Funktionen der Gehirnhälften. Die rechte Hälfte ist bestimmend für Räumlichkeit, Gestalt, Vorstellungsvermögen, Rhythmus und emotionale Verarbeitung. Die linke Seite hingegen steht für Symbole, Wörter, Zahlen sowie Logik. Somit haben Mindmaps gegenüber linearen Notizen und Aufzeichnungen viele Vorteile: Man spart beim Anfertigen, Lesen oder Wiederholen viel Zeit, da man sich auf wichtige Schlüsselwörter und Themen konzentriert. Kreativität und Erinnerung werden aktiviert, und damit wächst auch der Gedankenstrom.

MindMaps von Hand

- Das Papier wird im Querformat genutzt. In die Mitte der Seite wird ein einprägsames Bild gezeichnet oder das Hauptthema geschrieben.
- Von dem zentralen Bild/Hauptthema ausgehend wird für jeden tiefergehenden Gedanken bzw. Unterpunkt eine Linie gezeichnet.
- Auf diese Linien werden die einzelnen Schlüsselwörter zu den Unterpunkten geschrieben. Diese Wörter sollten in Druckbuchstaben eingetragen werden, um die Lesbarkeit und Einprägsamkeit der MindMap zu erhöhen (nur Wörter – keine ganzen Sätze).
- Von den eingezeichneten Linien können wiederum Linien ausgehen, auf denen die einzelnen Hauptgedanken weiter untergliedert werden. Von diesen weiterführenden Linien können wieder andere ausgehen etc.
- Benutzen Sie unterschiedliche Farben, um die Übersichtlichkeit zu erhöhen. Gleichzeitig können beispielsweise auch zusammengehörende Gedanken und Ideen leicht durch Verwendung der gleichen Farbe verdeutlicht werden.
- Symbole, wie z. B. Pfeile, geometrische Figuren, kleine Bilder, gemalte Ausrufe- oder Fragezeichen und selbst definierte Sinnbilder, sind so oft wie möglich zu nutzen; sie erleichtern die Erfassung des Inhalts und können helfen, einzelne Bereiche abzugrenzen oder hervorzuheben.

Bei kreativen Überlegungen sollten Sie sich nicht allzu lange damit beschäftigen, an welcher Stelle die MindMap ergänzt wird. Das stört nur den freien Gedankenfluss; schließlich kann schneller gedacht als geschrieben werden. Umstellungen können später immer noch in einer Neuzeichnung vorgenommen werden. Dieses Vorgehen hat außerdem den Vorteil, sich ein weiteres Mal mit der gemappten Thematik zu befassen. So kann der Inhalt besser erinnert und verstanden werden, und es besteht die Chance, den entscheidenden Gedanken gerade bei dieser Neugestaltung zu bekommen. MindMapping kommt überall dort zum Einsatz, wo kreatives Denken, Entscheidungsfindung, Brainstorming, Teamarbeit oder Projektmanagement gefragt sind.

Lernfeld: In der Arbeitswelt orientieren, ein berufliches Selbstverständnis entwickeln und sich bewerben

MindMaps am PC

MindMapping am Computer ist einfach praktisch. Man kann den kreativen Teil des Prozesses strikt von seinem auszuführenden Teil trennen. Mit der Zoom-Technik des Programms ist es möglich, sehr große Mappen zu erstellen. Befinden sich mehrere MindMaps auf verschiedenen Ebenen, kann man sie durch Links miteinander verbinden.

Es gibt eine MindManager-Software für den Schulgebrauch, den sogenannten MindManager-Smart. Diese Version wird von der Firma Mindjet für Schulen kostenlos zur Verfügung gestellt. Schulen aus Deutschland können die Version von den Bildungsservern ihrer Länder downloaden. Geeignet ist der MindManager-Smart für die Unterrichtsvorbereitung, Erarbeitung von Inhalten, Vorbereitung von Referaten und Projektarbeit.

Der Aufbau einer MindMap gliedert sich typischerweise in folgende Schritte:

1. Start mit dem zentralen Thema/Konzept
2. Erzeugen von Zweigen und Unterzweigen, die alle damit verbundenen Ideen und Themen aufnehmen
3. Hinzufügen von Bildern, Dokumenten und Hyperlinks zu jedem Zweig nach Bedarf
4. Logische Anordnung der Zweige
5. Erzeugen von sichtbaren Links zwischen miteinander in Beziehung stehenden Zweigen
6. Präsentieren oder Veröffentlichen der MindMap

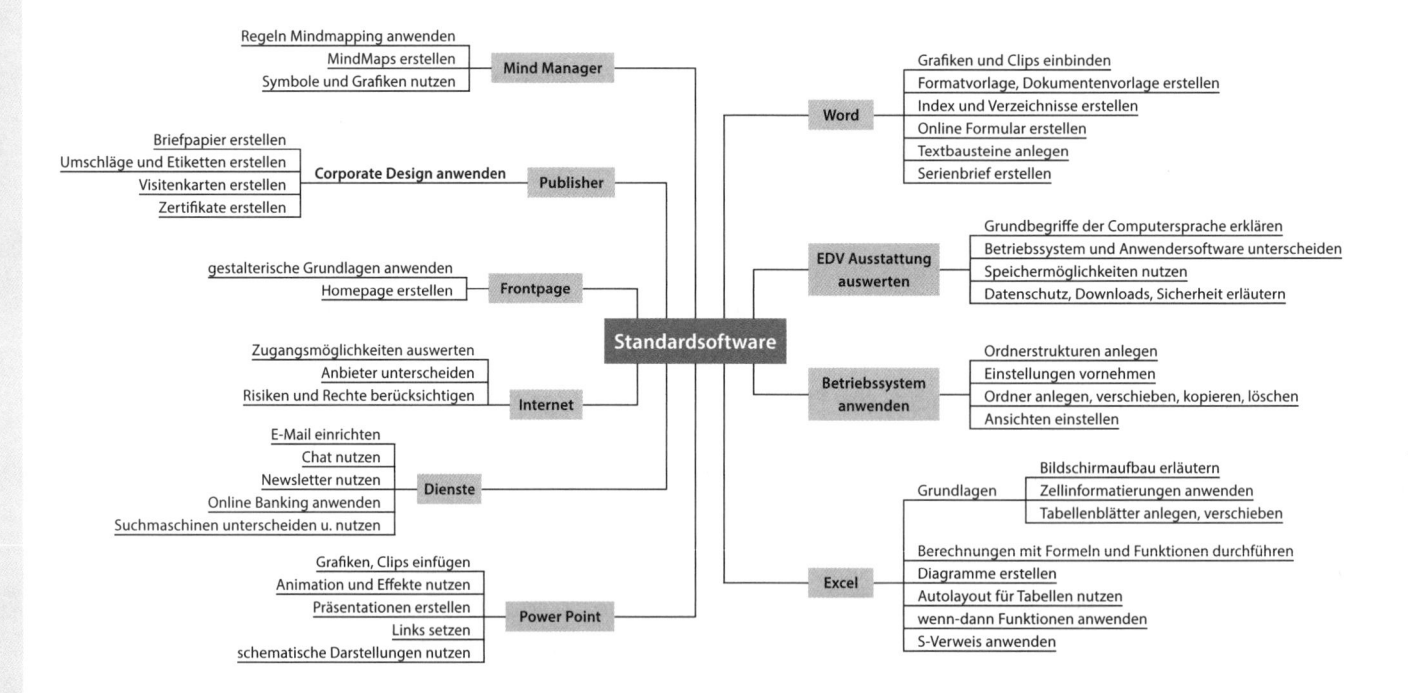

MindMap: Standardsoftware

- **Mind Manager**
  - Regeln Mindmapping anwenden
  - MindMaps erstellen
  - Symbole und Grafiken nutzen

- **Publisher** – Corporate Design anwenden
  - Briefpapier erstellen
  - Umschläge und Etiketten erstellen
  - Visitenkarten erstellen
  - Zertifikate erstellen

- **Frontpage**
  - gestalterische Grundlagen anwenden
  - Homepage erstellen

- **Internet**
  - Zugangsmöglichkeiten auswerten
  - Anbieter unterscheiden
  - Risiken und Rechte berücksichtigen

- **Dienste**
  - E-Mail einrichten
  - Chat nutzen
  - Newsletter nutzen
  - Online Banking anwenden
  - Suchmaschinen unterscheiden u. nutzen

- **Power Point**
  - Grafiken, Clips einfügen
  - Animation und Effekte nutzen
  - Präsentationen erstellen
  - Links setzen
  - schematische Darstellungen nutzen

- **Word**
  - Grafiken und Clips einbinden
  - Formatvorlage, Dokumentenvorlage erstellen
  - Index und Verzeichnisse erstellen
  - Online Formular erstellen
  - Textbausteine anlegen
  - Serienbrief erstellen

- **EDV Ausstattung auswerten**
  - Grundbegriffe der Computersprache erklären
  - Betriebssystem und Anwendersoftware unterscheiden
  - Speichermöglichkeiten nutzen
  - Datenschutz, Downloads, Sicherheit erläutern

- **Betriebssystem anwenden**
  - Ordnerstrukturen anlegen
  - Einstellungen vornehmen
  - Ordner anlegen, verschieben, kopieren, löschen
  - Ansichten einstellen

- **Excel**
  - Grundlagen
    - Bildschirmaufbau erläutern
    - Zellinformatierungen anwenden
    - Tabellenblätter anlegen, verschieben
  - Berechnungen mit Formeln und Funktionen durchführen
  - Diagramme erstellen
  - Autolayout für Tabellen nutzen
  - wenn-dann Funktionen anwenden
  - S-Verweis anwenden

Präsentationsmöglichkeiten nutzen (LA 1.6)

Sprache

Bei Ihren Präsentationen gehört die Sprache zu Ihrem Hauptmedium. Die Sprache besitzt einen wunderbaren Fundus an Wendungen und Bildern (Metaphern). Bauen Sie Spannung mit einer Metapher auf, um Besonderheiten hervorzuheben. Belegen Sie, was Sie zu sagen haben, mit Beispielen, damit eine lebendige Präsentation gelingt. Helfen Sie sich, indem Sie für die Präsentation einen A6-Handzettel erstellen, auf dem Sie stichwortartig Ihren Vortrag notieren.

Körpersprache

Setzen Sie Ihre Mimik, Gestik und Körperhaltung bewusst ein. Ein freundlicher, offener Blick stimmt den Zuschauer positiv. Auch Gesten, die in Höhe der Taille ablaufen, werden positiver gewertet als jene, die sich unterhalb der Taille abspielen.

Hände sollten sichtbar bleiben. Sie sollten freundliche und öffnende Gesten zeigen, aber nicht übertreiben. Eine aufrechte Körperhaltung signalisiert, dass Sie hinter dem Gesagten stehen und sich Ihrer Argumente sicher sind.

Anschauungsmaterial

Neben der Sprache bringen Sie durch alltägliche Gegenstände (z. B. Hüte, Sportgeräte, Pflanzen, Musikinstrumente) die nötige Würze in Ihre Präsentation. Wenn Sie reale Gegenstände verwenden, um abstrakte Sachverhalte zu verdeutlichen, dann fällt Ihren Teilnehmern das Zuhören leichter. Die Präsentation wird anschaulich und lebendig.

Durch den Einsatz von derartigem Anschauungsmaterial wird nicht nur das Interesse der Zuschauer geweckt, es wird auch ein unmittelbarer Bezug zur Realität hergestellt, und dadurch bleibt das Gesagte in Erinnerung. Sie sollten allerdings darauf achten, dass der Gegenstand groß genug und so für alle Anwesenden im Raum gut erkennbar ist.

Auf gar keinen Fall sollten Sie aber bestimmte Gegenstände nach Ihrem Einsatz im Publikum herumreichen. Das schafft nur Unruhe und lenkt von Ihrer weiteren Präsentation ab. Sie können aber einen Gegenstand, insbesondere wenn er außergewöhnlich und spektakulär ist, wirkungsvoll platzieren.

Bühnenbild

In einem weiteren Punkt unterscheidet sich die Präsentation besonders klar vom Vortrag: Sie kann auch als ein Schauspiel verstanden werden, als eine Aufführung, die eine Inszenierung durchlaufen hat und auf einer Bühne mit einem wechselnden Bühnenbild – der Projektion – stattfindet (Lobin, 2011).

Sie als Präsentator reden auf dieser medialen Bühne frei und können sich mit Gestik oder raumgreifenden Bewegungen in Szene setzen. Bedenken Sie, dass es neben der Vermittlung von Inhalten dabei um Ihre Selbstpräsentation geht.

Lernfeld: In der Arbeitswelt orientieren, ein berufliches Selbstverständnis entwickeln und sich bewerben

Gestaltungsregeln für digitale Präsentationen

1. Passender Folieninhalt

Beim Erstellen von digitalen Präsentationen ist es wichtig, dass der Folientitel zum Inhalt der Folie passt. Der Folientitel sollte nur eine Zeile umfassen. Sehr ansprechend ist es, wenn Sie für den Folientitel einen einheitlichen Sprachstil wählen, z. B. immer als Frage.

2. Nichts überladen

Sehr komplexe, umfangreiche Inhalte müssen auf mehrere Folien verteilt werden. Auf keinen Fall dürfen sie in kleiner Schrift zusammengedrängt auf einer Seite vorgestellt werden. Der schlimmste Fehler: eine DIN-A4-Textseite, eng beschrieben, an die Wand projizieren. Das finden zwar viele Redner prima, denn so haben sie ständig ihr Manuskript vor Augen und brauchen nur von der Wand abzulesen, die Zuschauer aber finden das störend!

3. Wenig Text, viel Bild

Wozu haben Sie eine Präsentationssoftware, wenn Sie nur Texte präsentieren? Ein paar mündliche Informationen und die Sache wird lebendig. Komplexe und abstrakte Themen sollten durch Zeichnungen oder Strukturbilder veranschaulicht werden. Grafiken und Diagramme vereinfachen die Informationsaufnahme. Gut gestaltete Texte und Listen sind optimal lesbar, übersichtlich und verständlich. Ein Bild sagt mehr als tausend Worte. Daher sollten Sie an geeigneter Stelle Bilder einfügen, um die Aufmerksamkeit auf den richtigen Punkt zu lenken. Objekte werden so verteilt, dass der zur Verfügung stehende Raum genutzt wird.

4. Übersichtlich gestalten

Beim Text ist zu beachten, dass nur wichtige Kernaussagen geschrieben und diese einfach und klar formuliert werden (keine ausformulierten Sätze, keine Schachtelsätze). Die Schriftgröße sollte mindestens sechzehn Punkt und der Zeilenabstand mindestens 1,5-zeilig sein. Es sind maximal drei Schriftarten und drei Schriftgrößen zu verwenden. Die Schriftart ist entscheidend! Die geeignetste Schriftart ist Arial. Die Folien werden nicht bis zum Rand beschriftet. Bei Aufzählungen sollte der Textumfang auf maximal sieben Infopunkte begrenzt sein. Es sollten höchstens sechs Wörter in einer Zeile stehen.

5. Professionell arbeiten

Interaktive Schaltflächen erleichtern die Navigation innerhalb einer Bildschirmshow. Hyperlinks und interaktive Schaltflächen lösen Aktionen aus. Sie können sie mit Auto-Formen, Grafiken, Tabellen, Texten oder Audio- und Videosequenzen verbinden. Mit ihrer Hilfe gelangen Sie blitzschnell an jede beliebige Stelle in der aktuellen oder in einer anderen Präsentation, zu einer E-Mail-Adresse oder ins Internet.

6. Aufsehen erregen

Zuschauer sollten den Blick nicht mit Grauen von Ihrem Chart abwenden, sondern aufsehen und hinsehen, also den Blick auf das richten, was Sie ihnen „angerichtet und zubereitet" haben. Die Zuhörer möchten bei Vorträgen, Reden und Präsentationen beeindruckt, unterhalten, angeregt und informiert werden. Also überlegen Sie, was Ihr Publikum beeindrucken könnte! Wenn die Zuschauer hin- und aufsehen sollen, müssen Sie Aufsehen erregen! Aber mit Animationen sollten Sie sparsam umgehen!

7. Vorlesen verboten

Das, was der Zuschauer sieht, und das, was er hört, darf nicht dasselbe sein. Sonst ist es nicht spannend! Also niemals wörtlich vorlesen, was auf der Folie steht. Lautet der Folientext zum Beispiel „Umsätze 1. Quartal" sagen Sie: „Jetzt zu den Umsätzen vom ersten Quartal".

8. Mut zum Humor

Eine witzige Karikatur aus der Morgenzeitung vom Tag, kurz eingescannt und in die Präsentationssoftware eingebaut – schon haben Sie die Lacher auf Ihrer Seite. Entspannte Mienen danken es Ihnen.

9. Mut zur Variation

Sprechen Sie grundsätzlich um die Hälfte lauter und an besonders geeigneten Stellen doppelt so laut wie sonst. Dann klingt Ihre Stimme enthusiastischer und gleichzeitig sicherer. Das überträgt sich auf das Publikum. Und Ihr Körper baut Spannungen ab. Variieren Sie: Betonen Sie unterschiedlich, als ob Sie das, was Sie zu sagen haben, ganz ohne die Präsentationssoftware vor lauter Blinden erklären müssten.

10. Frei sprechen

Die Folien sind tolle Gedächtnisstützen. Ganz Sicherheitsbewusste können zu jeder Folie Kommentare eingeben, die bei der Präsentation auf dem eigenen Bildschirm erscheinen, für die Zuschauer aber unsichtbar bleiben.

11. Keine „Folienschleuder"

Jede Minute eine Folie, das hält kein Publikum aus. Die Folien (Charts) sollen visualisieren und Ihren Vortrag ergänzen, sie sollen ihn nicht ersetzen (vgl. redenwelt.de; 2008).

> **Lernfeld: In der Arbeitswelt orientieren,
> ein berufliches Selbstverständnis entwickeln und sich bewerben**

Großmethoden

Leittextmethode

Die Leittextmethode bietet vielfältige Möglichkeiten, Sie zu selbstorganisiertem Lernen anzuregen. Leittexte sind meist schriftliche, arbeitsbegleitende Materialsammlungen, die zu Beginn einer Unterrichtsstunde von der Lehrkraft ausgeteilt werden. Sie strukturieren den Lernprozess vor, geben jedoch nicht alle Informationen, die zur Bewältigung der Aufgabe nötig sind. Vorgegeben werden nur solche, die für Sie nicht direkt zugänglich sind oder in den Begleitmaterialien als zu umständlich empfunden wurden. Leittexte sollen Sie zum eigenen Lernen anregen.

Die Leittextmethode basiert auf dem Modell der vollständigen Handlung, das die folgenden Schritte umfasst:

Sechs Phasen der vollständigen Handlung

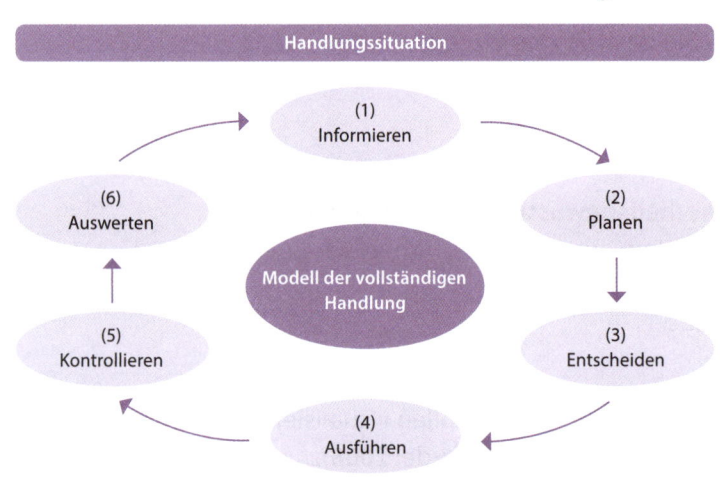

1. **Informieren und Analysieren** *(Beschaffen und Verarbeiten von Informationen)*
2. **Planen** *(Planen von Lösungswegen für Aufgaben und Problemstellungen)*
3. **Entscheiden** *(Gestalten von Entscheidungsprozessen)*
4. **Ausführen** *(Ausführung der Planung)*
5. **Kontrollieren** *(Kontrollieren und Bewerten von Arbeitsergebnissen)*
6. **Auswerten/Bewerten** *(Auswerten und Bewerten des Lernprozesses)*

Bei der Leittextmethode führen Sie selbstständig die genannten Schritte aus. Sie erhalten dadurch eine möglichst genaue Vorstellung des Ziels Ihrer Tätigkeit und der möglichen Wege zur Erreichung dieses Ziels. Sie kontrollieren Ihre Vorstellungen und Wege selbst, sollten aber auch der Lehrkraft eine konkrete Rückmeldung zu Ihrer Arbeit geben (vgl. BBS 1 Hannover).

Zielsetzung der Methode

Mit dem Einsatz der Leittextmethode sollen folgende Kompetenzen vermittelt und geübt werden:

Methodenkompetenz: Sie werden durch die Leittexte zum selbstorganisierten Lernen geführt. Sie lernen unterschiedliche Wege des Wissenserwerbs kennen und Sie lernen kreativ und problemlösend zu denken.

Fachliche Kompetenz: Durch die höhere Methodenkompetenz und die damit verbundene höhere Selbstständigkeit und Selbstsicherheit steigt auch Ihre fachliche Kompetenz. Sie lernen, Probleme eigenständig zu lösen, und können dadurch Ihr Wissen auch in neuen Situationen anwenden und in unvorhersehbaren Situationen angemessen reagieren.

Sozialkompetenz: Beim Erarbeiten der Leittexte in Gruppen wird die Teamfähigkeit der Lernenden gefördert. Sie tragen die Verantwortung für Ihr Lernen und erleben Fortschritte, aber auch Rückschläge und Probleme unmittelbar.

5. Manual: Lernen lernen

Gruppenpuzzle

Das Gruppenpuzzle ist eine Form von Gruppenunterricht. Sie erarbeiten einen Teil des Themas mit Selbststudienmaterial.

1. Stammgruppe – Informationsmaterial

Die Lerninhalte werden in mehrere Gebiete aufgeteilt. Jedes Gruppenmitglied bekommt ein Gebiet. Nach einiger Erfahrung können Sie die Themen auch wählen lassen. Danach gehen Sie in Ihre Expertengruppe.

AA	BB
AA	BB
CC	DD
CC	DD

2. Expertengruppe

Selbststudium: Sie bearbeiten nun in Einzelarbeit Ihren Teil des Themas. Sie strukturieren Ihre Informationen auf einem Spickzettel oder mit einer MindMap. Es ist wichtig, dass Sie Ihr Thema verstanden haben, um Ihre Informationen korrekt und vollständig an Ihre Mitschüler(innen) weitergeben zu können. Deshalb folgt nach dem Selbststudium die Expertenrunde.

Kontrolle: Nun tauschen Sie sich mit Ihrer Expertengruppe – Mitschüler(innen) mit demselben Thema – aus. Hier besprechen Sie das zuvor Gelernte. Sie beantworten sich gegenseitig offene Fragen. Sie helfen einander, sich zu Experten zu machen.

Vorbereitung: Danach besprechen Sie, wie Sie Ihr Wissen am wirkungsvollsten vermitteln, welche Hilfsmittel Sie einsetzen und wie Sie die Zeit einteilen. Die Lerninhalte sind bekannt. Schließlich überlegen Sie gemeinsam einige Aufgaben, mit denen Sie Ihre Mitschüler(innen) überprüfen wollen.

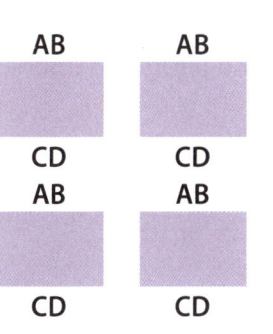

AB	AB
CD	CD
AB	AB
CD	CD

3. Stammgruppe

Sie gehen in Ihre Stammgruppe zurück. Reihum erläutern Sie Ihren Mitschüler(innen) Ihr vorbereitetes Thema und kontrollieren den Wissensstand. Nun sollten Sie optimal vorbereitet sein, um das in der Lernaufgabe gestellte Problem zu lösen.

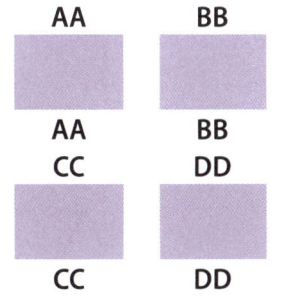

AA	BB
AA	BB
CC	DD
CC	DD

Lernfeld: In der Arbeitswelt orientieren, ein berufliches Selbstverständnis entwickeln und sich bewerben

Kugellager

Die Intention des Kugellagers ist, dass Sie Ihren Zufallspartnern gegenüber in freier Rede über ein eng abgestecktes Thema berichten, und zwar so, dass jeweils die Hälfte der Klasse für kurze Zeit spricht. Sie sollen durch mehrfachen Partnerwechsel Gelegenheit erhalten, sich zum anstehenden Thema richtiggehend „warmzureden", sprachliche Sicherheit zu gewinnen und Selbstvertrauen zu tanken.

Zuvor bereiten Sie sich in einer kurzen Besinnungsphase auf Ihre themenzentrierten Ausführungen vor. Dann setzen oder stellen Sie sich in Kreisform paarweise gegenüber, sodass ein Innenkreis und ein Außenkreis entstehen (evtl. stehen dazwischen Tische).

Nun erläutern zunächst alle im Außenkreis sitzenden Schüler(innen) ihr Thema. Ihre jeweiligen Gesprächspartner hören zu, machen sich Notizen und fragen eventuell nach. Anschließend rücken die im Innenkreis sitzenden Schülerinnen bzw. Schüler z. B. zwei Stühle nach rechts weiter, sodass neue Gesprächspaare entstehen. Nun werden die Schüler(innen) im Innenkreis aktiv und berichten ihrerseits über das gleiche Thema.

Alsdann rücken die Innenkreis-Vertreter erneut zwei Stühle weiter etc. Diese gegenläufige Bewegung von Innen- und Außenkreis gleicht einer Kugellager-Bewegung, deshalb Kugellager-Methode.

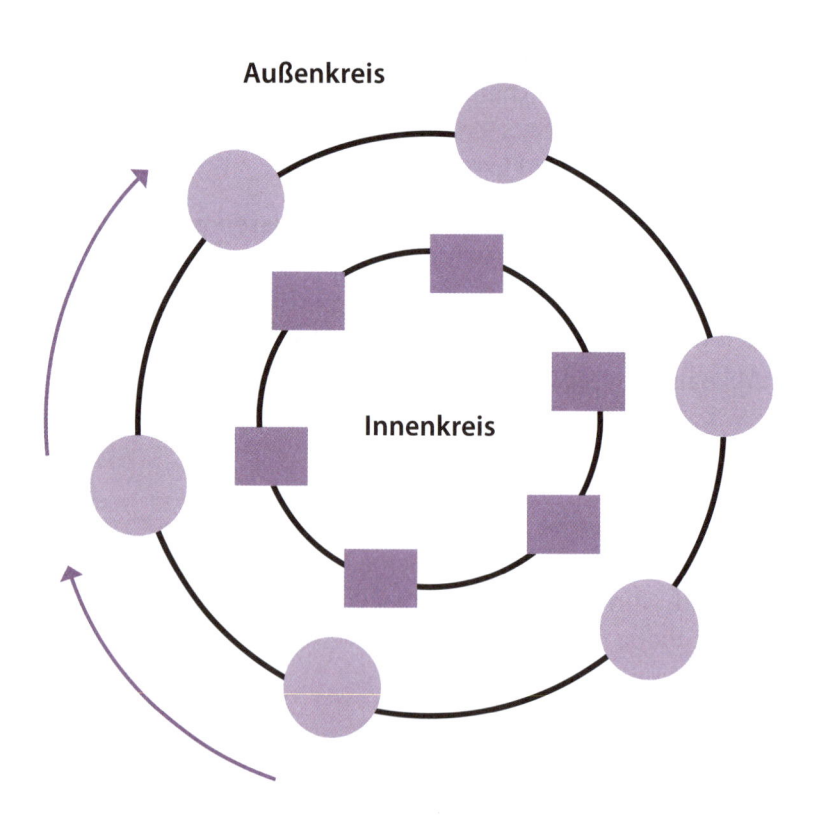

6. Manual: Moderne Arbeitswelten analysieren

Wirtschaftliche Entscheidungen zur Gründung eines Unternehmens (LA 3.1)

Unabhängig davon, ob eine Unternehmenserweiterung überdacht wird oder eine Neugründung geplant ist, die wirtschaftlichen Überlegungen stehen im Vordergrund. Einige dieser Entscheidungen sind allgemeine Faktoren andere beziehen sich konkret auf die Standortwahl:

In Deutschland herscht Gewerbefreiheit, d. h., alle Deutschen haben das Recht sich selbstständig zu machen und ein Unternehmen zu gründen. Für Staatsbürger der EU gelten in der Regel identische Bedingungen. Die Ausübung eines Gewerbes ist an bestimmte persönliche Voraussetzungen geknüpft, wie beispielsweise die volle Geschäftsfähigkeit, d. h., der Unternehmensgründer muss mindestens das 18. Lebensjahr vollendet haben. Unterschiede gibt es je nach Wirtschaftsbereich, beispielsweise ist in den meisten Handwerksberufen die Meisterprüfung Voraussetzung, es herrscht „Meisterzwang" oder es ist mindestens eine langjährige Berufserfahrung Pflicht. In allen Bereichen, auch im Einzelhandel, im Hotel- und Gaststättengewerbe sollte ein Berufsbezug gegeben sein. Pflicht ist er nicht.

> **Art 12 Grundgesetz der Bundesrepublik Deutschland**
>
> (1) Alle Deutschen haben das Recht, Beruf, Arbeitsplatz und Ausbildungsstätte frei zu wählen. Die Berufsausübung kann durch Gesetz oder auf Grund eines Gesetzes geregelt werden.
>
> (2) Niemand darf zu einer bestimmten Arbeit gezwungen werden, außer im Rahmen einer herkömmlichen allgemeinen, für alle gleichen öffentlichen Dienstleistungspflicht.

Nachfrage am Markt

Sinnvoll bei einer Unternehmensgründung ist es, dass eine „Marktlücke" besteht, d. h., dass das neu zu gründende Unternehmen bestehende Wünsche von privaten Haushalten oder Unternehmen deckt, für die es derzeit keinen oder zu wenig andere Anbieter gibt. Es herrscht Nachfrage am Markt.

Ein wesentlicher Anreiz für die Neugründung eines Unternehmens ist die Aussicht auf Erfolg, d. h. der Gründer sollte die Möglichkeit auf einen Gewinn nach einer Rentabilitätsprüfung als realistisch einschätzen.

Die Kapitalkraft setzt sich aus den Eigenmitteln des Gründers und eventuell benötigten Fremdmitteln, wie beispielsweise der Kreditaufnahme oder der Beteiligung von Kapitalgebern, zusammen. Das insgesamt benötigte Kapital hängt von der Art und Größe des Unternehmens ab.

Obwohl es zwischen den allgemeinen Aspekten und den Standortüberlegungen zu einigen Überschneidungen kommt, spielt der geeignete Standort eines Unternehmens eine entscheidende Rolle, damit sich das Unternehmen am Markt behaupten kann und bestenfalls Gewinn erzielt.

Infrastruktur

Die Infrastruktur ist eine grundlegende Voraussetzung für die Ansiedlung von Unternehmen. Einige Gründe hierfür sind:

Eine gute Verkehrslage, u. a. eine kurze Anbindung an Autobahnen, Schifffahrtswege (Flüsse) mit Umschlagplätzen (Häfen), dem Schienennetz (Züge) oder Flugplätzen, verringert die Transportwege und -kosten. Es kommt zu einer kostengünstigeren und schnelleren Versorgung der Käufer.

© Verlag Europa-Lehrmittel

Lernfeld: In der Arbeitswelt orientieren, ein berufliches Selbstverständnis entwickeln und sich bewerben

Zudem kann es für Unternehmen, z. B. Modehäuser, Lebensmittelhändler, Tankstellen, Restaurants, ... sinnvoll sein, ihren Standort in der Nähe eines Wohngebietes zu wählen. Gerade in den sogenannten Ballungsräumen ist die Infrastruktur in Form eines gut ausgebauten Öffentlichen Nahverkehrs sowie eine positive Betreuungssituation in Kindertagesstätten und Schulen gegeben. Es wird eine hohe Kundennähe erzielt, wodurch die Absatzmöglichkeiten steigen. Die oftmals, im Vergleich zu Randgebieten, höheren Kosten für Löhne ebenso wie für Grundstücks- bzw. Mietpreise lassen sich durch starke Umsatzzahlen rechtfertigen.

Soll ein Unternehmen gegründet werden, darf die Bürokratie nicht außer Acht gelassen werden. Der bürokratische Aufwand, in Form gesonderter Formulare für jeden Gründungsvorgang, die Berücksichtigung bestimmter Fristen usw. kann von Bundesland zu Bundesland stark abweichen und zu kostenintensiven Verzögerungen führen. Ebenso existieren erhebliche Unterschiede bei zu entrichtenden Abgaben und Steuern. Abgaben werden beispielsweise von Gemeinden für Wasser, Abwasser, Abfallentsorgung usw. erhoben.

Gewerbesteuer

> **KfW-Bankengruppe:**
> Die Kreditanstalt für Wiederaufbau ist die weltweit größte Förderbank. Sie wurde nach dem Zweiten Weltkrieg gegründet, um den Wiederaufbau der deutschen Wirtschaft zu fördern.

Die Gewerbesteuer richtet sich nach einem festgelegten Hebesatz. Dieser Hebesatz wird mit dem Gewinn des Unternehmens multipliziert und dadurch die fällige Gewerbesteuer ermittelt. Der Gewerbesteuer-Hebesatz beträgt mindestens 200 %, darf aber von jeder Gemeinde jährlich eigenständig festgesetzt werden (§ 16 Abs.4 Satz 2 GewStG). Beispielsweise beträgt er in Trier 420 % (Stand 2017), in Hamburg 470 % (Stand 2017), dagegen in Prüm 380 % (Stand 2017). Meist ist der Gewerbesteuer-Hebesatz in den Städten deutlich höher als auf dem Land. Begründbar ist dies u. a. durch die bessere Infrastruktur, den größeren Absatzmarkt usw.

Um Unternehmensgründungen bzw. -erweiterungen zu fördern gibt es verschiedene Alternativen. Eine Gemeinde kann Steuersätze reduzieren, günstiges Bauland anbieten u. v. m. um die Ansiedlung von Unternehmen zu begünstigen. Zudem bietet die KfW-Bankengruppe spezielle Gründerkredite mit niedrigem Zinssatz usw., sodass die benötigen Finanzmittel beschafft werden können.

Die unterschiedlichen Faktoren, die zur Wahl eines Standortes führen, können durchaus miteinander in Konkurrenz stehen. In einem absatzstarken Ballungsraum sind beispielsweise bereits in kurzer Zeit hohe Umsätze zu erzielen. Zeitgleich sind aber Mieten, Lohnkosten, steuerliche Belastungen, ... hoch. All diese Faktoren gilt es gegeneinander, z. B. mit Hilfe einer Entscheidungsbewertungstabelle abzuwägen. Letztlich befindet sich der optimale Standort nämlich dort, wo der größtmögliche Gewinn zu erzielen ist, d. h., die erwirtschafteten Umsätze größer sind als die anfallenden Kosten.

6. Manual: Moderne Arbeitswelten analysieren

Bedürfnisse eines Menschen (LA 3.2)

Nahezu jeder Mensch hat eine Vielzahl von Wünschen. Diese sind abhängig von verschiedenen Faktoren wie beispielsweise Einkommen, Alter, Geschlecht usw. Ganz nach persönlichem Empfinden hat jeder Mensch wenige oder viele Wünsche, die er entweder möglichst sofort oder im Laufe seines Lebens realisieren möchte.

In der Wirtschaftswissenschaft werden Wünsche als Bedürfnisse bezeichnet. Ein Bedürfnis ist dabei ein subjektiv empfundener Mangel (Müller, Jürgen u. a.: BWL der Unternehmung, 2009, S. 9). Je nach Dringlichkeit lassen sich die Bedürfnisse in unterschiedliche Kategorien einteilen. Grundlegende Bedürfnisse, die die Existenz eines Menschen sichern, werden als Existenzbedürfnisse bezeichnet und beziehen sich auf lebensnotwenige Dinge, wie Wasser, Nahrung, einen Schlafplatz bzw. eine Wohnung, die Wärme einer Heizung, Kleidung usw.

In Abhängigkeit seiner Erziehung und seines gesellschaftlichen Umfeldes entwickelt eine Person Kulturbedürfnisse, die er beispielsweise durch einen Kino-, Theater-, Konzertbesuch stillen kann, durch das Lesen einer Zeitung bzw. eines Buches u. v. m. Luxusbedürfnisse gehen über die lebensnotwendigen Existenzbedürfnisse hinaus. Sie übersteigen den in einer Gesellschaft üblichen Maßstab. Nur wenige Menschen können sich diese Wünsche erfüllen, z. B. indem sie eine Yacht, ein Privatflugzeug, einen Ferrari, eine Rolex oder weitere exklusive Güter kaufen.

Individualbedürfnisse

Nach dem Träger der Befriedigung können Bedürfnisse auch wie folgt unterschieden werden: Bedürfnisse, die derjenige, der sie empfindet (Individuum), befriedigen kann, werden als Individualbedürfnisse bezeichnet. Zum Beispiel der Wunsch nach einer eigenen Wohnung, einer bestimmten Urlaubsreise, einer DVD usw. Dagegen können Kollektivbedürfnisse nur durch eine Gruppe oder Gemeinschaft, d. h. oftmals den Staat, befriedigt werden, wie beispielsweise das Bedürfnis nach Schulbildung, Versorgung in einem Krankenhaus, die Schaffung von Verkehrsverbindungen usw.

In Anlehnung an den amerikanischen Psychologen Abraham Harold Maslow ergibt sich eine weitere Klassifizierungsalternative der menschlichen Bedürfnisse: Demnach gelten die Existenzbedürfnisse, d. h. Wünsche nach Wasser, Nahrung, Kleidung, Bewegung, Schlaf usw. als physiologische Bedürfnisse, die die größte Gruppe darstellen. Diese Bedürfnisse gelten als elementar, da sie angeboren sind. Alle weiteren Bedürfnisse erlernt ein Mensch im Laufe seines Lebens, sodass diese als erlernte Bedürfnisse bezeichnet werden und sich wie folgt gliedern:

An die Elementarbedürfnisse schließen sich die Sicherheitsbedürfnisse an. Diese beziehen sich sowohl auf die Sicherung des Einkommens, des Arbeitsplatzes, auf Schutz bei Krankheit usw., d. h. auf wirtschaftliche Sicherheit als auch auf politische Sicherung, z. B. auf Schutz durch die Polizei.

Lernfeld: In der Arbeitswelt orientieren, ein berufliches Selbstverständnis entwickeln und sich bewerben

Soziale Bedürfnisse

Als nächste Stufe gelten die Bedürfnisse nach Liebe und Zugehörigkeit, die von dem Wunsch nach einer Beziehung, Freundschaft, Kindern uvm. geprägt sind. An diese sozialen Bedürfnisse schließen sich die Bedürfnisse nach Wertschätzung an. Diese beziehen sich zum einen auf gesellschaftliche Wertschätzung in Form von Ruhm, Ehre, Anerkennung, einem guten Ruf usw. zum anderen auf das Gefühl der Selbstachtung, Freiheit, Unabhängigkeit, ... So wünscht sich ein Mensch persönlichen Erfolg, um aufgrund seiner Fähigkeiten eine Basis für die empfundene Selbstachtung zu haben.

Als Gipfel der menschlichen Bedürfnisse gilt der Wunsch nach Selbstverwirklichung, d. h. nach dem, was ein Mensch seiner eigenen Einschätzung nach sein könnte bzw. wonach er stets weiter strebt.

Grundsätzlich zielt das menschliche Handeln darauf ab die dringendsten Bedürfnisse zuerst zu befriedigen, erst wenn dies geschehen ist, richten sich die Bedürfnisse auf eine höhere Ebene. Welcher Mangel jedoch vom Einzelnen als am stärksten empfunden wird, hängt von der persönlichen Einschätzung ab. (Boeree, C. Georg, 2006, S. 5)

Der Teil der Bedürfnisse, den ein Mensch mit den ihm zur Verfügung stehenden finanziellen Mitteln befriedigen möchte und könnte, wird als Bedarf bezeichnet. Für konkret befriedigte Bedürfnisse entsteht eine Nachfrage. Jedoch kann nicht jedes Bedürfnis durch Kaufkraft gestillt werden, wie z. B. das Bedürfnis nach Zuneigung, Freundschaft usw. (Müller, Jürgen u. a.: BWL der Unternehmung, 2009, S. 10)

Güter – Output (LA 3.3)

Die Mittel, die dazu dienen können die menschlichen Bedürfnisse zu befriedigen, heißen Güter und lassen sich in die folgenden Kriterien einteilen:

Güter, die die Natur, zumindest bislang, in ausreichender Menge und kostenlos zur Verfügung stellt, sodass jeder sie in Anspruch nehmen kann, sind „freie Güter". Beispiele dafür sind Sand am Meer, Meerwasser, Luft zum Atmen, ... Dagegen zeichnen sich knappe (wirtschaftliche) Güter dadurch aus, dass sie sowohl einen Preis haben als auch nur in begrenzter Menge zur Verfügung stehen. Während die freien Güter keine weitere Unterteilung haben, sind die knappen Güter wie folgt zu unterscheiden:

Sachgüter

Sachgüter liegen materiell vor. Somit sind sie greifbar und lagerfähig, wie Lebensmittel, ein Auto, Kleidung usw. Bei materiellen Gütern können die Produktion und der Kauf zeitlich auseinanderfallen. Dienstleistungen dagegen sind immateriell und können weder angefasst noch gelagert werden. Beispiele sind die Beratung im Reisebüro, beim Arzt oder Rechtsanwalt, die Bedienung durch einen Kellner oder die Fahrt in einem Taxi, ... Die Produktion und der Kauf erfolgen stets zeitgleich. Auch Rechte sind immateriell wie beispielsweise Markenzeichen, Patente, Lizenzen ... Freie als auch knappe Güter können als Konsum- oder Produktionsgüter nachgefragt werden.

Verbrauchsgüter

Diese Unterteilung erfolgt nach ihrer Verwendung, denn während private Haushalte Güter in Form von Konsumgütern nachfragen, benötigen Unternehmen Güter als Produktionsgüter. Diese dienen der Herstellung anderer Güter und gehen dadurch in die Produktion ein. Sowohl Produktions- als auch Konsumgüter können ein Verbrauchsgut sein, d. h., es steht nur einmalig zur Bedürfnisbefriedigung zur Verfügung oder ein Gebrauchsgut, d. h., es kann mehrmals gebraucht werden. In einem privaten Haushalt sind Verbrauchsgüter wie Lebensmittel, Wasser, ... ebenso notwendig wie in einem Unternehmen der Diesel für den LKW, Schrauben, Leim usw.

Ebenso ist dies bei Gebrauchsgütern der Fall. Beispielsweise benötigt ein privater Haushalt einen Staubsauger, ein Unternehmen dagegen Maschinen. Anhand dieser Beispiele wird deutlich, dass ein Gut zugleich Konsum- und Produktionsgut sein kann, je nach Verwendung. Ein Kühlschrank in einem privaten Haushalt beispielsweise ist ein Konsumgut, in einer Restaurantküche dagegen ein Produktionsgut. Ein Familienauto ist ein Konsumgut, ein Taxi ein Produktionsgut usw.

Produktionsfaktoren – Input (LA 3.3)

Betriebe tragen durch die Fertigung von Gütern und Dienstleistungen zur Bedürfnisbefriedigung bei. Dabei ist ein Betrieb die Stätte, in der die verschiedenen, zur Produktion benötigten Faktoren (Produktionsfaktoren) nach der Idee, Zielsetzung und Entscheidung des Unternehmens zur Leistungserstellung kombiniert werden, d. h., hier findet die eigentliche „Produktion" statt. (Müller, Jürgen u. a.: BWL der Unternehmung, 2009, S. 13)

Bei der Produktion werden die volkswirtschaftlichen Produktionsfaktoren Arbeit, Boden und Kapital (auch in Form von Humankapital) gemeinsam mit den in die Güter eingehenden bzw. verwendeten betriebswirtschaftlichen Produktionsfaktoren so kombiniert, dass Güter als Output entstehen. Somit sind Produktionsfaktoren alle Kräfte, Mittel und Güter, mit denen andere Güter hergestellt werden. (Müller, Jürgen u. a.: BWL der Unternehmung, 2009, S. 15)

Die betriebswirtschaftlichen Produktionsfaktoren sind zunächst in zwei Gruppen zu unterteilen. Zum einen materielle zum anderen menschliche Produktionsfaktoren.

Materielle Produktionsfaktoren

Materielle Produktionsfaktoren sind sowohl Werkstoffe als auch Betriebsmittel. Zu den menschlichen Produktionsfaktoren gehören ausführende und leitende (dispositive) Arbeit. Die in einem Betrieb benötigten Werkstoffe, d. h., alle Stoffe, die während der Güterproduktion verbraucht werden, sind Rohstoffe, Hilfsstoffe, Betriebsstoffe und Fertigteile. Die Rohstoffe gehen als Hauptbestandteil in die zu fertigenden Güter ein. Bei der Produktion eines Schreibtisches z. B. das Holz. Die Hilfsstoffe sind sogenannte Nebenbestandteile, die die zu produzierenden Güter lediglich ergänzen. Beispielsweise der Lack zum Lackieren des Schreibtisches. Betriebsstoffe werden zwar bei der Produktion verbraucht, gehen aber nicht in das Produkt ein, wie beispielsweise Strom für die Maschinen. Fertigteile sind Teile, die unverändert Bestandteil des Endproduktes werden, wie beispielsweise das Schloss zum Absperren der Schreibtischschublade.

Lernfeld: In der Arbeitswelt orientieren, ein berufliches Selbstverständnis entwickeln und sich bewerben

Alle zur Güterproduktion benötigten Anlagen und Maschinen werden unter dem Begriff Betriebsmittel zusammengefasst. Hierzu zählen beispielsweise Grundstücke und Gebäude, d. h. Lager- und Produktionshalle, Büro- und Verwaltungsgebäude, Kantine usw. Ebenso gehören Maschinen, Transportbänder, Werkzeuge usw. zu den Betriebsmitteln.

Menschliche Produktionsfaktoren

Zum menschlichen Produktionsfaktor Arbeit gehört insbesondere die ausführende, d. h. körperliche Arbeit. Sie ist beispielsweise den Arbeiten eines Buchhalters, Arbeiters, Verkäufers, ... zuzuordnen. Dagegen zählt die geistige, organisatorisch-anordnende und repräsentative Arbeit zum Bereich der leitenden (dispositiven) Arbeit. Die Hauptaufgabe, z. B. eines Abteilungsleiters, des Meisters oder einer anderen Führungskraft besteht darin, die Produktionsfaktoren (Elementarfaktoren) so zu kombinieren, dass eine bestmögliche Güterproduktion umgesetzt werden kann. Eine exakte Trennung zwischen ausführender und leitender Tätigkeit ist unmöglich, dennoch wird den einzelnen Unternehmens- bzw. Aufgabenbereichen eine unterschiedliche Gewichtung zugeordnet.

Produktionsfaktoren, die eine unmittelbare Beziehung zum gefertigten Gut haben, gelten als Elementarfaktoren. Somit sind sowohl Werkstoffe als auch Betriebsmittel und die ausführende Arbeit Elementarfaktoren.

Bei der modernen Güterherstellung werden meist mehrere Produktionsfaktoren miteinander kombiniert. Dabei ist es, gerade im immer größer werdenden Konkurrenzkampf notwendig, den zu erbringenden Aufwand möglichst gering zu halten, um einen möglichst hohen Ertrag zu erzielen. Deutlich wird dies insbesondere, wenn teure Produktionsfaktoren, wie die ausführende Arbeit, durch billigere Produktionsfaktoren, wie Maschinen, substituiert, d. h. ersetzt werden. Im Produktionsprozess ist es somit nicht nur wichtig, auf die korrekte Kombination der Produktionsfaktoren zu achten, sondern unter Umständen auch einen Austausch vorzunehmen. Dies wird als Substitution der Produktionsfaktoren bezeichnet.

Wirtschaftsbereiche/-sektoren (LA 3.4)

Betriebe unterscheiden sich sowohl in der Produktionsweise als auch in den erstellten Gütern (Output). Gemeinsam ist den Betrieben, dass sie ein finanzielles Fundament und eine rechtliche Verfassung benötigen, die dem Betrieb Namen und Gestalt gibt (Firma, Rechtsform). In diesem rechtlich-finanziellen „Mantel" tritt der Betrieb als Unternehmen am Markt auf, wobei der Betrieb Teil des Unternehmens ist. Somit ist ein Unternehmen eine selbstständige, wirtschaftliche und rechtliche Einheit. Da die Leistungserstellung innerhalb eines Betriebes stattfindet und der Betrieb als Produktionsstätte Teil des Unternehmens ist, werden die Begriffe Betrieb, Unternehmung und Unternehmen oft gleichgesetzt. (Müller, Jürgen u. a.: BWL der Unternehmung, 2009, S. 14)

Primärer Sektor

Je nach Art des produzierten Gutes gilt es, unterschiedliche Wirtschaftsbereiche zu unterscheiden: Die Rohstoffe, die zur Güterherstellung benötigt werden, liefert die Urproduktion. Zur Urproduktion, dem sogenannten primären Sektor, gehören die Land- und Forstwirtschaft, die Fischerei und der Bergbau, d. h. das gesamte produzierende Gewerbe.

Sekundärer Sektor

Im sekundären Sektor erfolgt die Verarbeitung der Rohstoffe. Zum produzierenden Gewerbe gehören beispielsweise die Lebensmittel- und Automobilindustrie, aber auch das Handwerk, die Energie- und Wasserversorgung.

Tertiärer Sektor

Verteilt ein Unternehmen, die vom primären und sekundären Sektor erzeugten Produkte oder erbringt es Dienstleistungen, so handelt es sich um ein Dienstleistungsunternehmen, welches dem tertiären Sektor angehört. Beispiele hierfür sind der Einzel- und Großhandel, Ex- und Importeure, aber auch Versicherungen, Banken, Reisebüros, Ärzte, Rechtsanwälte usw. Die deutsche Wirtschaft ist in der beschriebenen Art und Weise aufgeteilt, sodass von einer sektoralen Wirtschaftsstruktur (Wirtschaftssektoren) gesprochen wird. Allerdings weitet sich in der Bundesrepublik Deutschland der tertiäre Sektor aus, während sowohl der primäre als auch der sekundäre Sektor an Bedeutung verlieren.

Der tertiäre Sektor wird somit zum dominanten Träger des wirtschaftlichen Wachstums. Dies ist zum einen auf den technischen Fortschritt zum anderen auf die Globalisierung zurückzuführen. Dieser Wandel führt nicht nur zu Veränderungen der Erwerbstätigenzahlen in den einzelnen Sektoren, sondern auch zu Erneuerungen in der Qualifikationsstruktur der Bevölkerung. Beispielsweise gewinnen Sprach- und Computerkenntnisse zunehmend an Bedeutung. (Schmidt, Nora, 2010, S. 537 ff).

Unternehmensleitbild/-philosophie (LA 3.4)

Jedes Unternehmen versucht eine eigene Identität gegenüber potentiellen Kunden, Geschäftspartnern, Konkurrenten und den Mitarbeitern zu entwickeln. Dazu formuliert es ein Unternehmensleitbild, welches auch als Unternehmensphilosophie bezeichnet wird. Darin sind Unternehmenskultur und -identität festgehalten. Die Unternehmenskultur (Corporate Culture) ist ein Gefüge von Normen, Werten, Verhaltens- und Arbeitsweisen eines Unternehmens. Aus der Unternehmenskultur wird die Unternehmensidentität (Corporate Identity) abgeleitet. Sie zeigt sich unmittelbar in der Selbstdarstellung gegenüber der Öffentlichkeit, wie z. B. bei der Kundenbetreuung und dem Umgang mit Lieferanten.

Ein Unternehmensleitbild soll den angestrebten Ruf nach Außen sowie nach Innen transportieren. Häufig formulieren Unternehmen dafür Leitfragen, die die Umsetzung der festgelegten Philosophie unterstützen sollen. Lauten können diese unter anderem:

- **Wofür möchten wir als Unternehmen stehen?**
  Z. B. für ein innovatives, junges Unternehmen (z. B. im Bereich Marketing) oder für ein Unternehmen, das Vertrauen und Zuverlässigkeit vermittelt (wie im Versicherungsbereich)

- **Welche Ziele verfolgen wir gemeinsam?**
  Z. B. stets die neuste Technologie mit ansprechendem Design (z. B. WLAN-Kopfhörer) oder qualitativ hochwertige und langlebige Produkte (wie Küchengeräte) zu verkaufen

- **Wie gehen wir mit unseren Mitarbeitern, Kunden, Geschäftspartner um?**
  Z. B. langfristige Mitarbeiter- und Kundenbindungen, statt der günstigsten Konditionen und der kostengünstigsten Produktion zu Lasten häufig wechselnder Lieferanten und einer hohen Mitarbeiterfluktuation.

> **Lernfeld: In der Arbeitswelt orientieren, ein berufliches Selbstverständnis entwickeln und sich bewerben**

Aus dem Unternehmensleitbild heraus werden verbindliche Unternehmensziele formuliert. Dabei gilt es im Wesentlichen folgende zu unterscheiden:

Unternehmensziele/-aufgaben nach den Wirtschaftsprinzipien (LA 3.4)

Erwerbswirtschaftliches Prinzip

Handelt ein Unternehmen nach dem erwerbswirtschaftlichen Prinzip, so strebt es danach, durch die unternehmerische Tätigkeit, d. h. der Erstellung von Gütern bzw. Dienstleistungen, maximale Gewinne zu erzielen (Gewinnmaximierungsprinzip). (Wöhe, Günter und Döring, Ulbrich, 2010, S. 6) In einem erwerbswirtschaftlich orientierten Unternehmen gilt es die Interessen aller Beteiligten zu berücksichtigen. Dies sind einerseits die Interessen der Eigenkapitalgeber und somit ökonomische Ziele. Für die Arbeiternehmer stehen andererseits soziale Ziele im Vordergrund, während die Öffentlichkeit Wert auf die Beachtung ökologischer Ziele legt.

Sach- und Formalziele

Des Weiteren gibt es eine klare Unterscheidung zwischen den Sach- und Formalzielen eines Unternehmens. Während die Sachziele festlegen was, in welcher Menge und Qualität, wo produziert werden soll, definieren die Formalziele, nach welchen Regeln dies geschieht, d. h., sie definieren die Rahmenbedingungen für die Gewinnmaximierung auf der einen Seiten und der Kostenminimierung auf der anderen. Konkret werden hierbei Rentabilitätsziele, Umsatz-, Kosten- und Gewinnziele festgelegt. Dadurch dienen die Sachziele der Realisierung der Formalziele. (Wöhe, G.r und Döring, U., 2010, S. 99)

Stellt man sich die Formal- und Sachziele als Rahmen vor, so werden diese durch die ökonomischen, ökologischen und sozialen Ziele des Unternehmens belebt. Die ökonomischen Ziele stellen den Fortbestand des Unternehmens bzw. sein Wachstum in den Vordergrund. Dies ist verständlich, da die Eigenkapitalgeber das Risiko tragen ihr eingesetztes Kapital zu verlieren. Weitere ökonomische Ziele können darin bestehen den Marktanteil zu erhöhen und damit von der Konkurrenz Kunden abzuwerben, um sie an das eigene Unternehmen zu binden. Das Vertriebsnetz auszudehnen, die anfallenden Kosten zu senken, darauf zu achten Rabatte auszunutzen, Rücklagen zu bilden usw.

Soziale Ziele

Die für Arbeitnehmer wichtigen sozialen Ziele zeichnen sich durch die Erhaltung von Arbeitsplätzen, einer leistungsgerechten Entlohnung, Fortbildungsmöglichkeiten, Aufstiegschancen usw. aus.

Ökologische Ziele

Ökologische Ziele sind durch Energieeinsparungen, die Verwendung von Ressourcen und Umverpackungen aus dem Recyclingverfahren, Sammlung und umweltfreundliche Beseitigung von Abfällen, Einbau von Katalysatoren usw. gekennzeichnet.

6. Manual: Moderne Arbeitswelten analysieren

Bei der Verwirklichung der angestrebten Ziele ist es möglich, dass sich Ziele gegenseitig ergänzen. Beispielsweise führt das ökonomische Ziel der Umsatzsteigerung dazu, dass die Produktionsmenge erhöht werden muss, woraufhin mehr Mitarbeiter beschäftigt werden können. Dadurch ist die Verwirklichung des ökonomischen Ziels mit einem sozialen Ziel verbunden. Bei einer Ergänzung von Zielen liegen komplementäre Ziele vor. Im Gegensatz zu dieser Zielharmonie liegt ein Zielkonflikt vor, wenn Ziele miteinander konkurrieren bzw. sich ausschließen. Dies ist z. B. der Fall, wenn durch die Umsetzung des ökologischen Zieles, wie dem Einbau einer teuren Filteranlage der Gewinn sinkt und das ökonomische Ziel nicht aufrechterhalten werden kann. (Müller, Jürgen u. a.: BWL der Unternehmung, 2009, S. 164 f)

Gemeinwirtschaftliches Prinzip

Bei Unternehmen, die nach dem **gemeinwirtschaftlichen Prinzip** agieren, steht nicht die Gewinnmaximierung, sondern die bestmögliche Versorgung der Bevölkerung mit Waren und Dienstleistungen im Vordergrund. Diese meist öffentlichen Betriebe, wie Gemeinden, Bund, Länder, ... oder soziale Einrichtungen und gemeinnützigen Vereine arbeiten in der Regel nach dem Bedarfsdeckungsprinzip. Darunter ist entweder das Angemessenheitsprinzip (Es soll ein angemessener Gewinn erzielt werden.) oder das Kostendeckungsprinzip (Es sollen zumindest die Kosten gedeckt werden.) zu verstehen. Im Wirtschaftsleben entstehen bei diesen Unternehmen oftmals Verluste, sodass der Trend dahin geht diese Unternehmen zu privatisieren, wie bei der Deutschen Post oder der Deutschen Bahn.

Wirtschaftskreislauf

Um die Realität vereinfacht darzustellen, ist es hilfreich ein Modell anzuwenden, wie beispielsweise einen Globus, eine Straßenkarte, ... In der Wirtschaft ist diese Vorgehensweise beliebt, da komplexe Zusammenhänge leichter darstellbar werden. Im Modell des Wirtschaftskreislaufes werden die Zusammenhänge einer Volkswirtschaft, wie z. B. Deutschland in vereinfachter Form wiedergegeben. Damit das Modell nachvollziehbar ist, werden verschiedene Grundannahmen, sogenannte Prämissen, getroffen. Alle am Wirtschaftsleben Beteiligten werden zu Sektoren (Gruppen), die auch als Wirtschaftssubjekte bezeichnet werden, zusammengefasst, sodass die privaten Haushalte, die Unternehmen, die Kreditinstitute, der Staat und das Ausland zu unterscheiden sind.

Werteströme

Im Modell des Wirtschaftskreislaufs existieren grundsätzlich zwei Wertströme. Zum einen, der Güterstrom, der aus Gütern, Dienstleistungen und ausführend besteht, zum anderen, der Geldstrom. Der Geldstrom verläuft meist dem Güterstrom entgegen. Nachvollziehbar wird dies bei der Vorstellung, dass Güter, Dienstleistungen usw. stets mit Geld bezahlt werden und somit der Geldstrom die Gegenleistung für den Güterstrom darstellt.

Private Haushalte

Die privaten Haushalte haben als Teilnehmer im Wirtschaftskreislauf einerseits immer neue Bedürfnisse, die sie durch den Konsum von Gütern stillen möchten. Andererseits produzieren sie selbst nichts, sondern stellen den Unternehmen die Produktionsfaktoren Arbeit, Boden und Kapital zu Verfügung.

© Verlag Europa-Lehrmittel

Lernfeld: In der Arbeitswelt orientieren, ein berufliches Selbstverständnis entwickeln und sich bewerben

Unternehmen

Die Unternehmen produzieren mithilfe der privaten Haushalte Güter und Dienstleistungen, die sie verkaufen. Für den Güterstrom hat das zur Folge, dass die privaten Haushalte die Produktionsfaktoren, insbesondere ihre Arbeitskraft, zur Verfügung stellen, womit die Unternehmen Güter und Dienstleistungen produzieren. Als gegenüberstehender Geldstrom zahlen die Unternehmen den privaten Haushalten Löhne, Gehälter, Zinsen, Pacht und Gewinne, wodurch diese in der Lage sind die produzierten Güter und Dienstleistungen einzukaufen. Den Unternehmen fließt der Kaufpreis als Erlös zu (Verkaufserlös) und ermöglicht es, die benötigten Produktionsfaktoren (Arbeit, Boden, Kapital) zu bezahlen.

Kreditinstitute

Einen Teil ihres Einkommens sparen die privaten Haushalte und geben dieses Geld an Kreditinstitute weiter, z. B. in Form einer Spareinlage. Kreditinstitute agieren als Finanzmittler bzw. Finanzintermediär, indem sie die angenommenen Gelder in Form von Krediten an private Haushalte, Unternehmen, den Staat oder das Ausland weitergeben (Transformationsfunktion der Kreditinstitute). Während Kreditinstitute für Geldeinlagen Zinsen zahlen müssen, erhalten sie für die vergebenen Kredite selbst Zinsen. Durch die Weitergabe der Ersparnisse als Kredite ist es Unternehmen z. B. möglich Investitionen zu tätigen, was dazu führt, dass alte Maschinen ersetzt werden können und Innovationen im Sinne des technischen Fortschritts möglich sind.

Staat

Eine wesentliche Ergänzung im Kreislaufmodell stellt der Staat dar. Er erzielt Einkommen aus Steuereinnahmen, beispielsweise die Einkommenssteuer als direkte und die Umsatzsteuer als indirekte Steuer. Des Weiteren empfängt er Gebühren und Beiträge, wie z. B. die Gebühr für die Ausstellung eines Personalausweises. Der Staat verwendet dieses Geld insbesondere für die Vergütung seiner Beamten und Angestellten, zum Einkauf von Gütern, für Zinszahlung aufgenommener Kredite, für Subventionen an Unternehmen und Transferzahlungen an die privaten Haushalte (Zahlungen ohne Gegenleistung), wie Kindergeld, Wohngeld, Bafög.

Von den Haushalten empfängt der Staat Arbeitsleistungen, von den Unternehmen Güter und Dienstleistungen. Diesen beiden Sektoren stellt er dafür Staatsleistungen zur Verfügung, wie die Verwaltung oder Rechtsprechung, die allerdings nur schwer in Preisen messbar sind.

Als Geldstrom zahlt der Staat an die Unternehmen Subventionen und die Preise für Güterkäufe. Zurück erhält er direkte und indirekte Steuereinnahmen sowie Gebühren und Beiträge. Der Güterstrom besteht aus den vom Staat bei den Unternehmen gekauften Gütern und Dienstleistungen. Die privaten Haushalte stellen dem Staat ihre Arbeitskraft zur Verfügung, welche im Güterstrom erfasst wird. Zudem zahlen Sie Steuern, Gebühren und Beiträge. Sie erhalten dafür vom Staat ihr Einkommen und eventuell Transferzahlungen. Beides wird im Geldstrom erfasst.

6. Manual: Moderne Arbeitswelten analysieren

6. Manual: Moderne Arbeitswelten analysieren

Ausland

Letztlich gilt es, das Ausland zu berücksichtigen. Deutschland bezieht Güter und Dienstleistungen aus dem Ausland (Importe) und verkauft Güter und Dienstleistungen ins Ausland (Exporte), was beides dem Güterstrom zuzuordnen ist. Da die Güter und Dienstleistungen jeweils zu zahlen sind, fließt Geld sowohl vom In- ins Ausland als auch umgekehrt. Diese Zahlen stellen den Geldstrom dar. (Heiring, Werner und Lippens, Dr. Walter, 2002, S. 31 ff)

Organigramm – Allgemein

Um das Unternehmensziel zu erreichen, hat ein Geschäftsinhaber viele Entscheidungen zu treffen, beispielsweise welche Güter den Kundengeschmack am ehesten treffen, welche Betriebsmittel dazu benötigt werden, wie die Ware zum Kunden gelangt, wer im Unternehmen für die einzelnen Aufgaben zuständig ist usw. In der Regel wird der Unternehmer versuchen, möglichst viele Chancen, Risiken, Einflussfaktoren, Schwierigkeiten, … zu ermitteln, um eine entsprechende Strategie festzulegen, die ihm beim Erreichen des Unternehmensziels hilft.

Wenngleich solche Pläne, wie der Absatzplan, Produktionsplan, Investitionsplan usw., den Unternehmer darin unterstützen, möglichst viele Unsicherheiten im Voraus abzuwägen, werden immer unvorhergesehene Entscheidungen von ihm verlangt. Solche außerplanmäßigen Entscheidungen, die eine sofortige Reaktion erfordern, werden als Improvisation bezeichnet. Zu improvisieren birgt stets ein hohes Risiko in sich, sodass ein Unternehmer versuchen wird, ein hohes Maß an dauerhaften Regeln festzulegen. Solche geplanten dauerhaften Regelungen werden als Organisation bezeichnet. Voraussetzung für solche Dauerregelungen ist, dass die zu organisierenden Vorgänge gleichartig sind und sich ständig wiederholen. (May, Prof. Dr. Dr. h. c. Hermann; May, Ulla, 2009, S. 194)

Je größer die Gleichartig-, Regelmäßig- und Wiederholbarkeit betrieblicher Prozesse ist, umso einfach ist es allgemeine Regelungen zu treffen. Diese minimieren das Risiko zur Improvisation. Die Organisation gewährleistet somit eine gewisse Ordnung.

Bezieht sich diese auf die auszuführenden Tätigkeiten bzw. Arbeitsabläufe innerhalb eines Unternehmens, handelt es sich um die Ablauforganisation. Werden dagegen organisatorische Elemente, wie Instanzen, Abteilungen, Stellen, … miteinander verknüpft und die Beziehungsstruktur zwischen diesen Elementen aufgezeigt, d. h. deutlich, ob eine Gleich- oder Unter- bzw. Überordnung vorliegt, so handelt es sich um die Aufbauorganisation eines Unternehmens.

Aufbauorganisation

Die Organisationsstruktur (Aufbauorganisation) ist in der Realität untrennbar mit den betriebsinternen Abläufen (Ablauforganisation) verbunden, sodass die Organisation von Aufbau und Ablauf synchron erfolgen. (Wöhe, Günter und Döring, Ulbrich, 2010, S. 145)

Die Tätigkeiten, die innerhalb eines Unternehmens erfolgen, müssen in eine bestimmte festgelegte Ordnung gebracht und aufeinander abgestimmt werden. Dazu legt die **Aufbauorganisation** fest, wer für welche Aufgaben zuständig ist und wie die Zusammenarbeit zwischen den einzelnen Arbeitsabläufen geregelt ist. Diese Einordnung des jeweiligen Arbeitsplatzes in den gesamten Unternehmensaufbau wird anhand des Organisations-Schaubildes, des sogenannten Organigramms, deutlich.

Lernfeld: In der Arbeitswelt orientieren, ein berufliches Selbstverständnis entwickeln und sich bewerben

Das Organigramm als Organisationsinstrument der Aufbauorganisation zeigt die Position jedes einzelnen Mitarbeiters im Unternehmen. Ein Organigramm ist hierarchisch aufgebaut, sodass die Linien eines Organigramms die Zuordnung jedes Mitarbeiters zu ihren Abteilungen und Vorgesetzten zeigen. So wird deutlich, wer welchen Mitarbeitern gegenüber weisungsberechtigt ist. Zudem sind im Organigramm alle Verantwortungsbereiche ersichtlich, sodass sowohl die zuständigen Ansprechpartner als auch deren Kompetenzen abgelesen werden können. Beispielsweise ist es bei Rückfragen von Kunden möglich, unmittelbar einen kompetenten Ansprechpartner zu finden.

Um die Hierarchien innerhalb des Unternehmens zu verdeutlichen ist es notwendig, dass ein Organigramm aus verschiedenen Elementen besteht:

Die Stelle ist das Grundelement der Aufbaustruktur, denn in ihr werden zusammengehörende Einzelaufgaben zu Tätigkeitsbereichen zusammengefasst. Wie viele Teilaufgaben zusammengefasst werden, hängt von der Art der Stelle ab. Die Person, die die Teilaufgaben einer Stelle erfüllt ist der Stelleninhaber. Eine Stelle gilt als die kleinste organisatorische Einheit eines Unternehmens.

Anwendungsbeispiel für die Büromöbel Hauser & Schulte GmbH

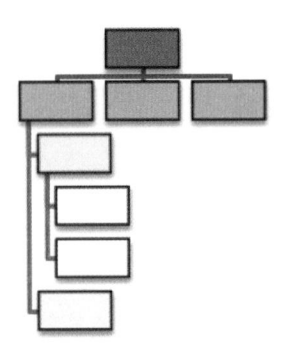

Auch die Hauser & Schulte GmbH ist in dem Sinne organisiert, dass sowohl die Verantwortung der Mitarbeiter und der Führungskräfte als auch deren Beziehung zueinander geregelt sind (Aufbauorganisation). Dabei ergeben sich nachstehende Tätigkeitsbereiche und Weisungsbefugnisse, welches auch in Form eines Organigramms darstellbar ist:

Die höchste Instanz der Hauser & Schulte GmbH besteht aus den beiden Geschäftsführern Nadine Hauser und Joachim Schulte. Herr Weismüller, der für das Qualitätsmanagement der Hauser & Schulte GmbH zuständig ist, besetzt eine Stabsstelle.

Als **Hauptabteilungen** verfügt die Hauser & Schulte GmbH über den Einkauf (Beschaffung), Produktion, Lager, Verkauf (Absatz einschließlich Marketing), Verwaltung und Personal. Diese sind:

- Einkauf (Beschaffung): Herr Thommes
- Produktion: Herr Reiter
- Lager/Versand: Herr Decker
- Verkauf (Absatz)/Marketing: Frau Thome
- Verwaltung: Frau Alles
- Personal: Frau Kreuzer

Die Abteilung **Einkauf** gliedert sich wiederum in zwei Abteilungen, deren Teilaufgaben sich zum einen in den Bereich Werkstoffe, zum anderen in die Handelswaren unterteilen. Die Abteilung Werkstoffe besteht aus drei Stellen. Herr Wurzel ist Stelleninhaber für den Bereich Holzbeschaffung. Herr Hartwig kümmert sich um den Bereich Metall. Herr Dick kauft Stoffe und Polster ein. Den drei Stellen steht Herr Oste als Abteilungsleiter vor. Die Abteilung Handelsware leitet Frau Laux, wobei sie zwei Mitarbeiter hat, Frau Schick und Herrn Schiller.

6. Manual: Moderne Arbeitswelten analysieren

Die Abteilung **Produktion** wird von Herrn Reiter geleitet und besteht aus folgenden ausführenden Stellen:

- Design: Frau Uhu
- Holz: Herr Weise
- Metall: Herr Urig
- Polsterei: Frau Ewig
- Montage: Herr Nell
- Verpackung: Frau Schmitz

Abteilungsleiter des **Lagers** bzw. des **Versands** ist Herr Decker. Er ist den Abteilungen Warenannahme (Abteilungsleiter Herr Muster), dem Versand (Abteilungsleiter Herr Theo) und der Lagerverwaltung (Abteilungsleiter Herr Sauer) gegenüber weisungsbefugt. Die Abteilung Warenannahme besteht aus Herrn Schneider und Herrn Alt. Stelleninhaber der Abteilung Versand sind Frau Jung und Frau Sommer. Während die Lagerverwaltung aus Herrn Sauer selbst und einem Mitarbeiter, Herrn Lenz, besteht.

Der Abteilung **Verkauf** (Absatz)/Marketing steht Frau Thome vor. Die Hauptaufgaben werden in die Teilaufgaben der Abteilungen Außendienst, Auftragsbearbeitung und Marketing unterteilt. Der Abteilung Außendienst steht Frau Fremd vor, die den Mitarbeitern Herrn Fleißig und Herrn Rüstig gegenüber weisungsberechtigt ist. Die Abteilung Auftragsbearbeitung besteht aus Herrn Reiß, dem Abteilungsleiter, sowie Frau Süß, die für die Büroeinrichtungen zuständig ist, und Frau Perfekt für die Bürogestaltung. Dem Bereich Marketing, unter der Leitung von Frau Bethe, untersteht Herr Reichel.

Die **Verwaltung** (Abteilungsleitung Frau Alles) ist in die Abteilungen Sekretariat (Abteilungsleitung Frau Klein), Rechnungswesen (Abteilungsleitung Herr Hopf) und die Organisation (Abteilungsleitung Herr Reitenbach) unterteilt. Dem Sekretariat gehören Herr Wort und Frau Emsig als Sachbearbeiter, d. h. Stelleninhaber an. Im Bereich Rechnungswesen ist Frau Faust für die Finanzbuchhaltung und Frau Zimmer für die Statistik zuständig. Die Organisation hat nur einen Mitarbeiter, Herrn Mertens.

Der Abteilung **Personal**, unter der Leitung von Frau Kreuzer, unterstehen die Personalverwaltung, deren Leitung Herr Eich inne hat und die Abteilung Aus- und Weiterbildung unter der Leitung von Frau Torn. Während Herrn Eich als Mitarbeiterin Frau Wunn zugewiesen ist, arbeitet in der Abteilung Aus- und Weiterbildung noch Herr Hoffmann.

Lernfeld: In der Arbeitswelt orientieren, ein berufliches Selbstverständnis entwickeln und sich bewerben

Wandel am Arbeitsmarkt (LA 3.5)

In den letzten Jahren hat sich der Schwerpunkt u. a. auf dem deutschen Arbeitsmarkt innerhalb der wirtschaftlichen Bereiche verlagert. Demzufolge fand und findet eine Anpassung in den wirtschaftlichen Tätigkeiten statt. Dieser Wandel wird häufig in einer Drei-Sektoren-Beschreibung zusammengefasst. Ähnlich der wirtschaftlichen Entwicklung verschieben sich die Tätigkeiten der Bevölkerung vom ursprünglichen **primären Sektor** (Agrarwirtschaft) auf den **sekundären Sektor** (Industrie und Baugewerbe) hin zum **tertiären Sektor** (Dienstleistungen). (Schwahn, F.; Mai, C.-M.; Braig, M.,2018, S. 25)

Insbesondere die Ausrichtung auf den Dienstleistungsbereich führt zu einer sinkenden Nachfrage nach Arbeitskräften im industriellen Bereich. Dagegen waren und sind Arbeitnehmer (innen) im Dienstleistungsbereich gefragt. Diese Veränderung wird unter dem Begriff der Tertiarisierung zusammengefasst und ist nicht zuletzt auf das im Durchschnitt steigende Wohlstandsniveau in der Bevölkerung, also den Nachfragern, zurück zu führen. (Beck, U., 2015, S. 28).

Die Zahl der Beschäftigten im sekundären Bereich basiert beispielsweise darauf, dass Unternehmen ihre Produktion an andere Dienstleister im Inland (Outsourcing) und/oder im Ausland (Offshoring) abgegeben haben.

Gerade die Verlagerung der Produktion ins Ausland ergab sich durch die Zunahme des weltweiten Handels und der dadurch verstärkten Konkurrenzsituation. Im Ausland konnte ein niedrigeres Lohnniveau, geringere Steuern usw. genutzt werden. Im Inland sahen die Unternehmen einen Zwang zur Spezialisierung, d. h., der Anteil an bereits gefertigten Waren, die im eigenen Unternehmen nur noch eingebaut werden müssen, hat sich vervielfacht. Die Zahl der Erwerbstätigen im produzierenden = sekundären Sektor sank.

Im Dienstleistungsbereich ist die Entwicklung der Beschäftigung positiv. Gerade in den Dienstleistungsbereichen Erziehung und Gesundheit kam es zur Mehrbeschäftigung. Im Bereich der Unternehmensdienstleistungen sind zwei Bereiche zu unterscheiden. Die Wissensintensiven wie Steuerberater, Anwälte, Wirtschaftsprüfer, Ingenieure, ... sowie die weniger anspruchsvollen Berufsfelder wie Gebäudebetreuung, Wachdienste, ... Der beschriebene Strukturwandel, insbesondere die Tertiarisierung, führt zu veränderten Berufsbildern und Erwerbsformen.

Aktuelle Lage – Entwicklungstendenzen am Arbeitsmarkt (LA 3.6)

In den Jahren 2005 bis heute stieg die Zahl der Erwerbstätigen an, sodass im Mai 2018 rund 44,7 Millionen Personen mit Wohnort in Deutschland erwerbstätig waren. Diese seit Jahren anhaltende Tendenz hat unterschiedliche Auswirkungen, sowohl auf die Wirtschaft als auch auf das Verhalten von Unternehmen sowie Arbeitnehmern.

Die Zahl der offenen Stellen in Deutschland befindet sich 2018 auf einem Höchststand von ca. 1,1 Millionen Menschen. Ausgewiesen nach Wirtschaftszweigen sieht das wie folgt aus: (vgl. Offene Stellen in 01/2018 nach Wirtschaftszweigen, Quelle: Institut für Arbeitsmarkt- und Berufsforschung).

6. Manual: Moderne Arbeitswelten analysieren

Arbeitnehmer

Konkret bedeutet dies für einige Regionen und/oder Wirtschaftszweige Engpässe in der Besetzung offener Stellen. Die Vakanzzeit, d.h., die Zeit, die zwischen Kündigung oder Ausscheiden des Arbeitsnehmers vergeht, z. B. wegen Ruhestand und der Neubesetzung, verlängert sich. Der Arbeitsmarkt reagiert auf diese Engpässe ,indem mehr Frauen in den Arbeitsmarkt einsteigen. Zudem schließen sich Lücken dadurch, dass Erwerbstätige länger im Berufsleben verbleiben und vermehrt Zuwanderer eingestellt werden.

Arbeitgeber

Aber nicht nur die Angebotsseite, d.h. die Arbeitnehmer verändern sich, auch die Arbeitgeber als Nachfrager unterliegen einem Wandel. Insbesondere die immer noch voranschreitende Digitalisierung und Automatisierung sind als Auslöser zu sehen und können zu einer geringeren Nachfrage nach Arbeitskräften führen. Ein Merkmal dieser Veränderung ist z. B. die immer bessere Vernetzung aller an der Erstellung eines Produktes beteiligten Teilprozesse. Es ist u. a. möglich in der Bauindustrie eine Maschine mit vernetzten Sensoren auszustatten, die Bauteile werden automatisiert, sodass die Maschine ein Wartungsintervall menschenunabhängig vom tatsächlichen Verschleiß kalkuliert und eine Meldung zur Bestellung eines Ersatzteiles weiterleitet. Dem zufallsbedingten Ausfall der Maschine wird ohne Einsatz einer Arbeitskraft vorgebeugt. Diese Vernetzung hält in allen Wirtschaftsbereichen Einzug, auch in Bereichen, die bislang nicht mit einer Automatisierung in Verbindung gebracht wurden. Mittlerweile dienen Internetplattformen dazu, einen Ausgleich zwischen Anbieter und Nachfrager zu schaffen, wie z. B. bei der Arbeitsvermittlung.

Anforderungen an Arbeitnehmer

Ein wie oben beschriebener Strukturwandel stellt veränderte Anforderungen an Arbeitnehmer; da es zu einer erhöhten Nachfrage im Technik produzierenden Sektor kommen kann, muss eine entsprechende Qualifizierung erfolgen. Zusammenfassend lässt sich sagen, dass eine Strukturänderung möglich ist, indem automatisierbare Tätigkeiten durch neu geschaffene Aufgabenfelder ersetzt werden. Die Nachfrage nach höher qualifizierter Arbeit wird voraussichtlich zunehmen. (Wolter u. a. (2015)). Die bisherige Verschiebung zwischen dem primären bzw. sekundären und dem tertiären Sektor wird aller Voraussicht nach anhalten.

Lernfeld: In der Arbeitswelt orientieren, ein berufliches Selbstverständnis entwickeln und sich bewerben

Berufsrelevante Kompetenzen (LA 4.1)

In welchem Berufsfeld möchte ich später arbeiten? Welche Ziele habe ich in meinem Leben? Was wird von mir in der Arbeitswelt erwartet? Diese Fragen gilt es wohlüberlegt zu beantworten. Sie müssen das für sich selbst tun, also weder die nächsten Verwandten noch Freunde können Ihnen diese Entscheidung abnehmen. Wichtig dabei ist, dass Sie eine Tätigkeit finden, die Ihren Leidenschaften und Talenten entspricht. Es bringt Ihnen also nichts, orientierungslos in einen Beruf reinzuschnuppern, eine Schule weiterzubesuchen oder ein Studium zu beginnen, ohne dass Sie überzeugt von Ihren Berufsweg sind. (vgl. Glaubitz 2011)

In der Arbeitswelt werden einerseits Fachkompetenzen (Hard Skills) und anderseits berufsübergreifenden Kompetenzen (Soft Skills) gefordert. Gemeinsam bilden sie die Handlungskompetenz des Berufseinsteigers. Fachwissen allein garantiert Ihnen heute noch keinen Erfolg im Beruf. Nur wenn Sie Ihr Fachwissen umsetzen können, sind Sie beschäftigungsfähig und vielseitig einsetzbar. Soft Skills sind dabei die Werkzeuge, mit denen Sie sich neue Qualifikationen aneignen können und die es Ihnen ermöglichen, sich veränderten Situationen im Berufsleben besser anzupassen.

Diese Qualifikationen spielen bei Ihrer Bewerbung und Ihrem beruflichem Erfolg eine immer größere Rolle. Im Einzelnen sind dies: kognitive Kompetenzen, die das Denken in Zusammenhängen umfassen, die Fähigkeit zu logischem und abstraktem Denken, Transferfähigkeit und Problemlösungsfähigkeit. Kommunikative Kompetenzen sind die schriftliche und mündliche Ausdrucksfähigkeit, Beherrschung von Präsentationstechniken, Diskussionsfähigkeit, partnerorientierte Kommunikation, Konsensfähigkeit.

Soziale Kompetenzen beinhalten Konflikt- und Kritikfähigkeit, Teamfähigkeit, Fähigkeit und Bereitschaft zu Kooperation, Einfühlungsvermögen, Durchsetzungsvermögen, Führungsqualitäten oder Kundenorientierung. Personalkompetenz umfasst die Bereitschaft und Fähigkeit zu Selbstständigkeit, Flexibilität, Kreativität, Initiative, geistiger Offenheit, Verantwortungsbereitschaft, Leistungsbereitschaft, Zuverlässigkeit, Umgang mit Unwägbarkeiten, demokratische Grundhaltung, Zivilcourage und ethisches Urteilsvermögen, Kompetenz für das selbstgesteuerte Lernen (vgl. Tille 2012).

Stärke-Schwäche-Profil

Nun sind Sie über die geforderten Soft Skills informiert. Als Nächstes sollten Sie sich über Ihre eigenen Kompetenzen bzw. über Ihre Eigenschaften (Erfolgsfaktoren) für den Berufsstart bewusst werden und Ihr eigenes Stärke-Schwäche-Profil anlegen. Stellen Sie sich folgende Fragen:

Ihre Stärken	Ihre Schwächen
■ Was fällt Ihnen leicht?	■ Was strengt Sie an?
■ Was macht Ihnen Freude?	■ Wobei spüren Sie eine innere Blockade?
■ Wofür werden Sie von anderen gelobt?	■ Was schieben Sie immer vor sich her?

(Möbius 2006)

Die Frankfurter Allgemeine Zeitung hat zu diesem Thema bedeutende Eigenschaften (Faktoren) für eine gelungene Persönlichkeitseinschätzung aufgelistet und nach drei Ausprägungsgraden differenziert. Die Stärken liegen im Optimalbereich; die Schwächen im Potenzialmangel und in der übertriebenen Ausprägung. Eine übertriebene Einsatzfreude ist negativ zu werten, da Sie Gefahr laufen, ausgenutzt zu werden, somit auf Dauer überlastet sind und Ihre Leistung nachlässt.

7. Manual: Berufsorientierung und Bewerbung

Persönliche Soft Skills (LA 4.2)

(1) Eigenverantwortlichkeit

Optimalbereich
- Strengt sich an, um die gesetzten Ziele zu erreichen
- Arbeitet hart an sich selbst
- Fühlt sich selbst verantwortlich für Erfolge und Misserfolge

Potenzialmangel
- Zögerlich
- Erfolge und Misserfolge werden äußeren Umständen oder anderen Personen zugeschrieben

Übertriebene Ausprägung
- Setzt sich zu sehr unter Druck
- Gefahr von Krise bei fehlendem Erfolg

(2) Motivation

Optimalbereich
- Zeigt eine hohe Identifikation mit seinen Aufgaben
- Setzt sich engagiert für das Unternehmen und dessen Ziele ein
- Geht mit Fleiß und Ausdauer an seine Aufgaben heran

Potenzialmangel
- „Dienst nach Vorschrift"
- Geringstmöglicher Einsatz
- Bis hin zur „inneren Kündigung"

Übertriebene Ausprägung
- Schießt möglicherweise über das Ziel hinaus (z. B. zu aggressives Verkaufsverhalten)

(3) Leistungsdrang

Optimalbereich
- Sieht Ziel- oder Sollvorgabe nicht als Stress oder Druckmittel, sondern als Orientierung
- Setzt Energien frei zur Zielerreichung
- Behält unter Druck seinen natürlichen Leistungsdrang bei und entwickelt keine Leistungsängste

Potenzialmangel
- Leistungsängste
- Nervosität
- Anspannung in kritischen Situationen

Übertriebene Ausprägung
- Unter Umständen Überforderung der Kollegen durch extrem hohe Ansprüche an die eigene Leistung und an die Leistung anderer

(4) Kontaktfähigkeit

Optimalbereich
- Kontaktstark, ist gerne mit anderen Menschen zusammen
- Vermittelt angenehme Offenheit
- Ist in der Lage, emotionale Botschaften zu verstehen und damit umzugehen

Potenzialmangel
- Verschlossenheit, Misstrauen
- Zurückgezogenheit
- Kälte, „schlechtes Klima" im Team

Übertriebene Ausprägung
- „Quasselstrippe", zu lange Gesprächsdauer und dadurch sinkende Aufmerksamkeit
- Effizienzverluste: Es könnte passieren, dass die Arbeit aus den Augen verloren wird

(5) Selbstvertrauen

Optimalbereich
- Traut sich an neue/unbekannte Aufgaben heran
- Bleibt in Konfliktsituationen ruhig und gelassen
- Ist von sich und seiner Leistungsfähigkeit überzeugt

Potenzialmangel
- Minderwertigkeitsgefühle
- große Angst davor zu scheitern/Versagensängste

Übertriebene Ausprägung
- Arroganz
- Selbstüberschätzung

(6) Auftreten

Optimalbereich
- Fühlt sich auch höhergestellten Personen gegenüber sicher, selbstbewusst
- Wird als (Gesprächs-)Partner akzeptiert
- Meinung/eigener Standpunkt wird gehört und als wertvoll erachtet

Potenzialmangel
- Wird übergangen
- Kein gutes „Standing" trotz ordentlicher Leistungen; fehlende Anerkennung

Übertriebene Ausprägung
- Selbstüberschätzung
- Respektlosigkeit
- Missachtung der Rangordnung

Lernfeld: In der Arbeitswelt orientieren, ein berufliches Selbstverständnis entwickeln und sich bewerben

(7) Einfühlungsvermögen

Optimalbereich

- Versteht auch die Botschaften „zwischen den Zeilen"
- „Gutes Gespür" für andere Menschen
- Kann auch in Extremsituationen optimales Gesprächsklima herstellen
- Wichtig für den Zusammenhang im Unternehmen/in der Abteilung

Potenzialmangel

- Auftreten von Fehleinschätzungen
- Missverständnisse und Spannungen mit anderen

Übertriebene Ausprägung

- Empfindlichkeit
- Übertriebene Sensibilität

(8) Einsatzfreude

Optimalbereich

- Hohe Anstrengung; hoher Einsatz für das Unternehmen
- Übernimmt gerne Verantwortung
- Arbeitet konsequent auf ein gesetztes Ziel hin

Potenzialmangel

- Keine ausreichende Identifikation mit dem Leistungsprinzip
- Überlässt anderen die Verantwortung
- Lustlosigkeit

Übertriebene Ausprägung

- Übertriebene Aufopferung
- Gefahr, von anderen ausgenutzt zu werden

(9) Statusmotivation

Optimalbereich

- Schätzt Faktoren, die den gesellschaftlichen Status definieren, hoch ein (Geld, Prestige, Anerkennung, Aufbau einer gesicherten Existenz) und ist bereit, dafür hart zu arbeiten
- Erkennt die angebotenen Leistungsanreize und nutzt sie

Potenzialmangel

- Kann über diese Faktoren nicht motiviert werden
- Spannungen gegenüber anders eingestellten Personen

Übertriebene Ausprägung

- Übertriebener Geltungsdrang
- Oberflächlichkeit
- Mangelnde Bindung ans Unternehmen (Abwerbung aus finanziellen Gründen leicht möglich)

(10) Systematik

Optimalbereich

- Präzises, geplantes, strukturiertes Vorgehen auch bei komplexeren Aufgaben
- Verfolgt seinen Weg zum Ziel mit aller Konsequenz auch über einen längeren Zeitraum hinweg
- Jede Aufgabe wird optimal erledigt

Potenzialmangel

- Mangelnde Effizienz
- Fehlende Orientierung und Auslassen von Chancen
- Chaotische Tendenz; evtl. mangelnde Zuverlässigkeit

Übertriebene Ausprägung

- Pedanterie
- Mangelnde Kreativität, mangelnde Fähigkeit zur Improvisation und zum Umdenken

(11) Initiative

Optimalbereich

- Eigenständiges Handeln ohne Druck von außen
- Setzt sich aktiv Ziele und verfolgt diese
- Beispielhafte Initiativen, Vorbildcharakter

Potenzialmangel

- Rein reaktives Verhalten
- Muss laufend angeleitet und „angeschoben" werden

Übertriebene Ausprägung

- Überschreitet Grenzen beim Ausschöpfen der Entscheidungsspielräume der eigenen Position
- Plant mehr, als abgearbeitet werden kann, daraus kann „Chaos" bei der Arbeit resultieren

(12) Kritikstabilität

Optimalbereich

- Außergewöhnlich hohe Kritikfähigkeit
- Fühlt sich durch Kritik nicht angegriffen, sondern empfindet diese als wertvolle Hilfe
- Greift die sachlichen Inhalte der Kritik auf und verarbeitet sie

Potenzialmangel

- Nimmt Kritik sofort persönlich
- Vermeidet Situationen, die ihn in die Kritik bringen könnten

Übertriebene Ausprägung

- Ist für Kritik nicht mehr zugänglich, nimmt diese nicht mehr ernst

7. Manual: Berufsorientierung und Bewerbung

(13) Misserfolgstoleranz

Optimalbereich

- Souverän und gelassen
- Kompensiert Misserfolg durch vermehrte Anstrengungen
- Zeigt in schwierigen Situationen eine höhere Stressstabilität
- Blickt nach vorne

Potenzialmangel

- Vermeidet Situationen, die das Risiko des Misserfolgs tragen
- Mangelnde Gelassenheit bei Problemen
- Lageorientiertes Verhalten

Übertriebene Ausprägung

- Gleichgültigkeit
- Rechnet überhaupt nicht mehr mit der Möglichkeit, dass einmal kein Erfolg eintreten könnte

(14) Emotionale Grundhaltung

Optimalbereich

- Positive Grundeinstellung
- Kann andere begeistern, mitziehen
- Lässt sich nicht so schnell unterkriegen

Potenzialmangel

- Resignative Verhaltenstendenzen
- Angst
- Pessimismus, „schlechtes Klima"
- Kann andere mit seiner Haltung „anstecken" und herunterziehen

Übertriebene Ausprägung

- Leugnung negativer Dinge; Realitätsverlust
- „Traumtänzer"
- Falsche Einschätzung von Risiken

(15) Selbstsicherheit

Optimalbereich

- Fühlt sich in allen beruflichen Dingen sicher
- „Seele" eines Teams/eines Betriebes, Schlüsselakteur

Potenzialmangel

- Unsicherheit, Selbstzweifel
- Angst, zu agieren und Entscheidungen zu treffen

Übertriebene Ausprägung

- Überschätzen der eigenen Position („mir kann nichts passieren")
- Glaubt, unersetzlich zu sein und Ähnliches

(16) Flexibilität

Optimalbereich

- Stellt sich ohne Probleme auf eine neue Situation um
- Behält auch in turbulenten Zeiten den Überblick und arbeitet mit höchster Effizienz weiter
- Freut sich auf Abwechslung und Veränderungen

Potenzialmangel

- Widerstand gegen Veränderungen
- Probleme, mit neuen Situationen zurechtzukommen

Übertriebene Ausprägung

- Langweilt sich eventuell, wenn beruflich zu wenig Abwechslung und Vielfalt geboten wird

(17) Arbeitszufriedenheit

Optimalbereich

- Fühlt sich wohl in seinem Umfeld
- Stellt im Zweifel zunächst einmal auch eigene berufliche Ziele und Interessen zugunsten der Ziele und Gesamtinteressen des Unternehmens zurück
- Identifiziert sich mit den Unternehmenszielen

Potenzialmangel

- „Unruhestifter": überträgt eigenen Ärger auf Kollegen
- Keine gute Leistung möglich; Identifikation mit dem Unternehmen fehlt

Übertriebene Ausprägung

- Übernimmt sich
- Kennt keine Grenze mehr zwischen Beruf und Privatleben, andere Bereiche kommen zu kurz (Gefahr der Störung der „work-life-balance")

(Abdruck mit freundlicher Genehmigung der Frankfurter Allgemeinen Zeitung)

Lernfeld: In der Arbeitswelt orientieren, ein berufliches Selbstverständnis entwickeln und sich bewerben

Praktikum (LA 4.3)

Während der Schulzeit bietet sich Ihnen die Gelegenheit, Praktika zu absolvieren. Dadurch haben Sie die Chance, einen Einblick in die tatsächlichen Aufgaben und Arbeitsverhältnisse einzelner Berufe zu bekommen. Nutzen Sie dieses Angebot, um eine Orientierung zu bekommen, welche berufliche Fachrichtung Sie einschlagen könnten. Grundsätzlich müssen Sie überlegen, ob Sie es vorziehen, Kontakte mit Menschen zu haben, gerne im Freien arbeiten oder sich mit kaufmännischen Problemen auseinandersetzen.

Schulen bieten Ihnen in der Regel feste Praktikumszeiten; nutzen Sie aber auch die Zeiten in den Ferien oder die Zeit zwischen den Schulabschlüssen, Ausbildung oder Studium. Ihre Praktika eröffnen Ihnen auch Kontakte zu potenziellen späteren Arbeitgebern. So können Sie frühzeitig in den Praktikumsbetrieben auf sich aufmerksam machen und signalisieren Interesse an einer weiteren Zusammenarbeit.

Für Ihren Lernprozess sind Praktika auch von elementarer Bedeutung, da Sie die in der Schule erworbenen Kompetenzen mit realen Situationen im betrieblichen Umfeld verknüpfen können.

Phase: Praktikum vorbereiten

Bemühen Sie sich daher rechtzeitig und eigenständig um einen passenden Praktikumsplatz. Sie identifizieren sich sicherlich eher mit den geforderten Tätigkeiten Ihrer Praktikumsstelle, wenn diese Ihren Wünschen und Talenten entsprechen, als wenn Sie sich aus der Not der Situation heraus mit einer Praktikumsstelle arrangieren müssen.

Akquirieren Sie einen Praktikumsplatz durch Telefonate und/oder mit einer schriftlichen Bewerbung. In der Regel ist dieser Bewerbung ein Begleitschreiben der Schule beizufügen. Wenn Sie erfolgreich eine Praktikumsstelle akquiriert haben, schließen Sie einen Praktikumsvertrag ab. Insbesondere bei einem Auslandspraktikum ist ein Praktikumsvertrag bzw. eine -vereinbarung unabdingbar. Oftmals erhalten Sie von der Schule eine entsprechende Vorlage.

Phase: Praktikum durchführen

Während des Praktikums sollten Sie Ihre gesammelten Erfahrungen reflektieren. Erstellen Sie dazu eine Praktikumsmappe, die folgendes beinhalten sollte:

- Deckblatt und Inhaltsverzeichnis
- Erwartungen an das Praktikum
- Vorstellung des Betriebes (Unternehmensziele, Leitbild, Organisation, Rechtsform, Dienstleistungen/Produkte)
- Berufsbild (Ausbildungs- oder Arbeitsplatzbeschreibung, berufliche Perspektiven)
- Wahlthema (betriebstypischer Arbeitsprozess)
- Wochen- bzw. Tagesberichte
- Persönliche Erfahrungen (Reflexion des Praktikums)
- Literaturverzeichnis
- Anhang (ggf. Materialien aus dem Unternehmen)

Bei der fachlichen Auseinandersetzung greifen Sie auf die Internetseiten, Fachzeitschriften, Schulbücher bzw. Broschüren des Unternehmens zurück oder interviewen Sie Mitarbeiter(innen) des Unternehmens. Die Quellen sind in dem Praktikumsbericht zu zitieren. Diese Informationen sind für Sie hilfreich beim späteren Schreiben einer Bewerbung, in der Sie die Tätigkeiten innerhalb Ihrer Praktika im Lebenslauf aufführen sollten.

7. Manual: Berufsorientierung und Bewerbung

Phase: Praktikum nachbereiten

Am Ende Ihres Praktikums sollten Sie sich Ihre Praktikumsteilnahme bescheinigen und beurteilen lassen. Dazu stellt in der Regel die Schule Beurteilungsbögen zur Verfügung.

Bewahren Sie diese Praktikumsbescheinigung sorgfältig auf, damit Sie sie bei einem entsprechenden Berufsbild Ihrer Bewerbung hinzufügen können.

In manchen Studiengängen ist ein Praktikum vor Studienbeginn Pflicht. Hierüber sollten Sie sich frühzeitig informieren. Nutzen Sie die Zeit nach dem Schulabschluss dazu, ein mehrwöchiges Praktikum zu absolvieren.

Rechte und Pflichten von Praktikanten

Pflichtpraktika von Schüler(innen) in Berufsfachschulen sind Bestandteil von berufs- und studienqualifizierenden Bildungsgängen. Je nach Fachrichtung und Schulform reicht die Dauer von drei Tagen pro Woche bis zu mehrmonatigen Blockpraktika. Sie unterscheiden sich von freiwilligen Praktika, die von Schülern aller Schulformen während der schulfreien Zeit in einem Unternehmen absolviert werden. So sind Schüler(innen) in freiwilligen Praktika Arbeitnehmer im betriebsverfassungsrechtlichen und personalvertretungsrechtlichen Sinne, Pflichtpraktikanten hingegen behalten ihren Status als Schüler(in). Auf sie können jedoch nach den Umständen des Einzelfalls betriebsverfassungsrechtliche oder personalvertretungsrechtliche Regelungen Anwendung finden.

Praktika schaffen häufig eine nachhaltige Verbindung zum Praktikumsbetrieb als potenzieller Arbeitgeber. Für ein sinnvolles Praktikum investieren beide Seiten Engagement, Ressourcen und Zeit – und beide Seiten profitieren. Grundvoraussetzung dazu ist, dass Ihnen Ihre Rechte und Pflichten bei Pflichtpraktika bekannt sind.

Rechte

Einsatzbereich. Beim Praktikum steht die Erbringung von Arbeitsleistung nicht im Vordergrund, sondern der Praktikant lernt viel über den Arbeitsalltag des Berufsbildes. Im Praktikumsvertrag sollten die Praktikumsinhalte genannt werden, damit der Praktikant weiß, was ihn erwartet.

Nach dem Jugendarbeitsschutzgesetz gelten für Jugendliche ab 15 Jahre die folgenden Arbeitszeiten:

Alter	Merkmale	Arbeitszeiten
15 bis 18 Jahre	**Bei noch bestehender Vollzeitschulpflicht**	Während der Schulzeit
	BETRIEBSPRAKTIKUM während der Schulzeit mit leichten und geeigneten Tätigkeiten sowie ein	max. 7 Stunden/Tag max. 35 Stunden/Woche
		Während der Schulferien
	FREIWILLIGES PRAKTIKUM während der Schulferien für höchstens 4 Wochen	max. 8 Stunden/Tag max. 40 Stunden/Woche
	Ohne Vollzeitschulpflicht	max. 8 Stunden/Tag max. 40 Stunden/Woche
	FREIWILLIGES PRAKTIKUM	

© Verlag Europa-Lehrmittel

Lernfeld: In der Arbeitswelt orientieren, ein berufliches Selbstverständnis entwickeln und sich bewerben

Außerdem sind die gesetzlichen Ruhepausen und die Nachtruhe nach dem Arbeitszeitgesetz bzw. dem Jugendschutzgesetz einzuhalten.

Beendigung des Praktikums. Während des Pflichtpraktikums ist eine außerordentliche Kündigung möglich, wenn die Fortsetzung des Praktikumsverhältnisses für eine Partei unzumutbar geworden ist.

Ein freiwilliges Praktikum kann nach §§ 26, 22 Berufsbildungsgesetz gekündigt werden. Der Arbeitgeber kann das Praktikumsverhältnis lediglich aus wichtigem Grund kündigen. Der Praktikant/die Praktikantin kann das Praktikumsverhältnis nicht nur fristlos aus wichtigem Grund, sondern auch mit einer Frist von vier Wochen kündigen.

Urlaubsanspruch. Anspruch auf Freistellung bzw. Erholungsurlaub besteht für Pflichtpraktikanten nicht. Für freiwillige Praktikanten besteht ein Anspruch auf den gesetzlichen Mindesturlaub gem. §§ 26, 10 Abs. 2 Berufsbildungsgesetz i.V.m. §§ 1 und 3 Bundesurlaubsgesetz. In der Regel wird ein anteiliger Urlaubsanspruch erworben; für jeden Monat ist ein Zwölftel des gesamten Jahresurlaubs zu gewähren. Auch hier gilt wieder die Ausnahme für kurzfristig Beschäftigte oder nicht in den Arbeitsprozess eingebundene Praktikanten (siehe Vergütungsanspruch).

Vergütungsanspruch. Pflichtpraktikanten besitzen keinen gesetzlichen Vergütungsanspruch. Praktikanten im Rahmen eines freiwilligen Praktikums haben einen Anspruch auf angemessene Vergütung (§ 26 i.V.m. § 17 Abs. 1 S. 1 Berufsbildungsgesetz). Der Anspruch auf Vergütung kann entfallen, wenn der Betreffende ein sehr kurzes Praktikum (weniger als einen Monat) absolviert oder ohne Einbindung in den Arbeitsprozess keinen wirtschaftlich verwertbaren Beitrag zum Betriebsergebnis leistet.

Praktikumsbescheinigung/Zeugnis. Der Pflichtpraktikant hat ein Recht darauf, dass ihm nach Ablauf des Praktikums ein Zeugnis ausgestellt wird. Darin ist die Dauer der Tätigkeit und die erworbenen Fähigkeiten und Kenntnisse anzugeben. Dem Praktikanten eines freiwilligen Praktikums ist ein qualifiziertes Zeugnis auszustellen.

Pflichten

Der Praktikant muss sich in der Regel schriftlich zur Wahrung von Geschäfts- und Betriebsgeheimnissen verpflichten – **Verschwiegenheitspflicht.** (vgl. IHK Köln, 2012). Zudem ist er verpflichtet:

- Das Praktikum gewissenhaft zu betreiben
- Die Weisungen des Ausbilders bzw. der Ausbilderin des Unternehmens zu befolgen
- Die tägliche Anwesenheitszeit einzuhalten
- Die Unfallverhütungsvorschriften sowie sonstige Betriebsordnungen einzuhalten
- Die ihm/ihr im Rahmen seiner/ihrer Tätigkeit zugänglichen Arbeitsmittel sowie sonstige Gegenstände sorgfältig zu behandeln.
- Eine Arbeitsverhinderung und die voraussichtliche Dauer unverzüglich mitzuteilen. (vgl. Bundesministerium für Arbeit und Soziales, 2011)

7. Manual: Berufsorientierung und Bewerbung

Wege der Stellensuche

Nachdem Sie sich für eine Berufsrichtung entschieden haben, nutzen Sie das vielfältige Angebot, um Ihren bevorzugten Arbeitgeber zu finden. Recherchieren Sie ausdauernd nach geeigneten Stellenanzeigen. Achten Sie darauf, dass sie Ihren Qualifikationen entsprechen. Vertiefende Angaben zum **Anforderungsprofil** sollten zu Ihren Fachkenntnissen und Soft Skills passen, damit Sie Ihre persönlichen Stärken zielgerichtet in Ihren Bewerbungsunterlagen darstellen können.

Außerdem erhalten Sie durch die umfassenden Angaben in den Stellenanzeigen die ersten Eindrücke von diesem Unternehmen. Stellen Sie sich dann die Frage: „Wie kann ich meine Kompetenzen/Qualifikationen in diesem Unternehmen einbringen?" Die besten Kandidaten für ein Unternehmen sind immer die, deren Qualifikationen mit den Anforderungen übereinstimmen. (vgl Hofert 2009, S. 58)

Analysieren Sie die Stellenanzeigen in den verschiedenen Medien auf Einstiegstext, Anforderungen an die Stelle, Anforderungen an den Bewerber, Leistungen des Unternehmens, berufliche Chancen und Kontaktdaten.

Printmedien

In regionalen Tageszeitungen werden gezielt arbeitssuchende Menschen aus der Region angesprochen. Der Stellenmarkt in der regionalen Tageszeitung wird auch von Arbeitnehmern überflogen, die nicht akut auf der Suche nach einer neuen Stelle sind. Überregionale Tageszeitungen bieten sich für Fach- und Führungskräfte an, die nicht an eine Region gebunden sind. Sehr erfolgversprechend sind die Stellenanzeigen in Fachzeitschriften und in den Zeitschriften von Berufsverbänden. Hier werden speziell Fachleute der jeweiligen Berufsgruppen gesucht, sodass für Sie schon eine Art Vorauswahl getroffen ist.

Soziale Netzwerke

Online-Netzwerke spielen heute laut dem Bundesverband Informationswirtschaft, Telekommunikation und neue Medien (BITKOM) eine immer größere Rolle. Bereits 95 Prozent aller Unternehmen schreiben ihre freien Stellen inzwischen im Internet aus, zweistellige Prozentzahlen sogar direkt in sozialen Netzwerken wie Twitter, XING, Facebook usw.

Der Vorteil für Sie liegt darin, dass Sie nach möglichen zukünftigen Kollegen suchen und diese vorab über das Unternehmen befragen können. Doch dies birgt auch Nachteile, bzw. für Sie ist Vorsicht geboten. Auch Unternehmen schauen in sozialen Netzwerken genauer hin, was Kandidaten so an ihren Pinnwänden veröffentlichen. Deshalb sollten Sie bewusst ihre Netzwerkseiten pflegen und negativ wirkende Inhalte entfernen.

Homepage der Unternehmen

Viele Unternehmen veröffentlichen selbst Karriereseiten, auf denen Ihre offenen Stellen aufgelistet sind bzw. die Website-Besucher animieren, sich initiativ online zu bewerben.

Der Vorteil liegt klar auf der Hand. Neben den Stellenangeboten finden Sie hier weitere Informationen über das entsprechende Unternehmen, und über den Online-Bewerbungs-Link erreichen Sie direkt den Personalverantwortlichen für dieses Stellenangebot.

© Verlag Europa-Lehrmittel

> **Lernfeld: In der Arbeitswelt orientieren, ein berufliches Selbstverständnis entwickeln und sich bewerben**

Jobbörsen

Verschaffen Sie sich zunächst einen Überblick im Crosswater-Portal oder im Stellen-Portal. Sie bieten Ihnen einen Kompass für die Navigation über Themen wie Jobbörsen, Jobsuchmaschinen, Stellenangebote, Personal, Recruiting, Stellenanzeigen, Gehaltsvergleich bzw. Karriere (vgl. Klenk 2010 und Ahrens 2009).

Die Jobbörsen im Internet sind geordnet nach einzelnen Kategorien. Die berufs- und branchenspezifischen Stellenbörsen sowie die regionalen Jobangebote sind nochmals in Unterkategorien eingeteilt.

Branchenübergreifende Stellenbörsen	Branchenspezifische Stellenbörsen
www.monster.de, www.stepstone.de	www.hotelstellenmarkt.de
Regionale Stellenbörsen	**Spezielle Bereiche**
www.meinestadt.de	www.nebenjob.de

Die Stellenbörsen (z. B. StepStone) bieten folgende kostenlose Serviceangebote:
- **Jobs per E-Mail** – persönliches Suchprofil erstellen und passende Jobangebote bequem per E-Mail erhalten
- **Lebenslauf** – ein Profil in der Lebenslauf-Datenbank anfertigen und sich von suchenden Unternehmen kontaktieren lassen – auch anonym
- **Newsletter** – Karriere-Checklisten, Bewerbungsvorlagen, Gehaltstabellen – Tipps rund um die Themen Karriere, Bewerbung und Gehalt im Newsletter

Personalberatungen

Neben der eigenen aktiven Suche nach einer Arbeitsstelle können Sie, wenn Sie bereits Berufserfahrung mitbringen, auch Personalberater aufsuchen, die Ihnen Arbeitsstellen anbieten, auf die Ihr Anforderungsprofil zugeschnitten ist.

Sie wissen, was die Unternehmen für Mitarbeiter suchen. Sie werden individuell begleitet und betreut.

Die bekanntesten deutschen Personalberatungen (www.kienbaum.de, www.michaelpage.de oder www.personal-total.de) suchen für Unternehmen auch auf ihrer eigenen Homepage nach geeigneten Bewerbern.

Unternehmensprofil

Nachdem Sie sich für eine passende Stellenanzeige entschieden haben oder bei einer Initiativbewerbung ein bestimmtes Unternehmen im Blickwinkel haben, geht es zunächst darum, das Unternehmen unter die Lupe zu nehmen. Je mehr Sie wissen, desto wirkungsvoller können Sie Ihre Bewerbung auf dessen spezielle Anforderungen und Bedürfnisse zuschneiden. Im Marketing spricht man hier von „Zielgruppenorientierung".

Zielgruppenanalyse

Betrachten Sie Ihre ausgesuchten Unternehmen als Ihre persönliche Zielgruppe. Sie wollen Ihre Leistungen, Ihre Arbeitskraft an diese Zielgruppe verkaufen. Damit Ihnen dies gelingt, müssen Sie z. B. herausfinden:

7. Manual: Berufsorientierung und Bewerbung

- Welche Firmenphilosophie verfolgt das Unternehmen?
- Welche zusätzlichen Informationen befinden sich ggf. auf der Karriereseite?
- Welche Berufe/Ausbildungsberufe bietet das Unternehmen an?
- Wie viele Mitarbeiter(innen) sind im Unternehmen beschäftigt?
- Welche Standorte hat das Unternehmen?
- Welche Produkte und/oder Dienstleistungen bietet das Unternehmen an?
- Für wen bietet das Unternehmen diese Leistungen an?
- Was gibt es an aktuellen Ereignissen und Entwicklungen, die für das Unternehmen relevant sind?
- Welche zukünftigen Aktivitäten sind geplant?
- Welche Probleme hatte das Unternehmen eventuell in den letzten Jahren?

Unternehmens-Auswertungs-Raster

Nehmen Sie sich Zeit und erstellen Sie für die ausgewählten Stellenanzeigen jeweils ein Unternehmens-Auswertungs-Raster, aus dem die Informationen über das Unternehmen, die zukünftigen Aufgaben, Voraussetzungen des Bewerbers und die Kontaktdaten hervorgehen, um Ihre Bewerbungsunterlagen optimal darauf abzustimmen.

Unternehmens-Auswertungs-Raster	
Kontaktdaten	**Firmenporträt**
Unternehmen	
Anschrift	
Telefonnummer	
Ansprechpartner	
E-Mail-Adresse	
Aspekte	
Firmenphilosophie	
Informationen zu Karriereseiten	
Ausbildungsmöglichkeiten	
Entwicklungsmöglichkeiten	
Mitarbeiterzahl	
Standorte des Unternehmens	
Produkte/Dienstleistungen	
Aktuelles/Entwicklungen	
Zukünftige Aktivitäten	
Auszeichnungen des Unternehmens	
…	

Sollten Sie dann noch Fragen zu der Stellenanzeige haben, so scheuen Sie sich nicht, telefonisch nachzufragen. Nur wenn Sie die Anforderung der Stelle voll verstanden haben, können Sie sich glaubwürdig bewerben.

Lernfeld: In der Arbeitswelt orientieren, ein berufliches Selbstverständnis entwickeln und sich bewerben

Anforderungen an die Bewerbungsunterlagen (LA 4.5)

Erstellen Sie nun Ihre Bewerbungsmappe. Sie verfolgen mit ihr nur ein Ziel, die Chance zu bekommen, sich persönlich bei Ihrem Wunschunternehmen vorzustellen. Mit Ihren Unterlagen werben Sie in eigener Sache.

Innere Form

Achten Sie darauf, dass Sie eine passgenaue Bewerbung anfertigen, indem Sie genau auf die Anforderungen der Stellenanzeige eingehen und die Informationen aus Ihrer Internetrecherche berücksichtigen. Vermitteln Sie Ihre Stärken und Ihre Leidenschaft zu diesem Berufsbild mit nachvollziehbaren Beispielen.

Verwenden Sie keine abstrakten Formulierungen – Ihre Persönlichkeit ist gefragt (vgl. Püttjer & Schnierda 2003, S. 9). Personalverantwortliche lesen zwischen den Zeilen und machen sich automatisch ein Bild von dem Bewerber.

Äußere Form

Der Personalverantwortliche erhält von Ihnen den ersten Eindruck in der Regel durch die äußere Form Ihrer Bewerbungsmappe. Er macht sich innerhalb weniger Sekunden ein Bild von Ihrer Arbeitsweise und Ihrer Persönlichkeit. Dieses können Sie später nicht mehr korrigieren, selbst wenn Sie hervorragende Zeugnisse aufweisen können. Sie stimmen ihn nur positiv, wenn die Unterlagen ohne Rechtschreibfehler, Eselsohren, Nikotingeruch bzw. Kaffeeflecken sind. Ebenso verhält es sich mit fehlenden Unterlagen oder einer Loseblattsammlung.

Die äußere Form lässt heute durchaus Spielraum. In kreativen Berufen sind witzige Layout-Einfälle, alternativ gestaltete Lebensläufe oder Anschreiben durchaus gefragt. Allerdings erwarten Personalchefs bei einer Bank oder Versicherung seriösere Layouts. Entwerfen Sie zunächst Ihr eigenes **Corporate Design**, damit Ihre Bewerbung zum Eye-Catcher (Blickfang) wird. Wählen Sie Textausrichtung, Farbe, Schriftart und -grad und visualisieren Sie Ihren Namen und die Kontaktdaten. Verwenden Sie dieses Design für Ihren Lebenslauf, Ihre Bewerbung und ggf. Ihr Deckblatt.

Achten Sie unbedingt darauf, keine Rechtschreib-, Grammatik- oder Kommafehler in Ihren Bewerbungsunterlagen zu haben. Geben Sie die Texte vorsichtshalber jemandem zur Korrektur. Wählen Sie hochwertiges Papier, auch wenn das ein bisschen teurer ist. Dabei sollten alle Seiten nur einseitig bedruckt werden. Unterschreiben Sie immer eigenhändig – also keine eingescannte Unterschrift verwenden.

Lebenslauf

Beginnen Sie zunächst mit der Ausarbeitung Ihres individuellen Lebenslaufes. Denn Personalverantwortliche lesen ihn in der Regel zuerst, bevor sie sich mit dem Anschreiben beschäftigen. Erstellen Sie einen tätigkeits- und kompetenzorientierten Lebenslauf, denn der Leser sollte schnell in der Lage sein, sich einen Überblick über Ihre Qualifikationen zu verschaffen (vgl. Buchberger 2011-2).

Erläutern Sie also das Niveau Ihrer Sprachkenntnisse und listen Sie die Tätigkeiten, die Sie bereits in Praktika oder im Unterricht eingeübt haben, auf. Machen Sie aus Diskriminierungsgründen keine Angaben über Eltern, Geschwister, Ihre Religion – es sei denn, es wird ausdrücklich verlangt.

7. Manual: Berufsorientierung und Bewerbung

Das Unternehmen interessiert vor allem Ihre Kompetenzen und Soft Skills. Je mehr Sie den Anforderungen der ausgeschriebenen Stelle entsprechen, umso eher werden Sie zum Vorstellungsgespräch eingeladen (vgl. Püttjer & Schnierda 2003, S. 11).

Aufbau eines Lebenslaufes als Berufseinsteiger

Der Aufbau Ihres Lebenslaufes richtet sich danach, ob Sie sich als **Berufseinsteiger** bewerben oder bereits mehrere Jahre Berufserfahrung mitbringen. Im Falle des Berufsanfängers werden nach den persönlichen Daten die Schulbildung, Berufsausbildung bzw. Studium beschrieben – es folgen die Angaben von Praktika, persönlichen Fähigkeiten und Kompetenzen. Stellen Sie also Ihre Stärken deutlich heraus. Ihr Lebenslauf muss lückenlos sein. Zeitspannen, die nicht mit Schul- oder Arbeitszeiten belegt sind, zeigen Ungereimtheiten.

Persönliche Daten	Vorname, Nachname Straße, PLZ und Ort Geburtsdatum und -ort evtl. Familienstand Telefonnummer und E-Mail-Adresse
Schulbildung	Bei der Schulbildung listen Sie nur die Schule auf, in der Sie Ihren ersten entscheidenden Abschluss gemacht haben (Realschule = Mittlere Reife, Gymnasium = Abitur). Bei guten Abschlüssen geben Sie zu Ihren Schul-, Berufs- oder Studiensabschlüssen immer Ihre Durchschnittsnote an. Daran erkennt der Personaler, ob Sie kontinuierlich gute Leistungen bzw. steigende Leistungen erbracht haben. Achten Sie darauf, dass Sie mit dem aktuellsten Abschluss beginnen. Vermerken Sie bei Ihren Angaben zu Ihrer Schul- und Ausbildung ruhig Themen- und Lernschwerpunkte, wenn es passt.
Praktika/ Berufserfahrung	Beginnen Sie mit dem aktuellsten Praktikum und beschreiben Sie stichwortartig die Arbeitsinhalte, die für den zukünftigen Arbeitgeber wichtig sind. Nennen Sie die Anschrift, die Branche, die Produkte bzw. Dienstleistungen Ihrer Praktikabetriebe. Zur Berufserfahrung führen Sie Ihre passgenauen Nebenjobs an, auch wenn Sie einen Zwei-Stunden-die-Woche-Job haben.

Sprach-kompetenzen
 	
Muttersprache
1. Fremdsprache
2. Fremdsprache
…
	Bewerten Sie Ihre Sprachkenntnisse. Zum einen gibt es die Möglichkeit, die Bewertung abzustufen nach:
	1. Grund- bzw. Schulkenntnisse
	2. Sehr gute Kenntnisse
	3. Fließend in Wort und Schrift
	4. Verhandlungssicher
	5. Muttersprache
	Zum anderen können Sie die Stufung des europäischen Referenzrahmens für Sprachen einsetzen:
	  A: ⇒ elementare Sprachverwendung (A1 und A2)
	  B: ⇒ selbstständige Sprachverwendung (B1 und B2)
	  C: ⇒ kompetente Sprachverwendung
	C1: ⇒ fortgeschrittenes Kompetenzniveau
	C2: ⇒ nahezu muttersprachliche Sprachbeherrschung
	(URL: http://europass.cedefop.europa.eu/LanguageSelfAssessmentGrid/de)
	
	TOEFL® (Test of English as a Foreign Language) oder TOEIC-Punktzahl
	International akzeptierter Sprachstandard, der zur Messung der Englischkenntnisse dient

Lernfeld: In der Arbeitswelt orientieren, ein berufliches Selbstverständnis entwickeln und sich bewerben

Auslandsaufenthalt	Listen Sie Ihre Auslandsaufenthalte auf. Geben Sie Zeitraum, Ort und Grund an. Dabei kann es sich um ein Auslandspraktikum, Auslandsstudium, Work & Travel, Freiwilligenjahr oder um Intensivsprachkurse handeln. Der Personalverantwortliche erkennt daran, dass Sie neben der erworbenen Sprachkompetenz, flexibel sind im Umgang mit kniffligen Situationen und offen für andere Kulturen.
Soziale Fähigkeiten	Beschreiben Sie, in welchem Zusammenhang Sie Ihre soziale Fähigkeit (Teamfähigkeit, Kommunikationsfähigkeit …) erworben haben. ■ gute Fähigkeit zur Anpassung an ein multikulturelles Umfeld, erworben durch meinen Intensivsprachkurs im Ausland und im Handballverein ■ gute Kommunikationsfähigkeit, erworben im Unterrichtsfach Kommunikation und Präsentation und in der Anwendung von Präsentationen innerhalb des Unterrichts
Organisatorische Fähigkeiten	Beschreiben Sie Ihre organisatorischen Fähigkeiten (Koordinierung und Verwaltung von Personal, Projekten und Haushaltsmitteln bei der Arbeit, einer gemeinnützigen Tätigkeit). ■ umfassende Erfahrung als Klassen- bzw. Schülersprecher ■ dreijährige Erfahrung in der Organisation von Vereinsfesten
Technische Fähigkeiten	Wenn dies Ihr Berufsbild betrifft, beschreiben Sie Ihre technischen Fähigkeiten und Kompetenzen im Umgang mit speziellen Arten von Geräten und Maschinen usw. (Computer ausgenommen) bzw. technische Fähigkeiten und Kompetenzen in einem bestimmten Fachgebiet (Fertigungsindustrie, Gesundheitswesen, Bankensektor usw.). ■ Souveräner Umgang mit dem Mikroskop ■ Führerschein: (Klasse angeben)
IT-Kenntnisse	Bewerten Sie Ihre IT-Kenntnisse (Handhabung von Textverarbeitungsprogrammen und anderen Anwendungen, die Recherche in Datenbanken, den routinierten Umgang mit dem Internet sowie hochqualifizierte Fähigkeiten (Programmieren usw.) ■ Basiskenntnisse im Tabellenkalkulationsprogramm Excel ■ Expertenwissen in Photoshop
Künstlerische Fähigkeiten	Führen Sie hier Ihre künstlerischen Fähigkeiten und Kompetenzen auf, die für Ihre Bewerbung vorteilhaft sein können (Musik, Schriftstellerei, Gestaltung/Design) ■ Querflöte spielen, 6-jährige Mitgliedschaft im Musikverein ■ Mitglied der Schul-Theater-AG
Freizeitaktivitäten	Definieren Sie Ihre Freizeitaktivitäten genau. Welchen Sport oder ehrenamtliche Tätigkeiten üben Sie aus? Welche Literatur lesen Sie? ■ Mitglied im Fußballverein FC xy ■ Regelmäßiges Lesen der Zeitschrift PC-Welt bzw. Natur- und Technik
Ort, Datum Handschriftliche Unterschrift	Achtung! Immer auf das aktuelle Datum achten. Am besten mit einem Füller unterschreiben.

7. Manual: Berufsorientierung und Bewerbung

Dirk Pauly
Güterstraße 14
54296 Trier
Tel. 0651 588759
E-Mail: d.pauly@gmx.de

Kopf- und Fußzeile bearbeiten

Dokumentenvorlage erstellen

Lebenslauf – Musterbeispiel

Meine persönlichen Daten

Geburtsdatum	14. April 19..
Geburtsort	Trier

Tabellen gestalten

Lebenslauf gestalten

Schulbildung

September 20.. bis	Berufsbildende Schule Wirtschaft Trier Höhere Berufsfachschule Fachbereich: Handel und E-Commerce Gesamtnote Halbjahreszeugnis 2,1
September 19.. bis Juli 20..	Franz-Bauer-Realschule in Trier Sekundarabschluss, Gesamtnote 2,3

Praktika

Juni 20.. bis Juli 20..	Weingroßhandel Karl GbR in Trier Abteilung: Einkauf ■ Archivierung der Dokumente ■ Kundengespräche entgegennehmen ■ Kundenaufträge erfassen
Oktober 20.. bis November 20..	Müller GmbH in Trier – IT-Haus Abteilung: Verkauf ■ Daten erfassen ■ Kundengespräche führen

Aufzählung einfügen

Sprachenkompetenz

Englisch
B: ⇒ selbstständige Sprachverwendung (B1 und B2)
LCCI – Wirtschaftsenglisch

Französisch
A: ⇒ elementare Sprachverwendung (A1 und A2)

Seite 1 von 2

Seitenzahl einfügen

Lernfeld: In der Arbeitswelt orientieren, ein berufliches Selbstverständnis entwickeln und sich bewerben

Dirk Pauly
Güterstraße 14
54296 Trier
Tel. 0651 588759
E-Mail: d.pauly@gmx.de

Auslandaufenthalte

Juni 20.. bis August 20..   achtwöchiger Intensivsprachkurs in Englisch
Sprachenschule Pauls in London

Soziale Fähigkeiten

Gute Fähigkeit zur Anpassung an ein multikulturelles Umfeld, erworben durch meinen Intensivsprachkurs im Ausland und im Handballverein

Gute Kommunikations- und Präsentationsfähigkeit, erworben im Unterrichtsfach Kommunikation und Präsentation und in der Anwendung von Präsentationen innerhalb des Unterrichts

IT-Kompetenzen

Textverarbeitungsprogramm „Word"
Umfassende Kenntnisse

Kalkulationsprogramm „Excel"
Basiskenntnisse

Freizeitaktivitäten

Handball im TUS Trier seit sechs Jahren
Freiwillige Feuerwehr seit vier Jahren

Trier, 9. Januar 20..

Dirk Pauly

7. Manual: Berufsorientierung und Bewerbung

Bewerbungsfoto

Unterschätzen Sie nicht die Bedeutung Ihres Bewerbungsfotos. Der Personalverantwortliche bekommt einen ersten Eindruck, den Sie nicht mehr revidieren können. Nutzen Sie also die Chance, mit Ihrem Foto Sympathiepunkte zu sammeln.

Qualität

Lassen Sie am besten das Bewerbungsfoto von einem Fachmann erstellen, der auf Körperhaltung, Belichtung und Hintergrund achtet. Ebenso sollte Ihre Kleidung zu der angestrebten Anstellung passen, d. h., wählen Sie die Kleidung und Accessoires, die in diesem Unternehmen Standard sind. Verwenden Sie Porträtfotos, die nicht älter sind als ein bis zwei Jahre. Ihr Bewerbungsfoto sollte einfach gut in die Bewerbung hineinpassen und Sie in Szene setzen.

Form

Das Bewerbungsfoto (4 bis 7 cm) wird rechts oben an den Lebenslauf angeheftet oder digital eingebunden. Achten Sie darauf, dass das digitale Bild eine gute Druckqualität hat. Das Bild darf ruhig ein wenig größer ausfallen, etwa 6,5 cm Breite und maximal 10 cm Höhe. Es lohnt sich, in ein aussagekräftiges Foto zu investieren.

Deckblatt

Bewerbungsmappen können Sie mit und ohne Deckblatt gestalten. Entscheiden Sie sich für ein Deckblatt, so sollten es das gleiche Layout wie Ihre übrigen Bewerbungsunterlagen haben und folgendes beinhalten:

Verbindliche Bestandteile

- Ihr Vorname und Nachname
- Ihre Anschrift
- Ihre Telefon-/Handynummer
- Ihre E-Mail-Adresse
- Bewerbung für (Angabe der Stellenausschreibung oder Berufswunsch und ggf. Unternehmensangabe)

Dirk Pauly
Güterstraße 14
54296 Trier
Tel. 0651 588759
E-Mail: d.pauly@gmx.de

Bewerbung
für einen Ausbildungsplatz
zum Bürokaufmann
bei der Roland Meyer GmbH
in Trier

Inhalt:
Lebenslauf
Foto
2 Zeugnisse

Unverbindliche Bestandteile

- Ihr Foto können Sie etwas größer als Grafikdatei einfügen (Bedenken Sie aber, dass es in den Bewerbungsunterlagen nur einmal erscheint – Deckblatt oder Lebenslauf)
- Inhaltsübersicht – Wenn Sie möchten, können Sie auf dem Deckblatt auch eine kurze Inhaltsübersicht der folgenden Dokumente aufführen. Das erleichtert Ihrem Ansprechpartner die Übersicht. Zwingend ist das aber nicht.

© Verlag Europa-Lehrmittel

Lernfeld: In der Arbeitswelt orientieren, ein berufliches Selbstverständnis entwickeln und sich bewerben

Bewerbungsanschreiben

Besonderes Gewicht hat in der Bewerbungsmappe das Anschreiben. Hier gilt es, den richtigen und zielbezogenen Ton zu treffen und in kurzen, prägnanten Sätzen Aufmerksamkeit für die eigene Person und die folgenden Bewerbungsunterlagen zu schaffen. Der Bezug zu der angestrebten Position und Aufgabe sowie das Interesse an Ihrem Wunscharbeitgeber gehören in den Vordergrund. (vgl. Buchberger 2011-1). Daher müssen Sie bei jeder Bewerbung ein neues passendes Anschreiben verfassen, in dem Sie sich aber immer wiederfinden.

Richten Sie das Anschreiben nach Möglichkeit an einen konkreten Ansprechpartner. Dieser steht meistens in der Stellenanzeige. Wenn nicht, können Sie auch einfach in dem Unternehmen anrufen und nach der zuständigen Person fragen. Lassen Sie sich den Namen auf jeden Fall buchstabieren, damit Sie ihn richtig schreiben. Auch beim Abschreiben eines Namens aus einer Anzeige sollten Sie sehr sorgfältig auf die korrekte Schreibweise achten.

Ihr Anschreiben sollte nicht länger als eine Seite sein und leserfreundlich formatiert sein (Schriftgröße (12 pt) und -typ, , Absätze, Seitenrand). Deshalb müssen Sie Informationen schnell auf den Punkt bringen. Beginnen Sie Ihre Anschreiben nicht mit einer Floskel (Ich interessiere mich für die ausgeschriebene Stelle in der xy-Zeitung – dies gehört direkt in den Betreff). Wenn Sie keinen Kontakt zum Unternehmen aufgenommen haben, auf den Sie verweisen könnten, sollten Sie direkt Ihre jetzige Tätigkeit beschreiben.

Wählen Sie eine förmliche und sachliche, dabei aber freundliche Sprache. Machen Sie sich klar, dass Sie kein Bittsteller sind, sondern dass Sie Fähigkeiten und Qualitäten zu bieten haben. Seien Sie selbstbewusst, aber nicht arrogant. Vermeiden Sie Konjunktive mit „würde" (würde mich freuen ..., würde mir gefallen ... oder würde mir gut passen ...). Ihr Anschreiben muss Sie persönlich widerspiegeln.

Betrachten Sie das Anschreiben als eine Art Selbstgutachten. Erläutern Sie Ihre Fachkompetenz, aber vor allem geben Sie dem Personalverantwortlichen die Chance, dass er sich ein Bild von Ihrer Persönlichkeit machen kann. In dem Anschreiben sollten Sie sagen, warum Sie sich gerade bei diesem Unternehmen bewerben und was Sie an dieser Stelle interessiert. Zeigen Sie in Ihrem Anschreiben mit ca. sieben Argumenten auf, wie und warum Sie mit Ihren Kenntnissen und Qualitäten gut für das Unternehmen geeignet sind (vgl. Hofert 2009, S. 20). Gehen Sie passgenau auf die Anforderungen der Stellenanzeige ein und belegen Sie kurz mithilfe von Beispielen Ihre Stärken – wiederholen Sie aber nicht die Argumentationen aus Ihrem Lebenslauf. Achten Sie aber hier genau darauf, dass Sie nicht bewerten, sondern nur beschreiben. Bedenken Sie, dass Ihr ausführliches Kompetenzprofil im Lebenslauf steht – verweisen Sie ggf. darauf.

Verzichten Sie dabei auf das Nennen von privaten Gründen, wie z. B. „Das Unternehmen ist so schön nah an meiner Wohnung." oder Ähnlichem. Nennen Sie fachliche Gründe, die zeigen, dass Sie etwas über das Unternehmen und die von Ihnen angestrebte Position wissen. Wenn Sie bereits in einem Arbeitsverhältnis stehen, nennen Sie im Abschluss Ihres Anschreibens Ihren frühesten Anfangszeitpunkt und, wenn gefordert, Ihre Gehaltsvorstellungen. Wenn Sie Berufsanfänger sind, kommt es immer ganz gut an, zwei bis drei Tage Probearbeit anzubieten. Beenden Sie Ihr Bewerbungsanschreiben mit einem Wunsch nach einem Gespräch, damit der Personalverantwortliche sich ein umfangreiches Bild von Ihnen machen kann. Verwenden Sie die übliche Abschlussformel „Mit freundlichen Grüßen" und kürzen Sie auf keinen Fall mit mfg ab. Unterschreiben Sie leserlich mit einem Füller. Listen Sie die Anlagen nur thematisch auf (vgl. Püttjer & Schnierda 2003, S. 40 ff.).

7. Manual: Berufsorientierung und Bewerbung

Aufbau eines Bewerbungsanschreibens

Bestandteile	Inhalte
Absenderangaben	Name Kommunikationsdaten
Empfängerangaben	Korrekte Firmenangaben mit entsprechender Rechtsform Name des Personalverantwortlichen (Achten Sie auf korrekte Schreibweise!)
Datum	Numerisch oder alphanumerische Schreibweise, die dann im Text fortgesetzt wird.
Betreff	Aussagekräftiger Betreff (Berufsbezeichnung der Stellenanzeige beachten) Fundstelle der Stellenausschreibung bzw. Initiativbewerbung
Anrede	Persönliche Anrede des Personalverantwortlichen
Einleitung	Nehmen Sie Bezug auf Telefonate oder Empfehlungen. - Herzlichen Dank für die am Telefon gegebenen zusätzlichen Informationen - Wie besprochen, sende ich Ihnen die … - Auf Empfehlung von … Beschreiben Sie, welcher Tätigkeit Sie zurzeit nachgehen. - Zurzeit besuche ich die berufsbildende Schule - Momentan arbeite ich …
Hauptteil	Welche **Hard Skills** (Fachkompetenzen) bringe ich mit, die auf die Stellenausschreibung zutreffen? Was kann ich dem Unternehmen bieten? Was interessiert mich an dieser Stelle? Wie und warum passe ich mit meinen Kenntnissen und Qualitäten gut in das Unternehmen? Welche **Soft Skills** werden in der Stellenanzeige gefordert? Belegen Sie kurz mit Beispielen, wie Sie Ihre Stärken passgenau auf die angebotene Stelle einbringen können.
Schluss	Je nach Stellenausschreibung: Was sind meine Gehaltvorstellungen? Wann kann ich frühestens beginnen? Bereitschaft zur Probearbeit signalisieren. Wunsch nach einem persönlichen Gespräch bekunden. - Gerne gebe ich Ihnen in einem Gespräch weitere Auskünfte zu meiner Person. - In einem Gespräch kann ich Ihnen mein Profil weiter erläutern.
Gruß	Benutzen Sie keine Abkürzungen.
Unterschrift	Unterschreiben Sie leserlich mit dem Füller.
Anlagen	Ordnen Sie Ihre Anlagen thematisch und chronologisch. - Lebenslauf mit Foto - Arbeits- und Schulzeugnisse - Zertifikate

Lernfeld: In der Arbeitswelt orientieren, ein berufliches Selbstverständnis entwickeln und sich bewerben

Stellenausschreibung (Ausbildung)

„Neumann Arzneimittel – ALLES GUTE" – unter diesem Leitbild vertreiben wir unsere Produkte in den Segmenten Generika und Markenprodukte. Weltweit erreichten wir im Geschäftsjahr 20.. einen Umsatz von über 1,6 Milliarden EUR. Unsere rund 7.800 Mitarbeiter im Konzern, davon ca. 1.200 in Deutschland, sind Hauptträger dieses Erfolges. Zur Sicherung unseres stetigen Bedarfs an gut ausgebildeten Fachkräften bieten wir an:

Ausbildung zur Industriekauffrau/zum Industriekaufmann

zum 1. August 20..

Wir bieten:	Ihre Voraussetzungen:
■ Praxisnahe Ausbildung in einem modernen Unternehmen	■ Realschule oder Fachhochschulreife
■ Besuch der Berufsschule in Bad Nauheim	■ Interesse an kaufmännischen Abläufen
■ Innerbetrieblichen Unterricht	■ Hohe Lernbereitschaft, Zuverlässigkeit
■ Ausbildungsvergütung nach Tarifvertrag der chemischen Industrie Hessen	■ Kommunikations- und Teamfähigkeit
■ Gute Sozialleistungen	■ Gute Englischkenntnisse

Was wir Ihnen zusätzlich zu diesem interessanten Ausbildungsplatz noch zu bieten haben, entnehmen Sie bitte unserem ausführlichen Personal- und Sozialbericht. Haben Sie Interesse, in einem sympathischen und engagierten Team mitzuarbeiten? Dann überzeugen Sie uns!

Bitte senden Sie Ihre aussagekräftige Bewerbung unter Angabe der Kennziffer 7856912 an:

Neumann Arzneimittel AG
Klaus Petri
Hochstr. 2–18, 61118 Bad Vilbel
Telefon: 06101 754838
Telefax: 06101 754432
jobs@neumann.de, www.neumann.de

7. Manual: Berufsorientierung und Bewerbung

Dirk Pauly
Güterstraße 14
54296 Trier
Tel. 0651 588759
E-Mail: d.pauly@gmx.de

Neumann Arzneimittel AG
Herrn Klaus Petri
Hochstraße 2–18
61118 Bad Vibel

18. November 20..

Bewerbung zur Ausbildung als Industriekaufmann

Jobbörse Monster KZ 7856912

Sehr geehrter Herr Petri,

zurzeit besuche ich die Höhere Berufsfachschule Handel und E-Commerce an der Berufsbildenden Schule Wirtschaft in Trier. Im Juli 20.. werde ich voraussichtlich den Bildungsgang als „Staatlich geprüfter Assistent für Handel und E-Commerce" abschließen und den schulischen Teil der Fachhochschulreife erhalten.

Eine Ausbildung in Ihrem Unternehmen spricht mich sehr an, da ich mich stark für gesundheitliche Themenstellungen und kaufmännische Tätigkeiten interessiere. Aus dem berufsbezogenen Unterricht bringe ich bereits Kenntnisse über kundenorientierte Ablaufprozesse, Warenwirtschaftssysteme und personalwirtschaftliche Themen mit.

Besonders motivierend fand ich im Fach Projektmanagement die Zusammenarbeit mit einem regionalen Unternehmen, für das wir im Projektteam eine Referenzmappe erstellten. Dabei war ich für den Bereich (Arbeitspaket) Layout verantwortlich und musste mich in kurzer Zeit in eine Bildbearbeitungs-Software einarbeiten, um einen CI-orientierten Entwurf zu entwickeln. Außerdem verfüge ich über gute Englischkenntnisse – diese erweitere ich zusätzlich durch den Besuch des LCCI–Wirtschaftsenglisch-Kurses an unserer Schule.

Gerne lerne ich Sie und Ihr Unternehmen in einem Vorstellungsgespräch kennen und überzeuge evtl. durch Probearbeiten von meiner Eignung.

Mit freundlichen Grüßen

Anlagen
Lebenslauf mit Foto
2 Schulzeugnisse
2 Praktikumsnachweise

Seite einrichten
oben 5,08 cm
links 2,5 cm

4. Zeile
Empfängeranschrift

12. Zeile
Datum

Silbentrennung
aktivieren

Lernfeld: In der Arbeitswelt orientieren, ein berufliches Selbstverständnis entwickeln und sich bewerben

Anlagen zur Bewerbung

Passgenau zur ausgeschriebenen Stelle sollten die Anlagen chronologisch zusammengestellt werden, und zwar beginnend mit der aktuellsten Anfrage. Hierzu gehören:

- Schulabgangszeugnis bzw. aktuellstes Zeugnis
- Arbeitszeugnisse bzw. Praktikumsbeurteilungen
- Berufsqualifizierender Abschluss (Kammerzeugnis, Diplomurkunde …)
- Fortbildungsnachweise (Erwerb eines weiteren beruflichen Abschlusses)
- Teilnahmebescheinigungen an Weiterbildungen
- Referenzen

Die Anlagen müssen nur dann beglaubigt werden, wenn dies ausdrücklich gefordert wird. Beglaubigungen erhalten Sie bei der Stadt- oder Gemeindeverwaltung, Schule oder Polizei. Achten Sie bei allen Unterlagen auf eine gute Kopierqualität.

Datei-Ordner für Bewerbungskorrespondenz

Legen Sie sich einen Ordner für Ihre Bewerbungsunterlagen auf Ihrem PC an. Erstellen Sie für jedes Unternehmen einen weiteren Unterordner, in den Sie die dazugehörigen Dateien abspeichern.

Bewerbungsmappe per Post

Wählen Sie für Ihre Unterlagen eine hochwertige, optisch ansprechende, dezent und seriös wirkende Kunststoffmappe mit Klemmleiste oder eine spezielle Bewerbungsmappe. Verwenden Sie keine Klarsichthüllen. Das Anschreiben legen Sie lose auf die Bewerbungsmappe. In die Kunststoffmappe mit Klemmleiste legen Sie zuerst das Deckblatt, dann den Lebenslauf und chronologisch sortiert die Anlagen. Orientieren Sie sich bei einer speziellen Bewerbungsmappe hinsichtlich der Einordnung der Dokumente an den Herstellervorgaben.

Sie sollten Ihre Bewerbungsunterlagen gut verpackt verschicken. Am besten nehmen Sie einen stabilen B4-Umschlag mit einer Papprückwand. So verhindern Sie, dass die Unterlagen geknickt werden. Beim Empfänger interessiert es niemanden, warum eine Sendung in schlechter Qualität ankommt.

Beschriften Sie den Umschlag mit den korrekten Anschriftdaten des Bewerbungsschreibens. Eigentlich selbstverständlich, aber es soll dennoch gesagt werden: Achten Sie unbedingt darauf, dass der Brief ausreichend frankiert ist. Fragen Sie lieber im Postamt nach, als dass Sie nachher aufgrund einer falschen Schätzung zu wenig Porto nehmen.

```
Dirk Pauly                              Post-
Güterstraße 14                          wert-
54296 Trier                             zeichen


              Neumann Arzneimittel AG
              Herrn Klaus Petri
              Postfach 2 68 03
              61118 Bad Vibel
```

7. Manual: Berufsorientierung und Bewerbung

Online-Bewerbung

Heutzutage fordern viele Unternehmen nur noch Bewerbungen auf elektronischem Wege. Dies kann in Form einer E-Mail oder einem Online-Bewerbungsformular geschehen. Der Bewerbungsprozess wird sowohl für den Bewerber als auch für die Personalverantwortlichen entscheidend vereinfacht und beschleunigt. Außerdem zeigt der Bewerber den kompetenten Umgang mit den neuen Technologien.

Die Bewerbung erreicht innerhalb weniger Sekunden das Unternehmen. Sie erhalten in der Regel ein schnelles Feedback in Form einer Eingangsbestätigung. Das Unternehmen kann die Daten ohne großen Aufwand intern weiterbearbeiten bzw. weiterleiten (vgl. Eckert 2012).

Tipps zur professionellen E-Mail-Bewerbung

Bei der E-Mail-Bewerbung gelten für Sie die gleichen Regeln wie bei den Bewerbungsunterlagen in Papierformat – ansprechende äußere Form und werbewirksame Inhalte. Allerdings fallen die Fehler einer E-Mail-Bewerbung nicht direkt ins Auge. Achten Sie deshalb auf folgende Kriterien:

- Wählen Sie keinen E-Mail-Dienstleister, der die Werbung integriert hat. Dies geschieht meistens bei Freemail-Anbietern – allerdings können Sie gegen Gebühr die E-Mails von der Werbung befreien. Am besten richten Sie auf Ihrem Rechner ein (kostenfreies) E-Mail-Programm ein. In den meisten Fällen ist ein solches bereits installiert, das Sie nur noch einrichten müssen. Unter „Benutzerinformationen" sollte Ihr voller Vor- und Zuname eingetragen sein.

- Achten Sie darauf, dass Ihr Postfach immer aufgeräumt ist, um für die Antworten der Unternehmen genügend Speicherplatz zur Verfügung zu haben. Eine Fehlermeldung an das Unternehmen wirkt sehr unprofessionell und kann schon für eine Ablehnung sorgen, bzw. Sie verpassen die Einladung für das Vorstellungsgespräch.

- Verwenden Sie eine E-Mail-Adresse mit Ihrem Vor- und Nachnamen (vorname_nachname@provider.de). Diese Adresse sollten Sie dann eine Zeit lang beibehalten.

- Versenden Sie Ihre E-Mail direkt an den gewünschten Personalverantwortlichen (rainer-mueller@unternehmen.de) und nicht an die allgemeine E-Mail-Adresse des Unternehmens (info@unternehmen.de).

- Schreiben Sie einen aussagekräftigen Betreff – nehmen Sie Bezug auf die Stellenausschreibung, ggf. mit Kennziffer.

- Denken Sie an die persönliche Anrede des Personalverantwortlichen.

- Verfassen Sie ein kurzes Anschreiben, in dem Sie Bezug auf die ausgeschriebene Stelle und Ihre Datei-Anhänge nehmen. Wählen Sie als E-Mail-Format „Nur-Text". HTML-E-Mails werden oft nicht richtig dargestellt.

- Fügen Sie unter Ihren Brieftext eine E-Mail-Signatur mit Ihren Kontaktdaten ein.

- Verschicken Sie Ihre Datei-Anhänge in PDF-Format und nur auf Wunsch im Format eines Textverarbeitungsprogrammes (z. B. doc-Datei oder odt-Dateien). Verzichten Sie darauf, Ihre Datei-Anhänge als zip-Datei zu verpacken.

© Verlag Europa-Lehrmittel

Lernfeld: In der Arbeitswelt orientieren, ein berufliches Selbstverständnis entwickeln und sich bewerben

- Achten Sie darauf, dass Ihre Dateien nicht größer als zwei bis drei Megabyte sind. Größere Dateien kommen oft nicht an. Mit der rechten Maustaste können Sie unter „Eigenschaften" die Dateigröße feststellen.
- Verschicken Sie Ihre E-Mail-Bewerbung nicht mit einer Empfängerbestätigung, da Sie nicht wissen, mit welchem Programm der Empfänger arbeitet. Das kann ansonsten zu Fehlern führen, bzw. Sie denken, dass die Bewerbung nicht angekommen ist.

Digitale Bewerbungsunterlagen im E-Mail-Anhang

In der Regel sollten Sie Ihrer E-Mail-Bewerbung zwei bis drei Dateien anfügen, die sich vom inhaltlichen Aufbau Ihrer Bewerbung in Papierform nicht unterscheiden: Anschreiben, Lebenslauf und Zeugnisse. Haben Sie bisher Ihr Foto auf dem Deckblatt platziert, so fügen Sie es jetzt rechts oben im Lebenslauf ein. Wandeln Sie Ihre Dateien in PDF-Dokumente um, Ihr Layout bleibt unverändert, und der Personalverantwortliche kann Ihre Dokumente auf jeden Fall lesen.

Ihre Zeugnisse sollten Sie chronologisch, sauber und gut lesbar in ein Dokument einscannen. Sie können zunächst nur die wichtigsten Zeugnisse versenden, auf Anfrage reichen Sie den kompletten Satz nach. Wenn Sie aber über sechs Dokumente haben, empfiehlt es sich, vor die Zeugnisse ein Anlageverzeichnis zu stellen, das am besten mit Textmarken an den Dokumenten verlinkt wird.

Geben Sie Ihren Dokumenten aussagekräftige Dateinamen, damit das Unternehmen schnell Ihre Unterlagen in der elektronischen Ablage wiederfindet:

- nachname_vorname_Anschreiben.pdf
- nachname_vorname_Lebenslauf.pdf
- nachname_vorname_Zeugnisse.pdf

E-Mail-Bewerbung versenden

Bevor Sie Ihre Bewerbung an das Unternehmen versenden, mailen Sie sich zunächst selbst die Bewerbung. Überprüfen Sie dann:

- Benutzerinformationen (Vor- und Nachname)
- Korrekter Betreff
- Persönliche Anrede
- Brieftext (Layout)
- Signatur
- Anhang (drei Dateien)

Lassen Sie ggf. eine zweite Person über Ihre Bewerbungsmail schauen und versenden Sie sie dann an den entsprechenden Personalverantwortlichen.

7. Manual: Berufsorientierung und Bewerbung

E-Mail-Signatur

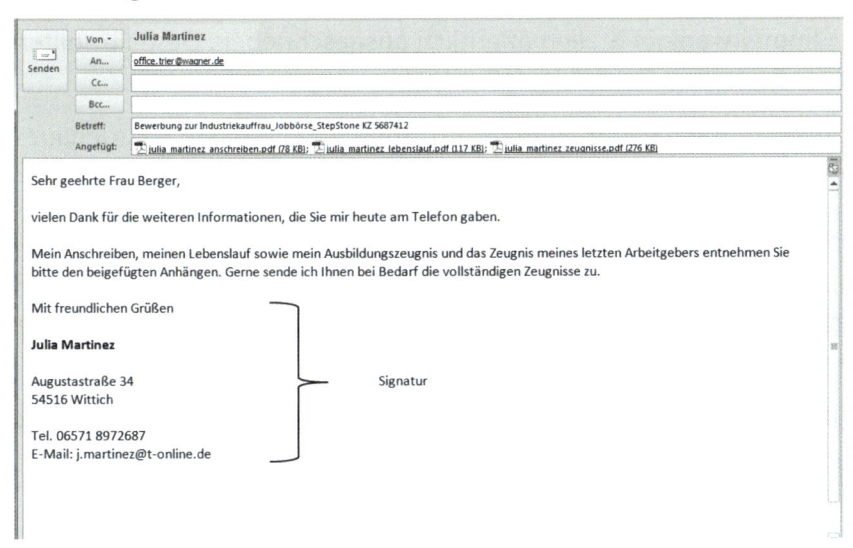

[E-Mail-Fenster mit Signaturbeispiel von Julia Martinez an office.trier@wagner.de, Betreff: Bewerbung zur Industriekauffrau_Jobbörse_StepStone KZ 5687412, mit Anhängen julia_martinez_anschreiben.pdf, julia_martinez_lebenslauf.pdf, julia_martinez_zeugnisse.pdf]

Sehr geehrte Frau Berger,

vielen Dank für die weiteren Informationen, die Sie mir heute am Telefon gaben.

Mein Anschreiben, meinen Lebenslauf sowie mein Ausbildungszeugnis und das Zeugnis meines letzten Arbeitgebers entnehmen Sie bitte den beigefügten Anhängen. Gerne sende ich Ihnen bei Bedarf die vollständigen Zeugnisse zu.

Mit freundlichen Grüßen

Julia Martinez

Augustastraße 34
54516 Wittich

Tel. 06571 8972687
E-Mail: j.martinez@t-online.de

} Signatur

Bewerbung mit Online-Formularen

Immer mehr Unternehmen akzeptieren nur noch ihre eigenen standardisierten Online-Formulare. Im Vergleich zu E-Mail- oder Mappenbewerbungen besteht der Vorteil für die Arbeitgeber darin, eingehende Bewerbungen leichter speichern, verarbeiten und auswerten zu können. Es entstehen weniger Kosten.

Es gibt drei Arten von Bewerbungsformularen:

1. Die erste Formularart dient, ähnlich einer Kurzbewerbung, nur der ersten Kontaktaufnahme. Nach einer Bewerbervorauswahl werden dann die vollständigen Bewerbungsunterlagen angefordert.

2. Die zweite Formularart können Sie mit einer vollständigen Bewerbung vergleichen. Hier müssen Sie weitaus mehr Fragen beantworten und zusätzliche Freitextfelder ausfüllen. Auch haben Sie fast immer die Möglichkeit, Dateien an Ihre Bewerbung anzufügen.

3. Die dritte Variante sind komplette Softwarelösungen, die fast kleine Assesment-Center sind. Größere Unternehmen entwickeln immer ausgefeiltere Recruitingwerkzeuge.

Füllen Sie das Formular sorgfältig aus und nutzen Sie die Gelegenheit, weitere Unterlagen hochzuladen (upload). Verwenden Sie die Freitextfelder, um Ihre Persönlichkeit ins rechte Licht zu rücken. Wählen Sie aussagekräftige Überschriften und prägnante Formulierungen. Schreiben Sie nicht nur wichtige Rahmendaten, sondern beginnen Sie im ersten Freitextfeld mit einer kurzen Begrüßung. Schreiben Sie zum Schluss eine Grußformel. Dies ist höflich, und Sie schlagen eine persönliche Brücke zum Leser.

Machen Sie sich eine Kopie von der Bewerbung, um die Daten beim Vorstellungsgespräch zur Hand zu haben. Überprüfen Sie auch hier wieder Ihre Rechtschreibung, bevor Sie das Formular absenden. Nutzen Sie diese Daten für weitere Online-Formulare, sicherlich können an den verschiedenen Stellen Formulierungen wiederverwendet werden. Außerdem bietet das Textverarbeitungsprogramm eine gute Hilfe, um sich Tippfehler anzeigen zu lassen (vgl. Hofert 2009, S. 38–39).

Lernfeld: In der Arbeitswelt orientieren, ein berufliches Selbstverständnis entwickeln und sich bewerben

Initiativbewerbung

Mittlerweile werden immer weniger Stellen öffentlich ausgeschrieben. Deshalb sollten Sie selbst aktiv werden. Bewerben Sie sich initiativ.

Damit Ihre erste Kontaktaufnahme zum Erfolg führt, sollten Sie sich ein passgenaues Stellenprofil für Ihre Wunschposition erstellen. Finden Sie durch intensive Recherche über das Unternehmen und Sammeln von Stellenanzeigen, in denen Ihre Wunschposition ausgeschrieben ist, heraus, welche Anforderungen Ihr Wunscharbeitgeber an den zukünftigen Mitarbeiter hat, damit Sie in Ihrem Stellenprofil (Aufgaben, Hard und Soft Skills) exakt darauf eingehen können. Nur wenn Sie die Anforderungen an die Stelle kennen, können Sie Ihren Wunscharbeitgeber überzeugen.

Zur Vorbereitung auf die erste Kontaktaufnahme sollten Sie sich Ihre Hard und Soft Skills notieren. Zum Beispiel möchten Sie sich bei Versicherungen bewerben und haben folgendes Kurzprofil:

- sechsjährige Berufserfahrung in einem Inkassobüro
- Verantwortungsbewusste Terminplanung und Fristenkontrolle
- Selbstständige Durchführung von Mahn- und Zwangsvollstreckungsverfahren
- Kunden- und serviceorientierte Auftragsannahme
- Fernstudium zur Rechtsfachwirtin

Telefonischer Kontakt

Sie haben die Möglichkeit, mit Ihrem Wunscharbeitgeber erst einmal telefonisch in Kontakt zu treten. Bei dem Telefonat mit der Personal- oder entsprechenden Fachabteilung präsentieren Sie nun Ihr individuelles Kurzprofil und fragen, ob es lohnt, sich schriftlich zu bewerben auf eine kurzfristig oder längerfristig zu besetzende Stelle. Wenn das Unternehmen Interesse an Ihrer Bewerbung signalisiert, erfragen Sie den Namen des Personalverantwortlichen, damit Ihre Unterlagen direkt in die richtige Hände gelangen.

Die Initiativbewerbung ist nicht mit der Blindbewerbung zu verwechseln, die Sie nicht an einen konkreten Ansprechpartner verschicken und bei der Sie auch nicht den Stellenbedarf kennen.

Kontakt über die Unternehmenshomepage

Neben der telefonischen Kontaktaufnahme bieten mittlerweile viele Unternehmen auf ihrer Website die Möglichkeit an, sich initiativ zu bewerben. Teilweise fordern die Unternehmen auf ihren Websites zur Initiativbewerbung auf, die als E-Mail-Bewerbung oder Online-Formular-Bewerbung gesendet werden kann.

8. Manual: Word-Funktionen

Dokument vorbereiten

Startbildschirm

1. Menüband
2. Registerkarte Start
3. Aktuelle Folie
4. Titelleiste
5. Statuszeile – Ansicht-Schaltflächen/Zoom
6. Statuszeile – Seitenzahl
7. Symbolleiste für den Schnellzugriff

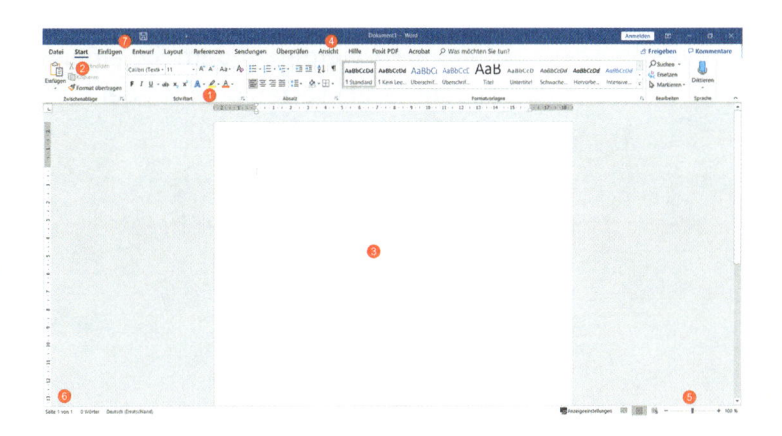

Menüband

1. Aktive Registerkarte (unterstrichen)
2. Befehlsgruppen (Zwischenablage – Schriftart – Absatz)
3. Startprogramm für ein Dialogfeld (Pfeil links von der Befehlsgruppe)

Das Menüband passt sich der Bildschirmbreite an – je nachdem werden große oder kleine Schaltflächen angezeigt.

Backstage-Ansicht

Die Registerkarte Datei öffnet die Backstage-Ansicht.

Hier befinden sich die allgemeinen Befehle für die Dateiverwaltung.

Ganz links werden die Befehle angezeigt.

Um zum Dokument zurückzukehren, klicken Sie oben links auf den Pfeil (Zurück).

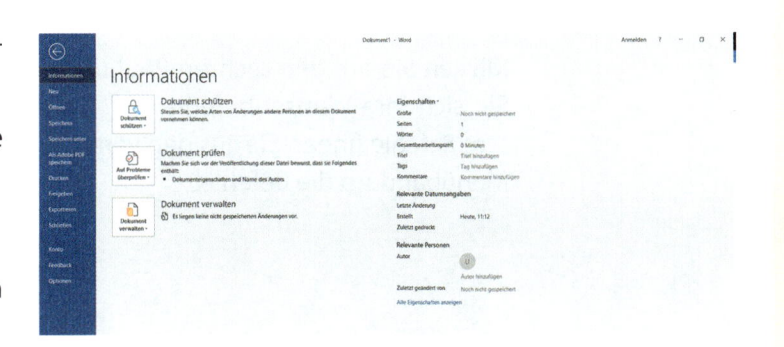

Lernfeld: In der Arbeitswelt orientieren, ein berufliches Selbstverständnis entwickeln und sich bewerben

Statuszeile

Am unteren Rand des Fensters befindet sich die Statusleiste, in der Informationen über die aktuelle Datei angezeigt werden. Diese kann konfiguriert werden, indem Sie einen Haken vor dem Befehl setzen oder wieder löschen.

Symbolleiste für den Schnellzugriff

In der Symbolleiste für den Schnellzugriff befinden sich standardmäßig die Schaltflächen Speichern, Rückgängig und Wiederholen.

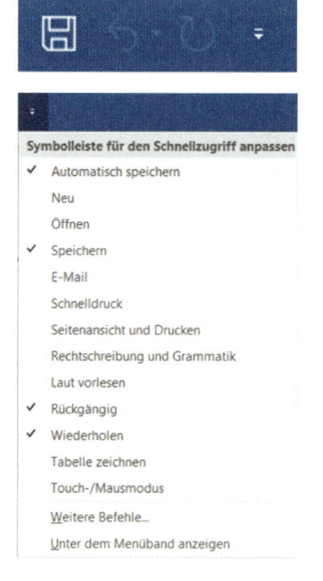

Sie können weitere Befehle einfügen, um einfacher zu navigieren.

Klicken Sie auf den rechten Pfeil und suchen Sie sich Ihre Wunschbefehle aus. Unter weitere Befehle finden Sie aus den verschiedenen Menübändern die Befehle.

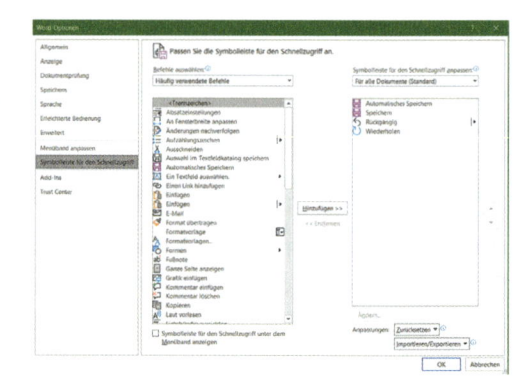

Seite einrichten

Informationsblätter, Bewerbungen oder Geschäftsbriefe werden mit nachfolgenden Seitenränder eingestellt:

Oben: 5,08 cm
Unten: 2 cm
Links: 2,5 cm
Rechts: 2,5 cm

Um die Seitenränder oder das Papierformat zu verändern, gehen Sie auf die Registerkarte Layout – Befehlsgruppe Seite einrichten.

Klicken Sie auf den Pfeil (Dialogfeld) in der rechten unteren Ecke. Nun öffnet sich das nebenstehende Dialogfeld. Im Register Seitenränder geben Sie die neuen Maße ein. Wollen Sie die Maße für alle Dokumente verwenden, klicken Sie Standard an. Die Abfrage beantworten Sie mit ja.

In diesem Register können Sie auch zwischen Hochformat und Querformat wählen.

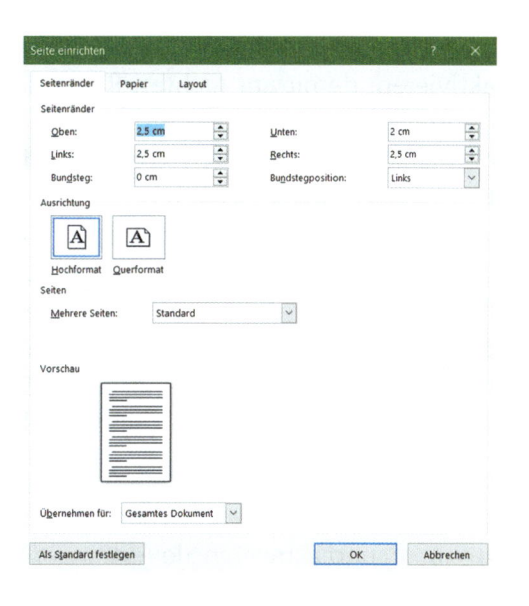

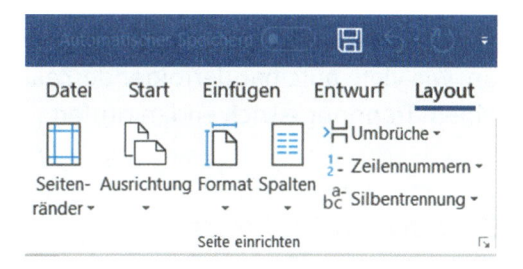

Rechtschreibprogramm

Aktivieren Sie die automatische Rechtschreibprüfung (F7). Dann können Sie sich während der Eingabe sicherer sein, dass Sie bei der Fertigstellung des Dokuments nicht noch viele Rechtschreibfehler korrigieren müssen. Falsch geschriebene Wörter werden während der Arbeit mit einer farbigen Wellenlinie gekennzeichnet, sodass Sie sie leicht entdecken können.

Markieren Sie das Wort und klicken mit der rechten Maustaste, dann werden im Kontextfeld Korrekturvorschläge angeboten.

Lernfeld: In der Arbeitswelt orientieren, ein berufliches Selbstverständnis entwickeln und sich bewerben

Silbentrennung aktivieren

Sie sollten grundsätzlich die Silbentrennung aktivieren, damit am rechten Rand in linksbündigen Texten die Zeilen nicht zu unregelmäßig umgebrochen werden oder im Blocksatz zu große Leerräume zwischen den Wörtern eingefügt werden. Überprüfen Sie die Trennungen immer, da sich manchmal falsche Trennungen einschleichen. Wenn Sie eine Wortkopplung wie MS-Word nie am Zeilenende trennen möchten, drücken Sie die Tastenkombination Strg + – (Bindestrich).

Gehen sie auf die Registerkarte Layout – Gruppe Seite einrichten – Schaltfläche Silbentrennung und aktivieren Sie Automatisch.

Bestimmen Sie im Dialogfeld Silbentrennung die Position am rechten Rand und geben Sie an, wie viele aufeinanderfolgende Zeilen mit einem Trennungsstrich enden dürfen.

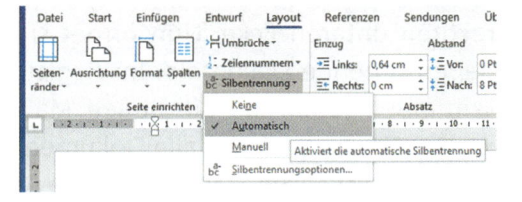

Absatzkontrolle aktivieren

Vermeiden Sie sog. „Hurenkinder" (die letzte Zeile vom Absatz rutscht auf die neue Seite) und „Schusterjungen" (ein Absatz wird direkt nach der ersten Zeile auf eine neue Seite umgebrochen), indem Sie in Ihrem Programm die Absatzkontrolle einstellen.

Gehen sie auf die Registerkarte Start – Gruppe Absatz – Registerkarte Zeilen- und Seitenumbruch – Absatzkontrolle aktivieren.

8. Manual: Word-Funktionen

Kopf- und Fußzeilen gestalten

Die Kopf- und Fußzeile werden auf jeder Folgeseite wiederholt, wenn keine weiteren Einstellungen vorgenommen werden. Die Bewerbungsunterlagen bzw. Unternehmensdokumente z. B. werden in einem einheitlichen Design gestaltet. Das Design sollte dem Corporate Design des Unternehmens bzw. bei privaten Dokumenten zu Ihnen passen.

In die Kopfzeile kommen die Absenderangaben und Kontaktdaten. Sie können aber auch die Absenderangaben in die Kopfzeile und die Kommunikationsdaten (Telefon, Handynummer bzw. E-Mail) in die Fußzeile setzen. Bei mehreren Seiten fügen Sie in die Fußzeile auch die Seitennummerierung ein.

Sie finden die Befehle in der Registerkarte Einfügen – Befehlsgruppe Kopf- und Fußzeile. Klicken Sie auf den gewünschten Befehl. Wählen Sie ein Layout aus. Die Einfügemarke befindet sich im Kopfzeilenbereich und die Kopf- und Fußzeilentools – Entwurf werden angezeigt. Außerdem erscheint die Zeichentoolleiste – die sehr nützlich für die individuelle Gestaltung ist.

Geben Sie im Kopfzeilenbereich den gewünschten Text ein, den Sie beliebig formatieren können.

In der Registerkarte Entwurf der Kopf- und Fußzeile stehen Ihnen weitere Befehle (Einfügen von Bildern, Seitenzahlen etc.) zur Verfügung.

Kopf- und Fußzeilen schließen

Nachdem Sie Ihre Kopfzeile fertig erstellt haben, schließen Sie sie, indem Sie einen Doppelklick in das Textfeld vornehmen.

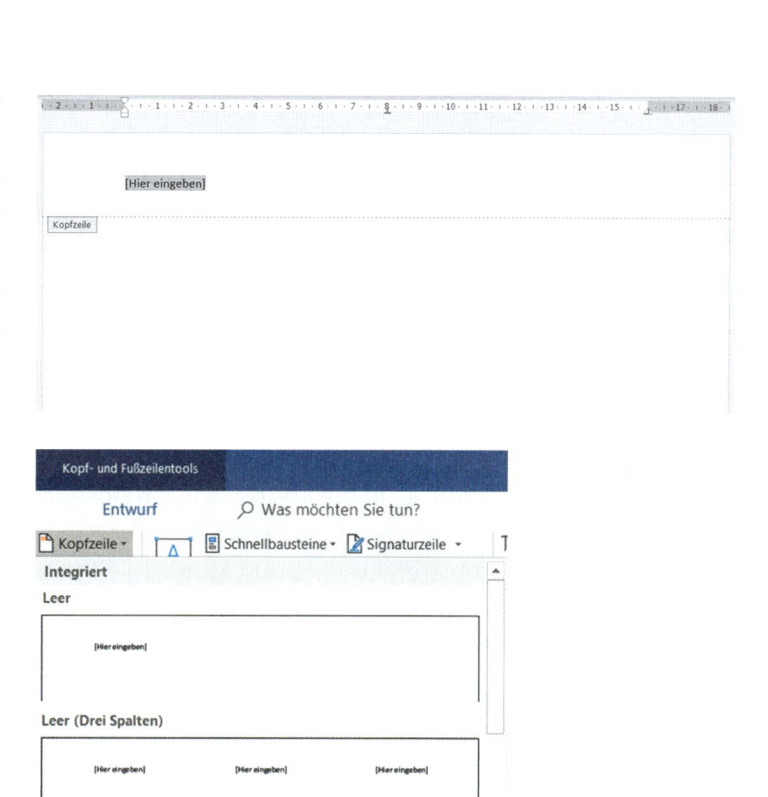

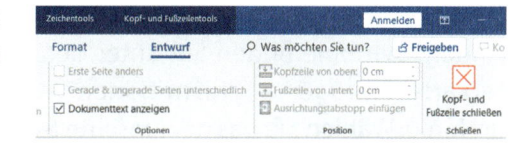

Lernfeld: In der Arbeitswelt orientieren, ein berufliches Selbstverständnis entwickeln und sich bewerben

Kopf- und Fußzeilen bearbeiten

Wollen Sie bereits bestehende Kopf- und Fußzeilen weiterbearbeiten, müssen Sie diesen Bereich erneut aktivieren. Doppelklicken Sie dazu im Kopf- bzw. Fußzeilenbereich. Die Überarbeitung findet über die kontextbezogene Registerkarte Kopf- und Fußzeilentools/ Entwurf statt.

Absender in der Kopfzeile gestalten

Fügen Sie in die Kopfzeile Ihren Absender und formatieren Sie Ihn nach Ihren Vorstellungen. Probieren Sie mehrere Möglichkeiten aus, bis Sie sich endgültig entscheiden bzw. gestalten Sie den Absender des Unternehmens.

Möchten Sie einen waagerechten Strich hinzufügen, so gehen Sie auf die Registerkarte Einfügen – Formen. Wählen Sie die gerade Linie aus und ziehen Sie diese waagerecht zwischen Name und Straße. Markieren Sie die Linie und klicken Sie auf die rechte Maustaste und formatieren Sie anschließend die Linie in Ihrer gewünschen Farbe und Strichstärke oder -form.

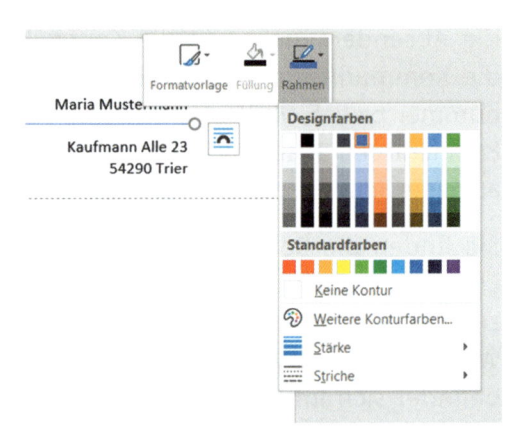

Symbole einfügen

Für die Absenderangaben können Sie auch entsprechende Symbole verwenden.

Unter der Registerkarte Einfügen – Symbole – Symbol wählen Sie das gewünschte Zeichen.

Durch Schriftartwechsel z. B. Wingdings werden andere Symbole angezeigt.

Andere Symbole finden Sie unter der Registerkarte Einfügen – Illustrationen – Piktogramme. Wählen Sie das gewünschte Symbol.

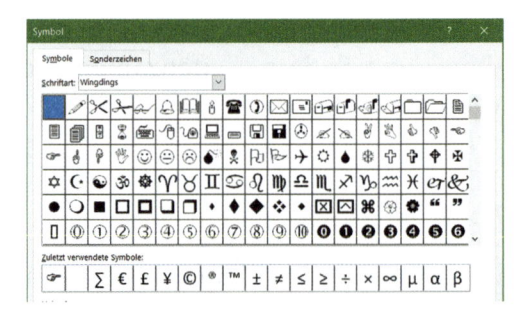

8. Manual: Word-Funktionen

Dokumentvorlagen erstellen

Das Layout z. B. für Ihre Bewerbungsunterlagen oder Ihres Informationsblatt haben Sie erstellt. Speichern Sie sie nun in eine eigene Dokumentvorlage unter einem aussagekräftigen Dateinamen ab. Auf diese Dokumentvorlage können Sie dann immer wieder zurückgreifen.

Speichern

Um eine neu erstellte Vorlage zu speichern, muss unter der Registerkarte Datei – Speichern unter wie gewohnt der Dateiname angegeben und zusätzlich der Dateityp Word-Vorlage (.dotx) ausgewählt werden.

Achten Sie darauf, dass die Dokumentvorlage im Benutzerdefinierte-Office-Vorlagen abgespeichert wird, damit sie unter Neu unter Persönlich erscheint.

Der Dateibutton erhält einen blauen Balken (normales Dokument = kein Balken). Word vergibt die Datei-Endung *.dotx.

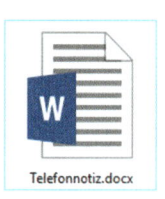

Öffnen

Die so gespeicherte Vorlage finden Sie unter der Registerkarte Datei – Neu – Persönlich wieder. Sie können Ihre Vorlage nun nicht mehr versehentlich ändern.

Lernfeld: In der Arbeitswelt orientieren, ein berufliches Selbstverständnis entwickeln und sich bewerben

Seitenzahl einfügen

Diesen Befehl finden Sie unter der Gruppe Kopf- und Fußzeile – Seitenzahl – Seitenzahlen.

Klicken Sie auf den Eintrag Seitenende, wählen Sie im Untermenü den Eintrag Einfache Zahl.

Klicken Sie auf die Schaltfläche Kopf- und Fußzeile schließen – oder klicken Sie doppelt in den Textbereich.

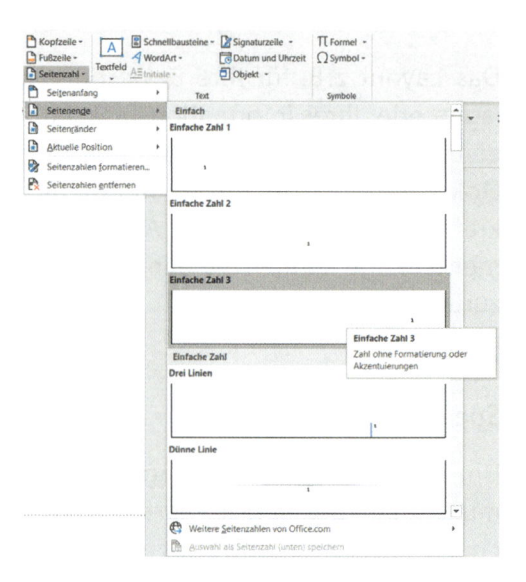

Datei speichern

Wenn Sie einen Text schreiben, befindet er sich zunächst im Arbeitsspeicher, der nach jedem Ausschalten des Rechners gelöscht wird. Damit Ihr Text nicht verloren geht, müssen Sie ihn vorher speichern, z. B. auf die Festplatte oder auf den USB-Stick.

Den Speicherbefehl erreichen Sie auf der Registerkarte Datei. Klicken Sie dann auf Speichern unter oder benutzen Sie die Funktionstaste F12. Nun öffnet sich ein Dialogfenster. Hier können Sie den Speicherort bestimmen (z. B. Festplatte C:, Wechselträger E:) und Ihrer Datei einen Namen geben.

Ihr Dokument können Sie direkt in ein anderes Format (z. B. **PDF-Datei**) abspeichern. Dazu gehen Sie auf Dateityp und klicken auf Ihr gewünschtes Format. Nachdem Sie alle Einstellungen vorgenommen haben, gehen Sie auf Speichern.

Zwischenspeichern

Speichern Sie Ihren Text nicht erst nach Fertigstellung ab. Durch „Abstürzen" des Rechners oder durch Stromausfall wäre Ihre Arbeit verloren. Sichern Sie deshalb Ihre Arbeit zwischendurch ab. Hier können Sie das Tastenkürzel STRG + S oder das Symbol Speichern in der Symbolleiste für den Schnellzugriff verwenden.

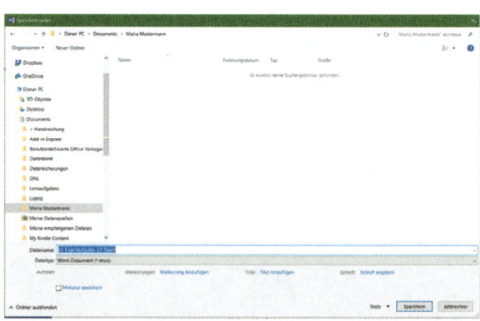

8. Manual: Word-Funktionen

Text erfassen

Beginnen Sie nun, Ihren Text einzugeben. Schreiben Sie den Text fortlaufend. Achten Sie darauf, dass Sie nach einem Absatz eine Leerzeile lassen.

Neue Seite einfügen

Wenn Sie eine neue Seite einfügen möchten, drücken Sie die Tastenkombination Strg + Return.

Neuer Abschnitt

Für jedes neue Kapitel sollten Sie einen Abschnittswechsel vornehmen. Setzen Sie die Einfügemarke an die Position, an der Sie den Abschnittswechsel vornehmen möchten.

Klicken Sie auf der Registerkarte Layout in der Gruppe Seite einrichten auf die Schaltfläche Umbrüche. Wählen Sie Ihren gewünschten Abschnittswechsel (Fortlaufend = wenn keine neue Seite angelegt werden soll; Nächste Seite = wenn Sie einen Seitenumbruch wünschen).

Befehle rückgängig machen

Da Word sämtliche Bearbeitungs- und Formatierungsschritte registriert, besteht für Sie die Möglichkeit, mehrere Befehle bzw. den zuletzt ausgeführten wieder rückgängig zu machen.

Klicken Sie in der Symbolleiste für den Schnellzugriff auf die Schaltfläche Rückgängig oder die Tastenkombination STRG + Z; zum Wiederherstellen benutzen Sie STRG + Y oder die entsprechende Schaltfläche.

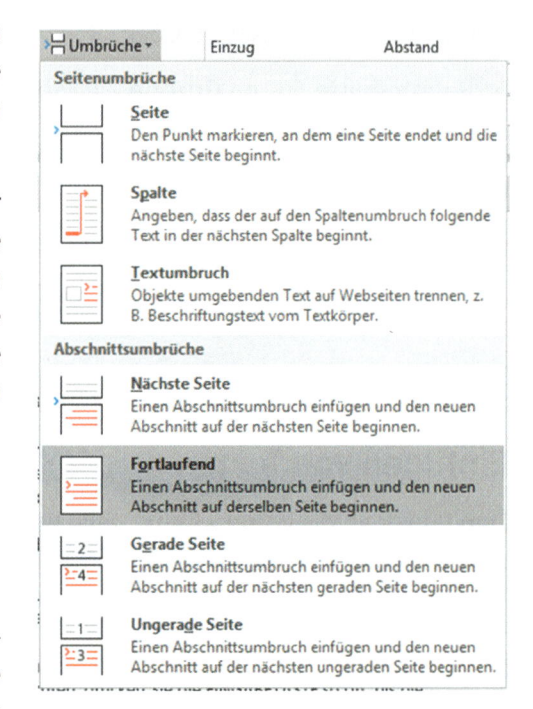

**Lernfeld: In der Arbeitswelt orientieren,
ein berufliches Selbstverständnis entwickeln und sich bewerben**

Ausschneiden von Texten

Den Textteil markieren und über

- Registerkarte Start – Gruppe Zwischenablage – Befehl Ausschneiden oder
- Shortcut Strg + x oder
- Kontextmenü (rechte Maustaste) Ausschneiden

den Inhalt in den Zwischenspeicher speichern.

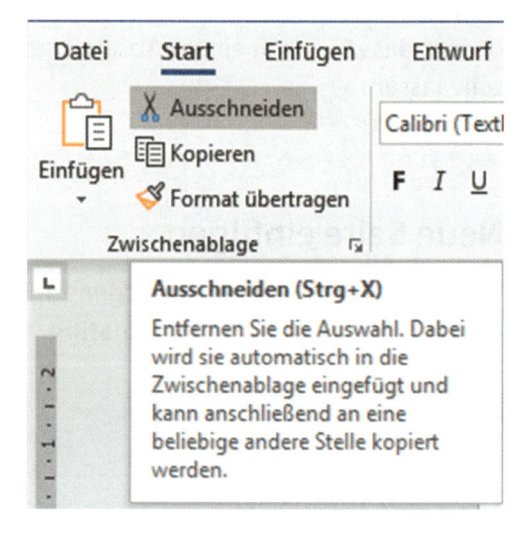

Kopieren von Texten

Den Textteil markieren und über

- Registerkarte Start – Gruppe Zwischenablage – Befehl Kopieren oder
- Shortcut Strg + c oder
- Kontextmenü (rechte Maustaste) Kopieren

den Inhalt in den Zwischenspeicher speichern.

Einfügen von Texten

Den Cursor an die vorgesehene Stelle bringen und den ausgeschnittenen bzw. kopierten Textteil über die

- Registerkarte Start – Gruppe Zwischenablage – Befehl Einfügen oder
- Shortcut Strg + v oder
- Kontextmenü (rechte Maustaste) Einfügen

den Inhalt des Zwischenspeichers einfügen.

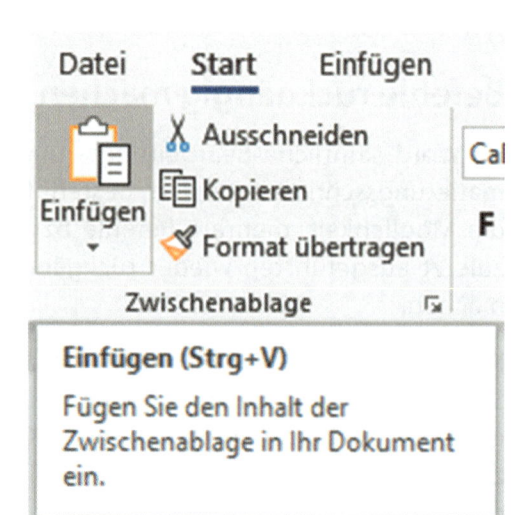

8. Manual: Word-Funktionen

Text suchen

Bei umfangreichen Dokumenten ist es oft schwierig, eine bestimmte Textstelle oder ein bestimmtes Wort im Text schnell zu finden. Word hilft Ihnen dabei mit der Funktion Suchen.

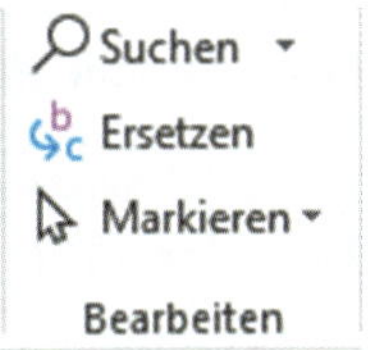

Außerdem bietet Word an, Begriffe, Zeichen oder Sonderzeichen, die in einem Dokument häufiger vorkommen, gezielt zu ersetzen.

Über die Registerkarte Start – Gruppe Bearbeiten – Befehl Suchen öffnet sich rechts der Aufgabenbereich Navigation oder drücken Sie Strg + F. Geben Sie im Textfeld den Suchbegriff ein. Word durchsucht das gesamte Dokument und listet alle Fundstellen im Aufgabenbereich auf.

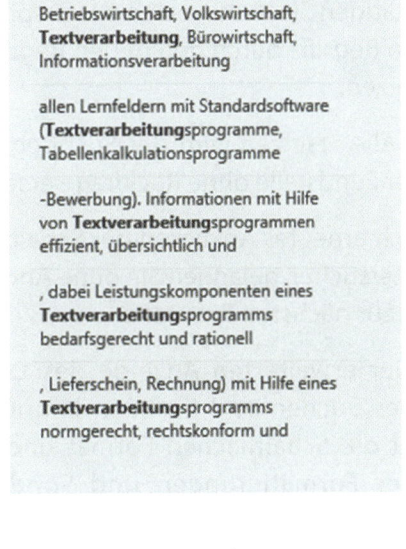

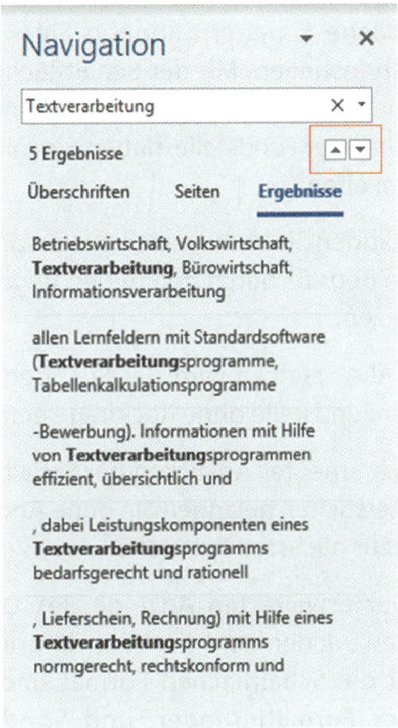

Klicken Sie auf den nach unten bzw. auf den nach oben zeigenden Pfeil, um zu den jeweiligen Fundstellen zu kommen. Sie bekommen die Textstellen sowohl im Aufgabenbereich angezeigt als auch rechts im Dokument selbst.

Weitere Suchmöglichkeiten

Klicken Sie im Aufgabenbereich Navigation auf den rechten Pfeil und öffnen Sie das Dialogfeld Suchoptionen.

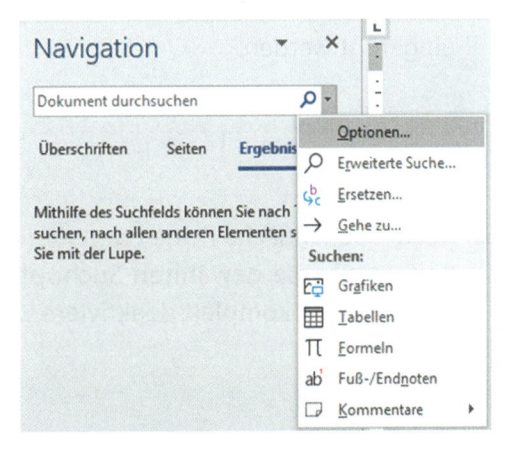

Aktivieren bzw. deaktivieren Sie die gewünschten Optionen. Eine recht häufig verwendete Option ist Platzhalter verwenden. Sie können mit einem „?" oder „*" alle Suchbegriffe mit einem bestimmten Wortstamm finden, z. B. bei „leben*" wird auch lebendig gefunden.

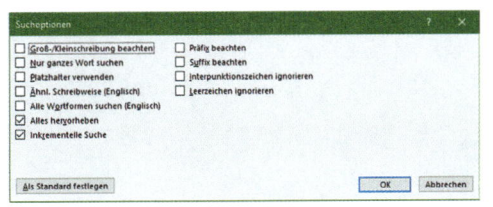

151

Lernfeld: In der Arbeitswelt orientieren, ein berufliches Selbstverständnis entwickeln und sich bewerben

Texte ersetzen

Über die Registerkarte Start – Gruppe Bearbeiten – Befehl Ersetzen erreichen Sie das Dialogfeld Ersetzen.

Geben Sie im Dialogfeld Ersetzen im Listenfeld das Suchwort (= zu ersetzender Begriff) und das Ersatzwort ein. Durch Anklicken der Schaltfläche Erweitern können Sie weitere Kriterien festlegen. Mit der Schaltfläche Weitersuchen starten Sie die Suche. Stoppt die Suche an einer Fundstelle, haben Sie folgende Möglichkeiten:

- Bestätigen Sie das Ersetzen des ursprünglichen Begriffs durch den neuen Begriff mit Ersetzen.

- Mit Alle Ersetzen wird der Suchbegriff an jeder Fundstelle ohne Rückfrage ersetzt.

- Durch erneutes Anklicken der Schaltfläche Weitersuchen gelangen Sie ohne Änderungen zur nächsten Textstelle.

- In der erweiterten Anzeige des Dialogfeldes Suchen und Ersetzen können Sie über die Schaltflächen Format und Sonstiges Formatierungen und Sonderzeichen suchen und ersetzen lassen, z. B. geschützte Leerschritte können hinterher eingefügt werden.

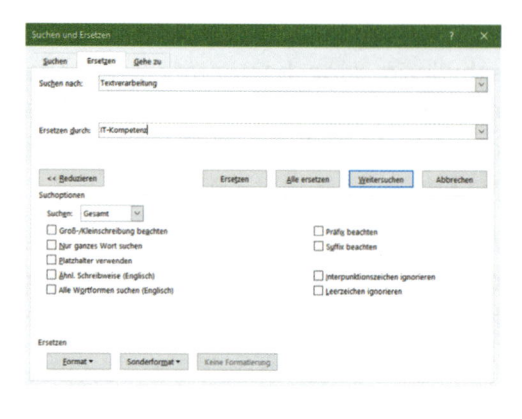

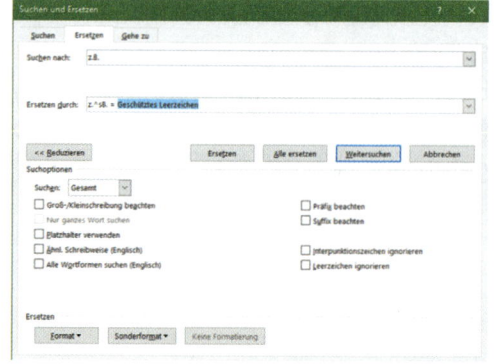

- Mit der Schaltfläche Keine Formatierungen können Sie die gewählten Suchoptionen im Dialogfeld komplett deaktivieren.

Zeichenformatierung

Markierte Textteile können Sie schnell über die Registerkarte Start – Gruppe Schriftart gestalten.

Alle zur Verfügung stehenden Zeichenformatierungen finden Sie unter dem Dialogfeld Schriftart. Dieses wird mit STRG + D geöffnet oder Sie klicken rechts unten auf das Startprogramm.

Unter der Registerkarte Zeichenabstand können Sie die Wörter sperren, indem Sie die Laufweite um eine entsprechende pt-Zahl erweitern.

Absatzformatierung

Markierte Textobjekte können Sie auch mit Absatzattributen gestalten. Direkt sind sie über die Registerkarte Start – Gruppe Absatz zu erreichen.

Alle Absatzformatierungen finden Sie rechts unten unter dem Startprogramm Absatz. Die Absatzattribute (Einzug rechts oder links, Zeilenabstand, Absatzabstand) beziehen sich immer auf einen oder mehrere Absätze, also den Textbereich zwischen zwei Absatzschaltungen.

Spaltenformatierung

Markieren Sie den Text, der in mehrere Spalten angeordnet werden soll. Über die Registerkarte Seitenlayout – Gruppe Seite einrichten – Befehl Spalte – Weitere Spalten erreichen Sie das Dialogfeld Spalten.

Tipp: Damit die Spalten gleich lang werden, markieren Sie hinter dem Text nicht die Zeilenschaltung.

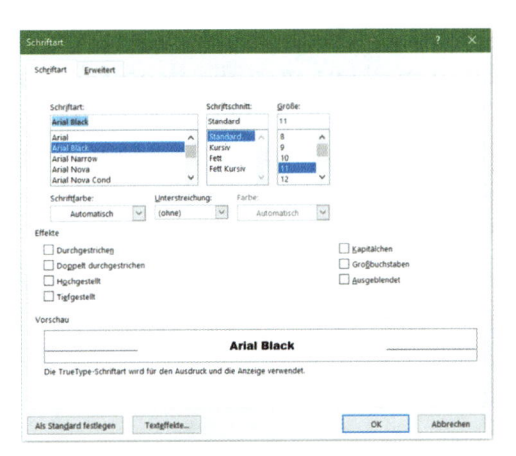

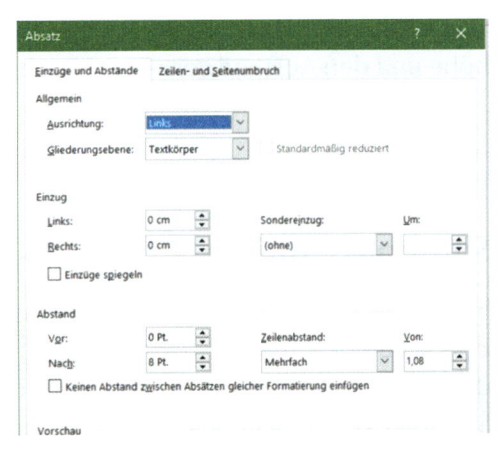

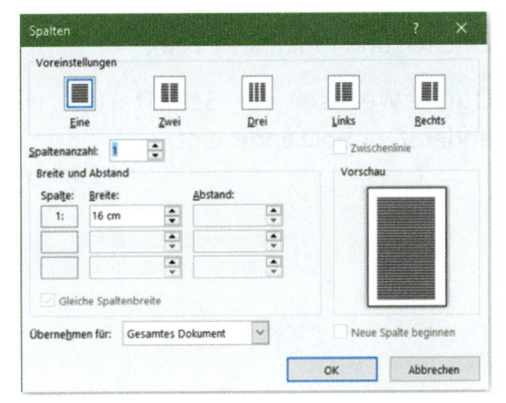

Lernfeld: In der Arbeitswelt orientieren, ein berufliches Selbstverständnis entwickeln und sich bewerben

Format übertragen

Wenn mehrere Textstellen gleich formatiert werden, arbeitet man rationell mit dem Befehl Format übertragen. Diesen finden Sie in der Registerkarte Start – Gruppe Zwischenablage – Befehl Format übertragen.

Dazu markiert man die richtig formatierte Textstelle und klickt mit der Maus das Symbol Format übertragen an. Der Mauszeiger wird zu einem Pinsel. Mit diesem Pinsel kann nun die gewünschte Textstelle formatiert werden.

TIPP: Wenn mehrere Textstellen mit diesem Format gestaltet werden sollen, müssen Sie auf das Symbol Format übertragen **doppelt** klicken.

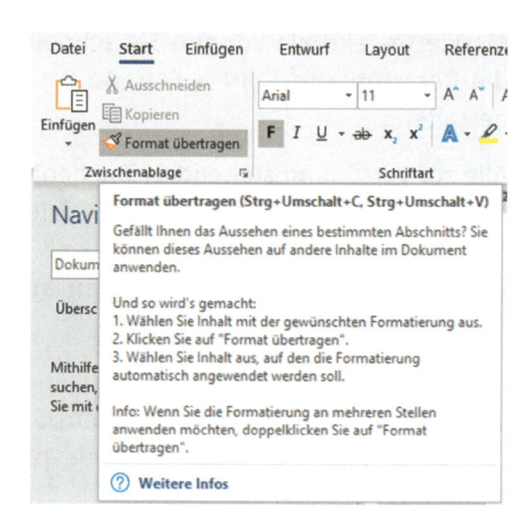

Initial einfügen

Repräsentative Texte werden gerne mit Initialen gestaltet. Über die Registerkarte Einfügen – Gruppe Text – Befehl Initial – Initialoptionen wird das Dialogfeld Initial aufgerufen.

Hier können Sie die Position, Schriftart, Initialhöhe und den Abstand vom Text angeben.

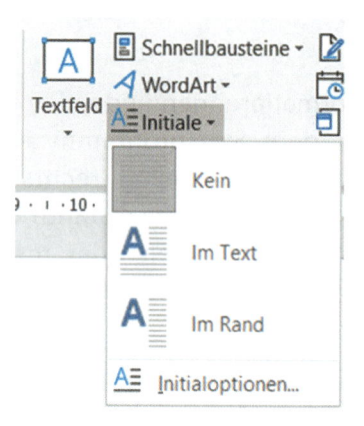

Symbole einfügen

In der Registerkarte Einfügen – Gruppe Symbole – Befehl Symbol – Weitere Symbole finden Sie das Dialogfeld Symbol. Hier können Sie unter der Registerkarte Symbol Zeichen auswählen. Markieren Sie das gewünschte Zeichen und fügen Sie es ein.

Durch Wechsel der Schriftarten werden andere Symbole angezeigt.

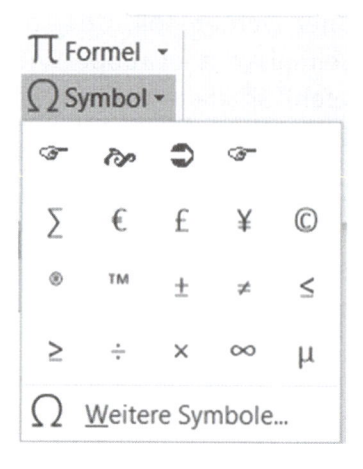

8. Manual: Word-Funktionen

Schattierung einstellen

Auf der Registerkarte Start – Gruppe Absatz – Befehl Schattierung können Sie das Dialogfeld Designfarben öffnen.

Hier wählen Sie die entsprechende Farbschattierung aus. Möchte man andere Farbnuancen, so geht man auf Weitere Farben. Möchte man die Schattierung entfernen, so wird die Textstelle markiert und im Dialogfeld Keine Farbe angeklickt.

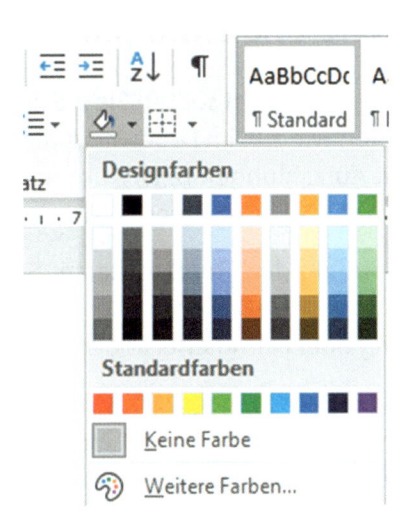

Schattierung einstellen

Auf der Registerkarte Start – Gruppe Absatz – Befehl Rahmen – (ganz unten) Rahmen und Schattierung können Sie das Dialogfeld Rahmen und Schattierung öffnen.

Nun wählen Sie die Linienart, Farbe und Breite aus und unter Übernehmen für: den Bereich des Rahmens. In der Vorschau können einzelne Linien angeklickt werden.

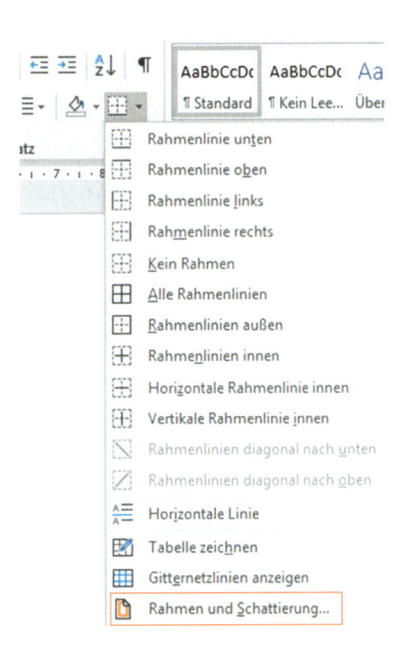

Seitenrand gestalten

Wählen Sie von dem Dialogfeld Rahmen und Schattierung die Registerkarte Seitenrand aus. Hier können Sie für die ganze Seite Ränder mit und ohne Effekte einfügen und rechts unten unter Übernehmen für: den Bereich des Seitenrandes auswählen.

Tipp: Wird beim Ausdruck ein Linienrand nicht angezeigt, kann unter Optionen – gemessen von der Abstand vom Text eingestellt werden.

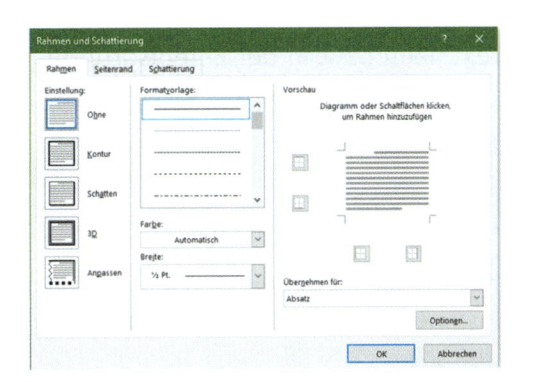

Lernfeld: In der Arbeitswelt orientieren, ein berufliches Selbstverständnis entwickeln und sich bewerben

Aufzählung bzw. Nummerierung einfügen

Zur besseren Übersicht sollten Sie z. B. in Ihren Dokumenten wie z. B. im Lebenslauf die Tätigkeiten mit Aufzählungen bzw. Nummerierungen auflisten. Dazu markieren Sie Ihren Text.

Wählen Sie in der Registerkarte Start – Befehlsgruppe Absatz – entweder den Befehl Aufzählung oder Nummerierung aus.

Ist das Gewünschte eingestellt, so können Sie sehr schnell über das Symbol – auf den rechten Pfeil klicken – Ihre Aufzählung oder Nummerierung aktivieren.

Wünschen Sie für die Nummerierung oder Aufzählung ein anderes Zahlenformat oder ein anderes Symbol, so gehen Sie über den Befehl Nummerierung auf Neues Zahlenformat definieren oder über den Befehl Aufzählung auf Neues Aufzählungszeichen definieren.

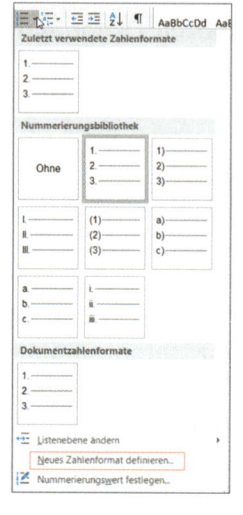

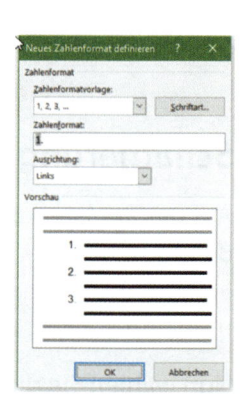

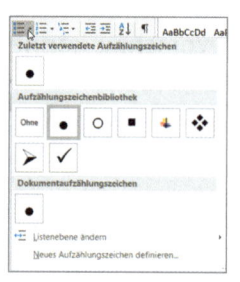

DIN 1421

Nach der DIN 1421 steht die Aufzählung/Nummerierung links an der Fluchtlinie, und Beginn und Ende sind vom folgenden Text jeweils durch eine Leerzeile zu trennen.

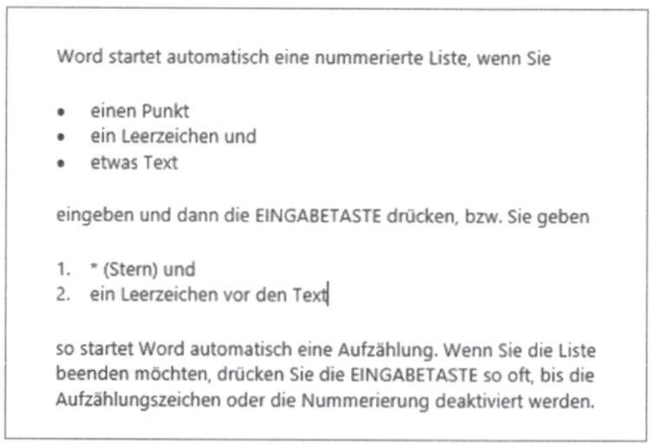

Sie setzen eine Leerzeile zwischen die Aufzählungsglieder, indem Sie eine geschützte Zeilenschaltung SHIFT + Return vornehmen.

Klicken Sie mit der rechten Maustaste im Kontextmenü bzw. in der Befehlsgruppe Absatz auf Einzug verkleinern

Liste neu nummerieren

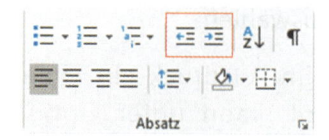

Klicken Sie mit der rechten Maustaste auf den Listeneintrag, ab dem neu nummeriert werden soll.

Klicken Sie mit der rechten Maustaste im Kontextmenü auf Neu beginnen mit 1 oder wählen Sie eine andere gewünschte Option aus.

Dokument erstellen

Tabstopp setzen

Natürlich können Sie z. B. Übersichten oder Ihren Lebenslauf auch mit Tabstopps formatieren. Dies ist allerdings umständlicher, und es gibt nicht so vielseitige Gestaltungsmöglichkeiten wie mit der Tabellenfunktion.

Dazu setzen Sie die Tabtaste an Ihre gewünschte Position.

Gehen Sie auf die Registerkarte Start – Gruppe Absatz unten rechts auf das Startprogramm – Tabstopps und geben Sie im Dialogfeld Tabstopps die gewünschte Tabstopp-Position ein.

Weiterhin ist die gewünschte Ausrichtung (links, zentriert, rechts, dezimal) anzugeben und ob Sie den Zwischenraum zwischen den Wort- oder Zahlenkolonnen mit Punkten, Strichen oder einer Linie auffüllen wollen. Bestätigen Sie Ihre Auswahl mit der Schaltfläche Festlegen.

Die Standard-Tabstopps im Abstand von 1,25 cm erscheinen im Zeilenlineal als senkrechte hellgraue Linien.

Arbeiten Sie rationell

Über das Zeilenlineal können Sie die Tabstopps sehr schnell setzen. Klicken Sie am linken Linealende die Schaltfläche an, um die gewünschte Ausrichtung des Tabulatorstopps festzulegen. Setzen Sie anschließend den Mausanzeiger an die gewünschte Position im Zeilenlineal und bestätigen Sie die Position mit der linken Maustaste.

Tabstopp verschieben

Um einen Tabstopp zu verschieben, klicken Sie mit der Maus auf den gesetzten Tabstopp und ziehen ihn anschließend mit gedrückter Maustaste an die gewünschte Position. Um einen Tabstopp millimetergenau zu setzen oder zu verschieben, muss zusätzlich zum Mausanzeiger die Alt-Taste gedrückt werden.

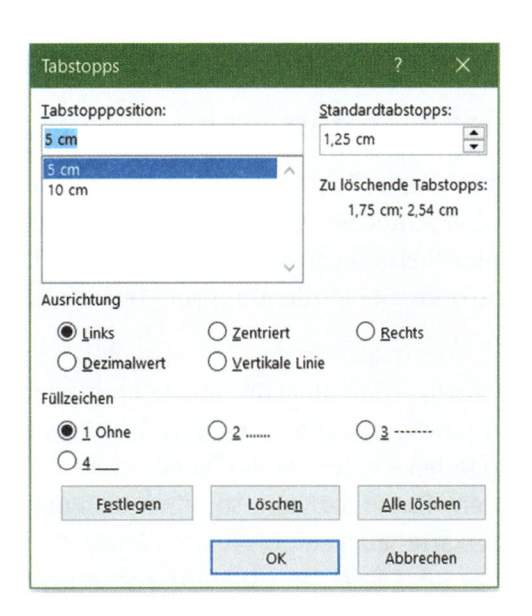

Lernfeld: In der Arbeitswelt orientieren, ein berufliches Selbstverständnis entwickeln und sich bewerben

Ein Tabstopp im Zeilenlineal lässt sich einfach löschen, indem man mit dem Mauszeiger auf den Tabstopp klickt und mit gedrückter Maustaste den Tabstopp aus dem Lineal herauszieht und die Taste loslässt.

Tabellen gestalten

Mit dieser Tabellenfunktion formatieren Sie übersichtlicher und strukturierter. Word bietet eine Vielzahl von Möglichkeiten, Ihre Tabellen zu optischen Anziehungspunkten zu gestalten.

Auf der Registerkarte Einfügen – Befehlsgruppe Tabelle – Schaltfläche Tabelle können mit der Maus die gewünschten Zeilen und Spalten aufgerufen werden. Ist die Tabelle erstellt und mit dem Cursor aktiviert, so öffnet sich die Registerkarte Tabellentools für den Entwurf und das Layout. Diese Tools bieten sehr übersichtlich viele Gestaltungsmöglichkeiten.

Mit der Registerkarte Tabellentool – Entwurf können Sie viele Tabellen-Formatvorlagen nutzen. Sie müssen einfach nur eine Formatvorlage aussuchen. Die Gruppe Optionen für Tabellenformat ermöglicht es Ihnen, in manchen Fällen die Tabellen lesefreundlicher zu gestalten.

Die Gruppe Rahmenlinien zeichnen ermöglicht, Linien, Linienstärke und Farbe auszusuchen. Mit dem Radierer können Linien entfernt werden. Sie können auch eine komplexe Tabelle zeichnen, die unterschiedliche Zeilen oder unterschiedlich viele Spalten pro Zeile enthält. Wenn Sie auf den rechten unteren Pfeil klicken, so öffnet sich das Dialogfeld Rahmen und Schattierung.

Mit der Registerkarte Tabellentool – Layout stellt Word Ihnen viele Werkzeuge zur Tabellengestaltung zur Verfügung.

Die Gruppe Zeilen und Spalten ermöglicht, Zeilen und Spalten einzufügen und zu löschen.

Eine Tabelle, in der die Zeilen unterschiedlich hoch sind, wirkt sehr unruhig auf den Leser. Hier bietet die Gruppe Zellengröße an, Zeilen und Spalten gleichmäßig zu verteilen, um Zeilenhöhe und Spaltenbreite einander anzupassen.

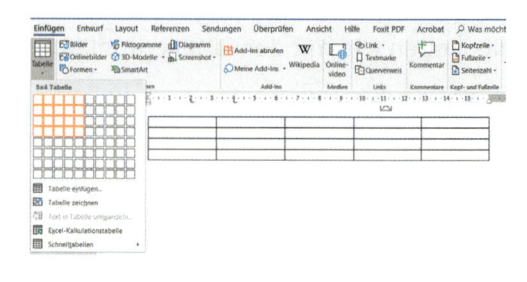

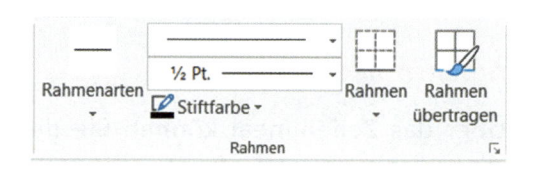

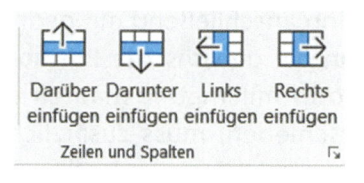

Die Gruppe Ausrichtung ermöglicht, den Text in der Zelle an entsprechende Positionen zu bringen. Außerdem kann der Text in verschiedene Richtungen fließen.

Die Gruppe Zusammenführen bietet Befehle, um Zellen zu verbinden, Zellen zu teilen bzw. die Tabelle zu teilen. Sie können in derselben Zeile bzw. Spalte zwei oder mehrere Zellen zu einer einzigen Zelle verbinden.

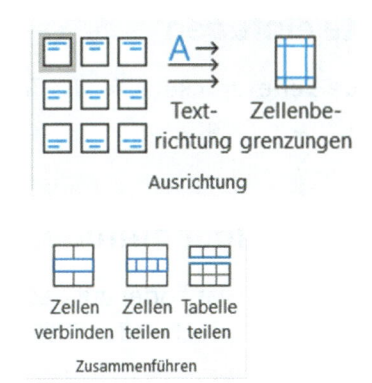

Tabellarischen Lebenslauf gestalten

Öffnen Sie Ihre Dokumentvorlage „Bewerbungsvorlage". Schreiben Sie „Lebenslauf" in einem etwas größeren Schriftgrad (z. B. 16 pt).

Fügen Sie eine dreispaltige Tabelle ein, markieren Sie die Tabelle und gestalten Sie Ihren Tabellenrahmen – Kein Rahmen. Das Gitternetz/Rasterlinien sollte eingeschaltet sein.

Markieren Sie die Tabelle – gehen Sie auf Tabelleneigenschaften. Stellen Sie unter der Registerkarte Spalte – Bevorzugte Breite auf 7 cm, die zweite Spalte auf 1,25 cm und die dritte Spalte auf 8 cm. Anschließend stellen Sie unter Registerkarte Zelle – Höhe definieren auf 0,8 cm. Stellen Sie die Zellenausrichtung auf links zentriert. Verwenden Sie für jedes Leitwort eine neue Zeile. Mit der Tabtaste erstellen Sie eine neue Zeile.

Gestalten Sie Ihren Lebenslauf individuell. Formatieren Sie Ihren Lebenslauf so, dass die Schwerpunkte hervorgehoben werden. Dazu bietet das Textverarbeitungsprogramm vielseitige Möglichkeiten.

Lebenslauf mit mehreren Seiten

Benötigen Sie für den Lebenslauf mehrere Seiten, so teilen Sie am besten die Tabelle an der Stelle, die auf die neue Seite soll. Stellen Sie den Cusor in die erste Zelle der Zeile, die auf die nächste Seite soll.

Gehen Sie über die Registerkarte Tabellentools – Layout – Gruppe Zusammenführen – Tabelle teilen.

Lebenslauf

Meine persönlichen Daten	
Geburtstag	14. April 19..
Geburtsort	Trier
Schulbildung	
Von September 20.. bis	

Lebenslauf

Meine persönlichen Daten	
Geburtstag	14. April 19..
Geburtsort	Trier
Schulbildung	
Von September 20.. bis	

Sprachkenntnisse	
Englisch	Verhandlungsicher
Fransösisch	Basiskentnisse
IT-Kompetenz	
Word	–

Freizeitaktivitäten	
	Wandern ...

© Verlag Europa-Lehrmittel

Lernfeld: In der Arbeitswelt orientieren, ein berufliches Selbstverständnis entwickeln und sich bewerben

Neue Seite einfügen

Für eine neue Seite drücken Sie die Tastenkombination Strg + Return.

Grafiken und Bilder einfügen

Rechts oben im Lebenslauf oder auf das Deckblatt fügen Sie ein ansprechendes Foto ein.

Auf der Registerkarte Einfügen – Gruppe Illustrationen finden Sie verschiedene Elemente zum Einfügen. Klicken Sie auf das Symbol Grafik, so öffnet sich der Dateimanager, Sie wählen das entsprechende Laufwerk/Verzeichnis und fügen Ihr gewünschtes Bild ein.

Innerhalb des Textes gibt es mehrere Möglichkeiten, Grafiken zu positionieren. Sehr rationell geht es über die Schaltfläche Textfluss in der Symbolleiste Grafik oder über das Kontextmenü Grafik formatieren – Layout. Markieren Sie die Grafik oder das Bild und verändern Sie den Textfluss auf Oben und unten.

Bildgröße verändern

Markieren Sie Ihre Grafik. Zeigen Sie mit der Maus auf die Ziehpunkte. Der Mauszeiger verändert sich in einen Doppelpfeil. Ziehen Sie mit gedrückter Maustaste einen der Ziehpunkte nach innen bzw. nach außen, um das Bild zu verkleinern bzw. zu vergrößern. Beim Ziehen wird der Mauszeiger als Pluszeichen angezeigt. Lassen Sie die Maustaste los, wenn die gewünschte Größe erreicht ist.

Screenshot erstellen

Bei einem Screenshot handelt es sich um ein Bild, welches den vollständigen Bildschirminhalt enthält, der zum Zeitpunkt der Aufnahme angezeigt wurde.

Die Funktion unter der Registerkarte Einfügen – Gruppe Illustrationen – Screenshot. Dort stehen alle geöffneten Dateien zur Verfügung.

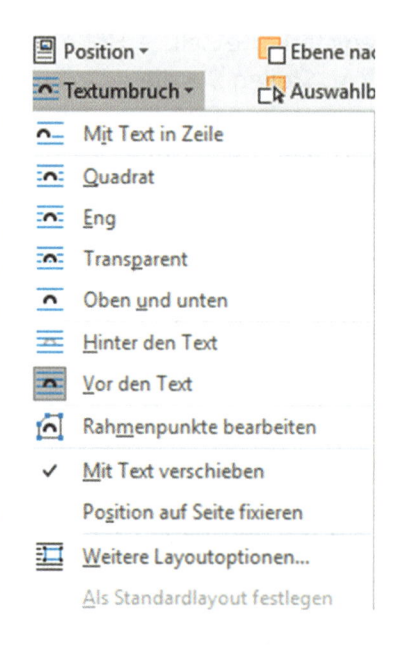

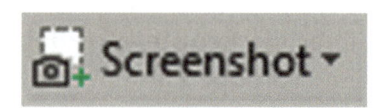

Schaubilder erstellen

In Word, aber auch in PowerPoint lassen sich sehr einfach ansprechende Schaubilder erstellen. Es stehen Ihnen vielfältige Illustrationen zur Verfügung.

Klicken Sie auf die Registerkarte Einfügen – Gruppe Illustrationen – Schaltfläche Formen. Suchen Sie sich im Katalog die gewünschte Form aus, klicken sie mit der linken Maustaste an und ziehen sie in entsprechender Größe in Ihren Textbereich.

Die Formen lassen sich beschriften, indem Sie mit der rechten Maustaste das Kontextmenü öffnen und auf Text hinzufügen gehen.

Es öffnet sich nun zusätzlich die Registerkarte Format. Damit können Sie nun das Erscheinungsbild (Farben, Strichstärken, Schattierungen) der Form verändern.

Die SmartArt-Grafik bietet viele Möglichkeiten, ein Thema visuell darzustellen, sei es die Befehlsstruktur am Arbeitsplatz oder ein Flussdiagramm eines Projektes.

Klicken Sie auf die Registerkarte Einfügen – Gruppe Illustrationen – SmartArt. Wählen Sie den gewünschten Typ aus. Klicken Sie auf die Kategorie, lesen Sie die Beschreibung und klicken Sie auf OK.

Klicken Sie links auf das erste Element im Textbereich und geben Sie den Text ein.

Wird der Textbereich nicht angezeigt, klicken Sie unter der Registerkarte SmartArt-Tools auf die Registerkarte Entwurf – Textbereich. Drücken Sie die Tab-Taste oder den Pfeil nach unten, um zum nächsten Element zu wechseln. Mithilfe der Registerkarte Entwurf können Sie die Optik und den Aufbau verändern.

Ganz rechts in der Multifunktionsleiste bzw. im Menüband können Sie auf die Schaltfläche Grafik zurücksetzen klicken, um alle Änderungen rückgängig zu machen.

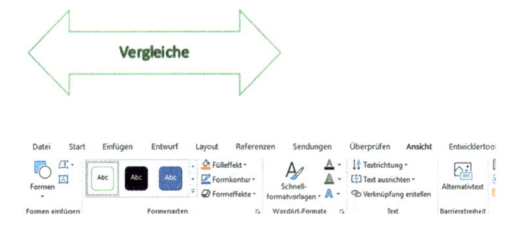

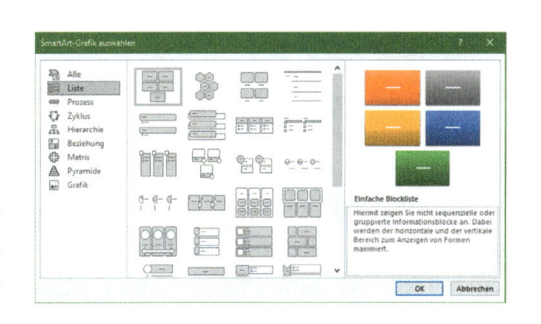

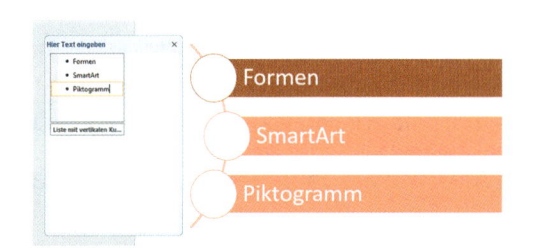

Lernfeld: In der Arbeitswelt orientieren, ein berufliches Selbstverständnis entwickeln und sich bewerben

Abbildungen einfügen

In Fachtexten werden Sie zum besseren Verständnis sicherlich Diagramme, Grafiken bzw. Tabellen einfügen. Word verfügt über verschiedene Möglichkeiten zum Einfügen von Objekten in ein Dokument. Sie können beispielsweise ein Objekt, ein Diagramm oder eine Tabelle auf einfache Weise kopieren.

Sie können eine Tabelle auch als Objekt einfügen oder verknüpfen. Verknüpfen und Einfügen unterscheiden sich im Ort, an dem die Daten gespeichert werden, und in der Art der Aktualisierung nach dem Einfügen in das Dokument.

Bei der Verknüpfung enthält das Word-Dokument lediglich einen Verweis auf die Originaldaten (z. B. einer Excel-Tabelle). Die Verknüpfung ist eine Pfadangabe, die festhält, wo die Datei eines Objektes zu finden ist und welche eingefügt wurde.

Der Vorteil einer Verknüpfung ist zunächst, dass z. B. die Excel-Tabelle, welche in ein Word-Dokument eingefügt wird, dort automatisch aktualisiert wird, wenn sich Änderungen in der Quelldatei ergeben. Ein weiterer Vorteil ist, dass eine Pfadangabe platzsparender ist als die sogenannte Einfügung. Allerdings darf die Quelldatei nicht gelöscht oder zerstört werden.

Gehen Sie auf die Registerkarte Einfügen – Ordner Text – Befehl Objekt. Hier öffnen Sie das Registerblatt Aus Datei erstellen und suchen Ihre entsprechende Excel-Datei mit einem Doppelklick aus.

Aktivieren Sie Verknüpfen und klicken auf OK.

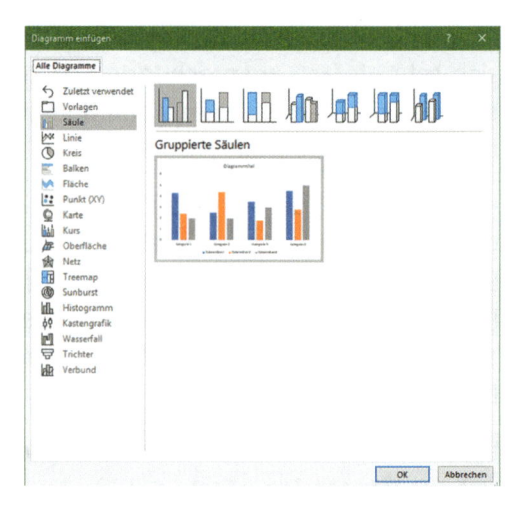

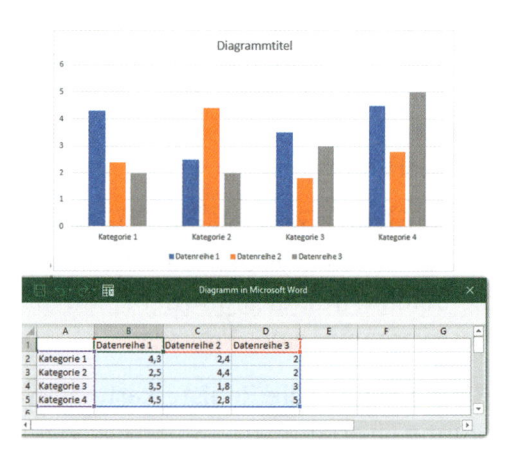

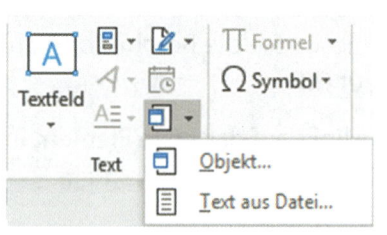

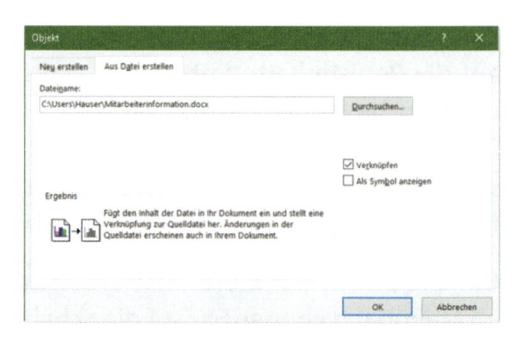

8. Manual: Word-Funktionen

Bildgröße verändern

Markieren Sie Ihre Grafik. Zeigen Sie mit der Maus auf die Ziehpunkte. Der Mauszeiger verändert sich in einen Doppelpfeil. Ziehen Sie mit gedrückter Maustaste einen der Ziehpunkte nach innen bzw. nach außen, um das Bild zu verkleinern bzw. zu vergrößern. Beim Ziehen wird der Mauszeiger als Pluszeichen angezeigt. Lassen Sie die Maustaste los, wenn die gewünschte Größe erreicht ist.

Abbildungen beschriften

Klicken Sie auf die rechte Maustaste und wählen Sie Beschriftung einfügen. Ergänzen Sie die Beschriftung – wählen Sie die Bezeichnung und die Position Über dem ausgewählten Element. Möchten Sie eine andere Bezeichnung bzw. die Abkürzung von Abbildungen verwenden, so fügen Sie unter Bezeichnung Ihren Text hinzu und positionieren den Titel der Abbildung unter dem ausgewählten Element. Wiederholen Sie den Vorgang, um die Quelle anzugeben und sie unter dem ausgewählten Element zu positionieren.

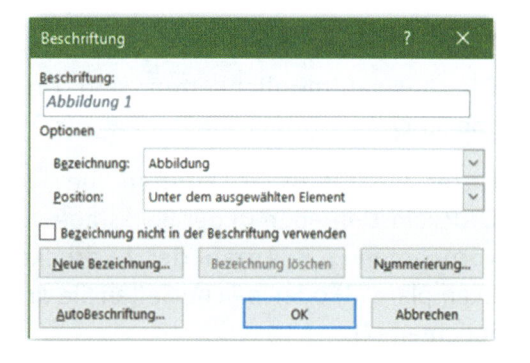

Logo erstellen

Im Internet gibt es mittlerweile einige Programme, mit denen Sie kostenlos Logos erstellen können. Allerdings können Sie mit wenigen Strichen, Formen oder Buchstaben Ihr eigenes Logo gestalten.

Unter Einfügen – Illustrationen finden Sie die Formen. Stellen Sie ein Logo zusammen. Markieren Sie die Formen, Striche oder Buchstaben. Klicken Sie auf die rechte Maustaste und gruppieren Sie alles. Fügen Sie anschließend die Grafik z. B. unter Windows-Zubehör in Paint ein und speichern Sie Ihr Logo unter *.jpg ab. Nun können Sie unter Einfügen – Grafik Ihr Logo einfügen. Nun können Sie an den Seiten diagonal ziehen, um es in die richtige Größe zu bringen.

Bevor Sie damit beginnen, sollten Sie sich Gedanken über die Farbgestaltung machen. Für ein Unternehmen, das mit Pflanzen han-

© Verlag Europa-Lehrmittel

> Lernfeld: In der Arbeitswelt orientieren, ein berufliches Selbstverständnis entwickeln und sich bewerben

delt, würde sich sehr gut Grün eignen, dagegen für eine Feuerlöscherfirma eher Rot. Auch sollte darauf geachtet werden, dass auch eine Schwarz-Weiß-Wiedergabe (Darstellung in Graustufen) möglich ist.

Drucken

Klicken Sie auf der Registerkarte Datei auf den Befehl Drucken oder benutzen Sie die Tastenkombination STRG + P.

Wählen Sie den gewünschten Drucker (1).

Danach können Sie die Einstellungen (2) ändern, z. B. Papierformat, Farbdruck usw.

Die Auswahlmöglichkeiten sind druckerspezifisch.

Unter Einstellungen können Sie weitere Druckeinstellungen in der Backstage-Ansicht vornehmen (z. B. Anzahl der zu druckenden Exemplare (3) oder welche Seiten Sie drucken möchten (4).

In der Backstage-Ansicht werden alle Einstellungsmöglichkeiten für den Drucker und das Drucken gezeigt. Das Dokument können Sie durchblättern (5).

Wenn Sie alle Einstellungen vorgenommen haben, gehen Sie auf Drucken (6), um den Ausdruck zu starten.

PDF-Datei erstellen

Unterlagen, die per E-Mail versandt werden bzw. eine Online-Bewerbung, versenden Sie am besten in den kilobytesparenden PDF-Dateien – außerdem ist es schwieriger, sie zu manipulieren. Diese Dateien werden mit dem Acrobat Reader gelesen – dieses Programm befindet sich auf fast allen Rechnern.

Erstellt werden die PDF-Dateien mit einem PDF Creator. Dieses Programm können Sie kostenlos downloaden bzw. es ist schon standardmäßig installiert.

Speichern Sie Ihre Datei unter dem Dateityp PDF ab.

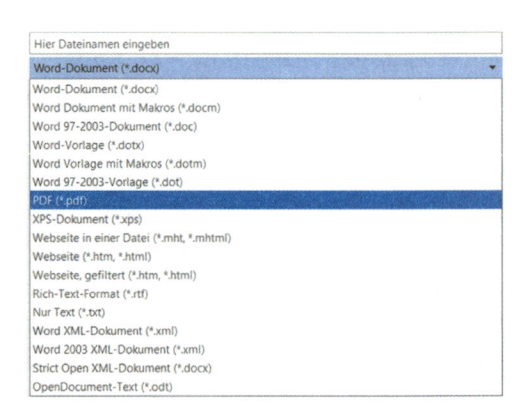

9. Manual: PowerPoint-Funktionen

Präsentationen vorbereiten

PowerPoint-Bildschirm

1. Menüband
2. Miniaturansichten
3. Aktuelle Folie
4. Registerkarte Start
5. Notizfenster
6. Foliensortierung
7. Ansicht-Schaltflächen/Zoom

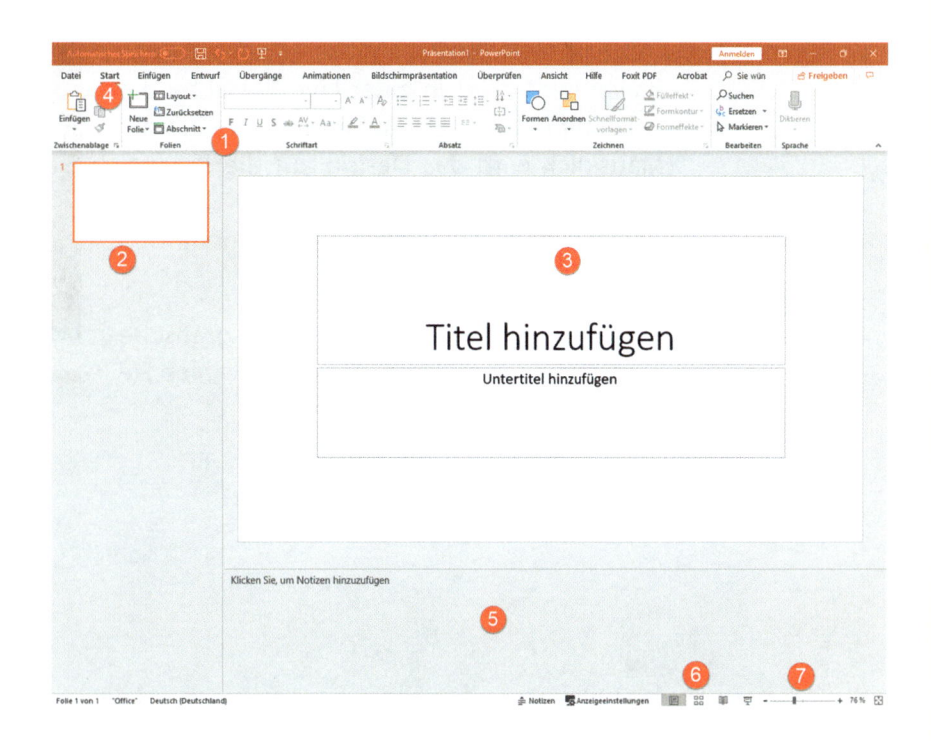

Folienansichten

1. In der **Normalansicht** ist die Bearbeitungsansicht. Sie umfasst drei Arbeitsbereiche (links die Miniaturansichten, unten den Platz für die Sprechernotizen und im großen Feld die aktuelle Folie), die es Ihnen ermöglicht, an allen Bestandteilen Ihrer Präsentation in einem Fenster zu arbeiten.

2. In der **Foliensortierungansicht** werden alle Folien der Präsentation als Miniaturansichten horizontal angeordnet angezeigt. Diese Ansicht ist nützlich, wenn Sie die Anordnung der Folien ändern müssen.

3. In der **Leseansicht** wird die Präsentation auf dem gesamten Bildschirm angezeigt.

4. In der **Bildschirmpräsentationsansicht** können Sie Ihre Präsentation einem Publikum vorführen.

© Verlag Europa-Lehrmittel

Lernfeld: In der Arbeitswelt orientieren, ein berufliches Selbstverständnis entwickeln und sich bewerben

Neue Präsentation

Wählen Sie unter der Registerkarte Datei den Eintrag Neu. Auf der rechten Seite erscheinen vielfältige Entwurfsvorlagen.

PowerPoint zeigt in einer Live-Vorschau die Folie mit dem ausgewählten Design. Erst per Mausklick wird das Design auf die Präsentation übernommen. Ein Design sollte der gesamten Präsentation zugewiesen werden und nicht nur der aktuellen Folie.

Um eine leere Präsentation ohne grafische Hintergrundelemente zu erstellen, wählen Sie in den Vorlagen Leere Präsentation.

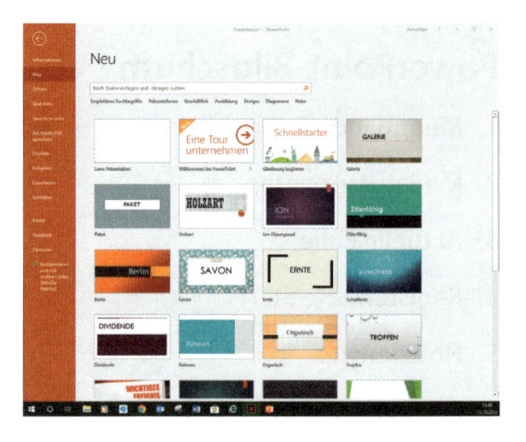

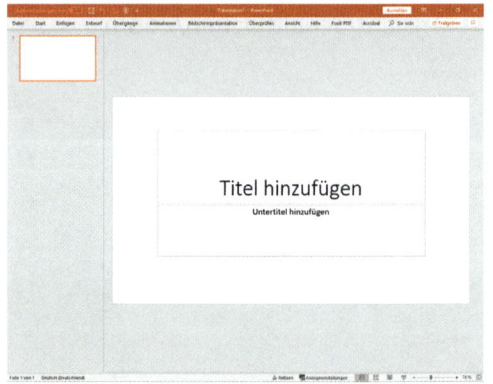

Neue Folien erstellen

Jede Präsentation besteht aus einzelnen Folien. PowerPoint bietet Ihnen für jede mögliche Anforderung Folienarten an.

Über die Registerkarte Datei – Gruppe: Folien – Neue Folie können Sie verschiedene Layouts auswählen, die Platzhalter zum Eingeben von Text und Einfügen von Objekten bereits integriert haben.

Klicken Sie in die Platzhalter, um den gewünschten Text einzugeben oder Ihr gewünschtes Objekt aufzurufen.

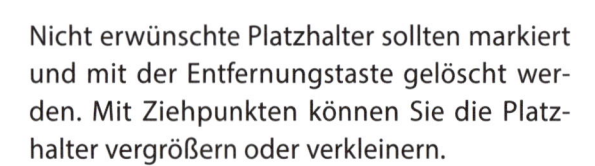

Nicht erwünschte Platzhalter sollten markiert und mit der Entfernungstaste gelöscht werden. Mit Ziehpunkten können Sie die Platzhalter vergrößern oder verkleinern.

Weitere Folien können Sie über die Registerkarte Start – Gruppe Folien – Neue Folie erstellen.

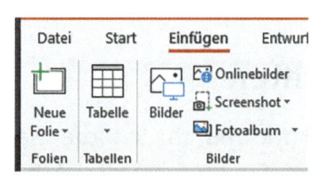

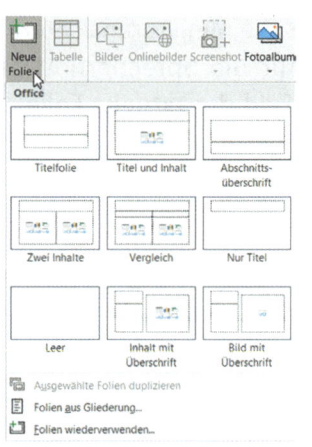

Fußzeile einfügen

Über die Registerkarte Einfügen – Gruppe: Text – Kopf- und Fußzeile werden

- Datum
- Foliennummer
- Fußzeile
- Auf Titelfolie nicht anzeigen

aktiviert. In der Masterfolienansicht können Sie die Position und Schriftgröße und -farbe bestimmen.

Masterfolie erstellen

Sie können das Erscheinungsbild Ihrer PowerPoint-Präsentationen schnell verändern, wenn Sie mit dem Folienmaster arbeiten. Sie gestalten nach Ihren Vorstellungen die Masterfolie. Später erhält jede neue Folie die zugewiesene Masterfolie. Sehr rationell können Sie nun eine Serie von Folien im einheitlichen Design anlegen.

Ein Masterfoliendesign beinhaltet: die auf der Folie vorhandenen Objekte (Textfelder, Bilder, Linien …), die Eigenschaften der auf der Folie vorhandenen Objekte (Farben, Linienstärken, Zeichen- und Absatzformatierungen …). Eingefügte Überschriften oder Texte erscheinen später nicht in der Präsentation.

Um eine eigene Masterfolie komplett neu zu erstellen, gehen Sie über Ansicht – Gruppe Masteransicht – Folienmaster. PowerPoint wechselt in die Folienmasteransicht und blendet die zugehörige Registerkarte ein.

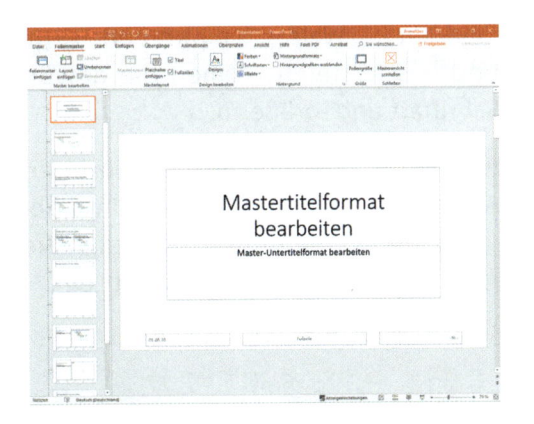

Lernfeld: In der Arbeitswelt orientieren, ein berufliches Selbstverständnis entwickeln und sich bewerben

Folienmaster einrichten

Schriftformate für alle Folien ändern

Wählen Sie dazu im Menü Ansicht die Befehlsfolge Master – Folienmaster. Markieren Sie die Platzhalter, deren Schriftart Sie ändern möchten, und weisen Sie über Format – Zeichen oder über die Format-Symbolleiste die gewünschte Schriftart zu.

Wählen Sie dazu die Registerkarte Ansicht – Masteransichten – Folienmaster. Markieren Sie die Platzhalter, deren Schriftart Sie ändern möchten, und weisen Sie auf der Registerkarte Start – Schriftart die gewünschte Schriftart zu.

Aufzählung. Im Platzhalter für Aufzählungstext können Sie auf diese Weise jede der fünf Ebenen individuell formatieren. Auf dem gleichen Weg können Sie auch die Schriftgröße oder -farbe sowie den Schriftschnitt (fett, kursiv) folienübergreifend ändern.

Schrift für Textfelder/Formen definieren. Auch die Schriftformate für frei gezeichnete Textfelder und für beschriftete Formen können Sie gleich hier im Folienmaster definieren. Klicken Sie neben die Folie, damit nichts markiert ist. Weisen Sie nun den Textfeldern und beschrifteten Formen die gewünschte Schriftart und -größe zu.

Abstände und Einzüge bestimmen. Die Abstände zwischen den Zeilen eines Absatzes und zwischen den Absätzen stellen Sie über Start – Absatz – Dialogfeld Absatz ein.

Schließen Sie nun die Masteransicht.

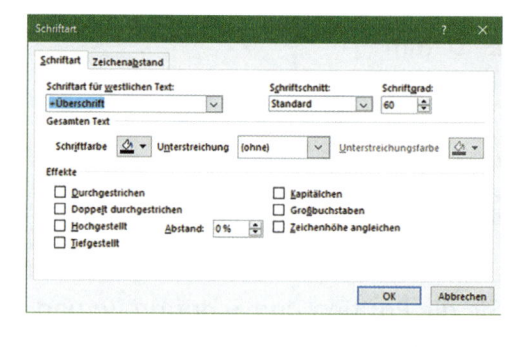

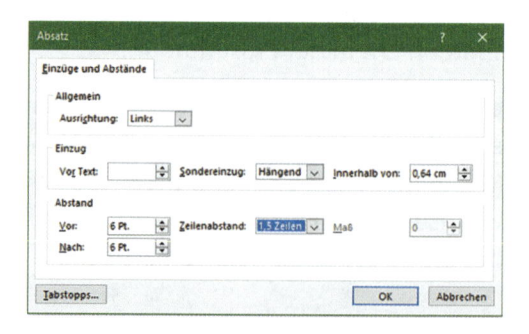

9. Manual: PowerPoint-Funktionen

Präsentationen gestalten

Textfelder einfügen

Zusätzliche Textfelder lassen sich über das Menü/die Registerkarte Einfügen – Text – Textfeld erstellen. Wie bei jedem Objekt lassen sich über dessen Kontextmenü diverse Einstellungen zur Formatierung vornehmen. Die Formatierungen eines markierten Objekts erreichen Sie auch über das Kontextmenü.

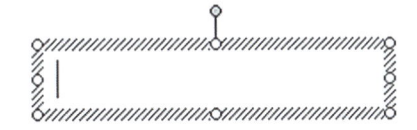

Größe und Position der Textfelder

Die Textfelder (allgemein Objekte) lassen sich markieren: Klicken Sie dazu auf den Rand des Textfeldes. Angewählte Textfelder tragen einen grauen Rahmen. Markierte Objekte lassen sich frei durch Drag & Drop verschieben und skalieren. Drag & Drop = mit linker Maustaste greifen, bei gedrückter Maustaste ziehen (engl. drag), linke Maustaste loslassen (engl. drop). An den Eckpunkten lässt sich Höhe und Breite einstellen, an den Mittelpunkten der Seitenlinien jeweils nur die Höhe bzw. nur die Breite. Zum Positionieren das Objekt mit der Maus am grauen Markierungsrand greifen und verschieben. Geringe Positionsänderungen lassen sich meist besser mit der Tastatur statt mit der Maus vornehmen. Die Strg-Taste + die Cursortasten verschieben das markierte Objekt pixelgenau.

Textumbruch

Wenn der Text den rechten Rand eines Platzhalters erreicht, schaltet PowerPoint automatisch in die nächste Zeile. Es entsteht ein Zeilenumbruch. Brechen Sie den Text dagegen manuell um, entsteht ein neuer Absatz – in der Regel hat eine Absatzschaltung einen größeren Abstand.

Silbentrennung

Eine automatische Silbentrennung wird in PowerPoint nicht unterstützt. Text mit Silbentrennung ist in einer Präsentation schlecht lesbar. Setzen Sie die manuelle Silbentrennung nur in Ausnahmefällen ein. Spätere Änderungen am Text führen nämlich dazu, dass der Trennstrich mitten in der Zeile steht.

- Manuelle Absatzschaltung = ENTER
- Geschützte Absatzschaltung = SHIFT + ENTER

Lernfeld: In der Arbeitswelt orientieren, ein berufliches Selbstverständnis entwickeln und sich bewerben

Nummerierung und Aufzählung

Absätze in Textfeldern können automatisch nummeriert oder mit Aufzählungszeichen versehen werden. Die Aufzählungszeichen und die Art der Nummerierung können Sie selbst einstellen.

Unter der Registerkarte Start – Gruppe Absatz – Nummerierung oder Aufzählung finden Sie Bilder und Symbole.

Hier können Sie aus verschiedenen Schriftarten Symbole aussuchen und später farbig gestalten.

Sind nur wenige Aussagen vorhanden, kann jede von ihnen durch ein passendes Bild als „Bullet" aufgewertet werden. Allerdings erfordert das Suchen von geeigneten Bildern mehr Zeit, aber bei wichtigen Folien ist dies ein Aufwand, der sich durchaus lohnt.

Wenn Sie die Aufzählungszeichen auf einer Folie ändern, gelten die Änderungen nur für diese Folie. Möchten Sie die Aufzählungszeichen für alle Folien ändern, so müssen Sie dies auf dem Folienmaster tun.

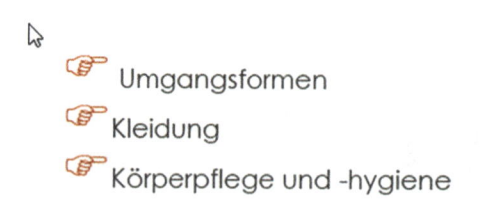

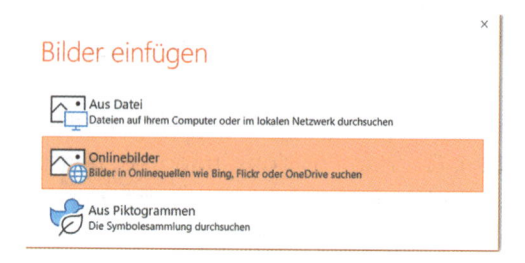

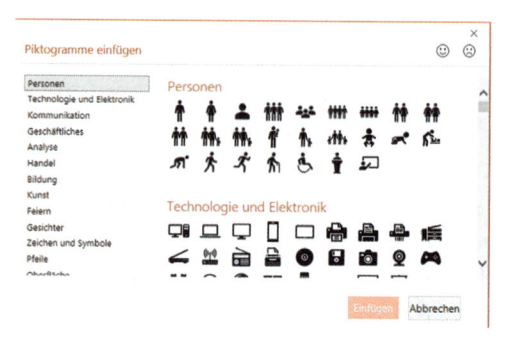

☞ Umgangsformen
☞ Kleidung
☞ Körperpflege und -hygiene

170 © Verlag Europa-Lehrmittel

9. Manual: PowerPoint-Funktionen

Bilder und Illustrationen

Verwenden Sie in PowerPoint nach Möglichkeit Bilder in Formaten .jpg, .png, oder .gif. Diese Formate benötigen vergleichsweise wenig Speicherplatz und halten die Dateigröße der PowerPoint-Präsentation in einem angemessenen Rahmen.

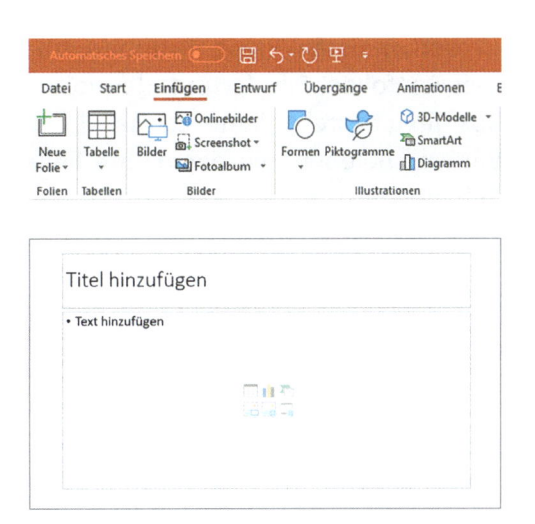

Wählen Sie in der Registerkarte Einfügen – Gruppe Illustrationen oder Gruppe Bilder – die entsprechenden Grafiken oder Formen aus bzw. fügen Sie sie direkt über die Icons auf der Folie ein.

Grafiken bearbeiten

Markieren Sie die Grafik, dann öffnet sich automatisch die Formatleiste für die Grafiken. Hier haben Sie umfangreiche Möglichkeiten, die Grafiken zu bearbeiten. Nachfolgend sind drei erläutert:

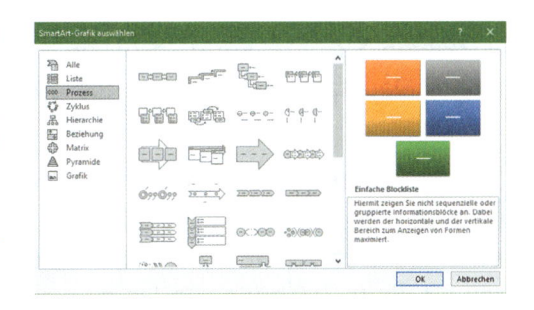

- Mit der Maus über die Bildformatvorlagen ziehen und sich verschiedene Ergebnisse anzeigen lassen und sich für eins entscheiden.

- Das Zuschneide-Werkzeug ist hilfreich, wenn Sie unschöne Ränder von Bildern ausblenden oder einfach nur einen Ausschnitt zeigen möchten.

- Mit dem Transparenz-Werkzeug können Sie den Hintergrund einer GIF-Grafik transparent gestalten. Das bedeutet, wenn Sie ein transparentes GIF in eine gelbe Tabellenzelle einfügen, dass wird der Hintergrund der Grafik gelb.

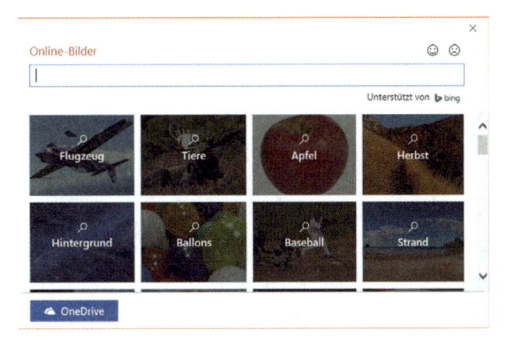

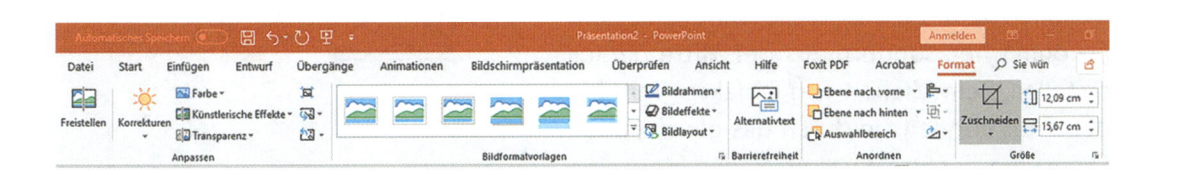

Lernfeld: In der Arbeitswelt orientieren, ein berufliches Selbstverständnis entwickeln und sich bewerben

Zeichnen in PowerPoint

In den meisten Präsentationen überwiegen Textfolien. Ein Vortrag, der vorwiegend aus Text besteht, kann schnell langweilig wirken. „Beleben" Sie daher Ihre Folien mit Schaubildern. Haben Sie Mut zu kreativen Darstellungsweisen.

Unter der Registerkarte Einfügen – Gruppe Illustrationen – Formen finden Sie viele Möglichkeiten für die Gestaltung Ihrer Folien. Sobald auf der Folie eine Form markiert ist, wird die Registerkarte Format mit Gestaltungsmöglichkeiten zum Formatieren und Anordnen von Formen eingeblendet.

Formen beschriften

Markieren Sie Ihre Form, drücken Sie die rechte Maustaste und klicken Sie auf Text bearbeiten.

Die **Shift-Taste** bewirkt, dass Objekte in Höhe und Breite die gleichen Maße erhalten. Rechtecke werden zu Quadraten, Ellipsen zu Kreisen etc. Beim Zeichnen von Linien erreichen Sie durch Festhalten der Shift-Taste, dass sich der Winkel der Linie in Fünfzehn-Grad-Schritten ändert. Nachdem Objekte gezeichnet wurden, bewirkt die gedrückte Shift-Taste, dass Sie mehrere Objekte zu einer Markierung hinzufügen können. Klicken Sie auf die rechte Maustaste, dann können Sie die Objekte zu einem Objekt gruppieren.

Das Drücken der Shift-Taste beim Ziehen von Objekten mit der Maus hat zum Ergebnis, dass die Objekte genau horizontal oder vertikal bewegt werden.

Die **Strg-Taste** sorgt beim Zeichnen von Objekten dafür, dass Sie diese nicht von einem Eckpunkt her, sondern aus der Mitte heraus erstellen. Beim Ziehen von Objekten mithilfe der Maus können Sie durch das gleichzeitige Festhalten der Strg-Taste erreichen, dass eine Kopie des Objekts erstellt wird.

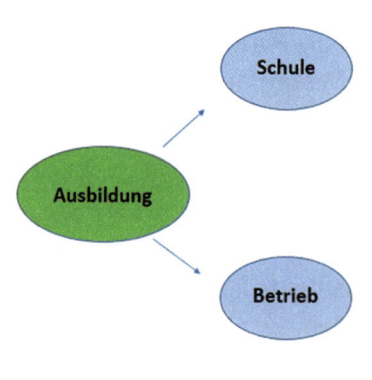

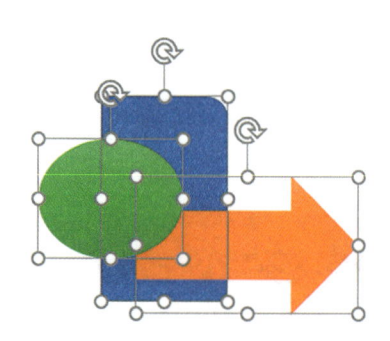

9. Manual: PowerPoint-Funktionen

Halten Sie beim Ziehen von Objekten mit der Maus gleichzeitig Strg- und Shift-Taste gedrückt, stellen Sie eine Kopie vom Original her, die vertikal in der gleichen Flucht bzw. horizontal auf gleicher Höhe liegt.

Duplizieren Sie ein Objekt mit Strg + Shift und verschieben anschließend die Position des Duplikats gegenüber dem Original, wird beim Erstellen weiterer Duplikate diese Verschiebung relativ übernommen. Den Verlauf einer gewinkelten Verbindungslinie beeinflussen Sie, indem Sie an der gelben Raute ziehen.

Verdeckte Objekte auf einer Folie auswählen (markieren)

Klicken Sie auf eine Fläche außerhalb der Folie. Betätigen Sie nun einmal die Tab-Taste. Daraufhin wird ein Objekt markiert, egal in welcher Ebene es liegt. Drücken Sie ein weiteres Mal die Tab-Taste, und das nächste Objekt wird markiert. Auf diese Weise können Sie auf einer Folie nacheinander die Objekte markieren. Wenn Sie einmal zu schnell auf der Tab-Taste sind und das gewünschte Objekt übersprungen haben, legen Sie mit Shift + Tab den Rückwärtsgang ein.

Lernfeld: In der Arbeitswelt orientieren, ein berufliches Selbstverständnis entwickeln und sich bewerben

Tabelle

Gehen Sie auf die Registerkarte Start – Gruppe Folie – Neue Folie.

Mit einem Klick auf das Symbol Tabelle einfügen (1) können Sie die gewünschte Spalten- und Zeilenzahl einstellen und bestätigen.

Nach dem Einfügen der Tabelle erscheint die zusätzliche Registerkarte für Tabellentools für die Arbeit mit Tabellen. Markieren Sie die entsprechenden Zellen und klicken Sie auf das gewünschte Formatsymbol, um Ihre gewünschte Formatierung durchzuführen.

Diagramm

Es gibt sehr viele Funktionen und Optionen, mit denen Sie Ihr Diagramm gestalten können. Doch bedenken Sie: Weniger ist mehr! Mit einem Diagramm wollen Sie Zusammenhänge erkennbar machen, die aus den nackten Zahlen nicht zu ersehen sind. Erschweren Sie diesen Prozess nicht durch hemmungsloses Formatieren.

Diagramm einfügen

Mit PowerPoint lassen sich sehr brauchbare Diagramme ruckzuck erstellen. Dafür ist eigens eine Art Mini-Excel in das Programm integriert.

Mit einem Klick auf das Diagramm (2) öffnet sich das Dialogfeld Diagramm einfügen und es öffnet sich die zusätzliche Registerkarte Diagrammtools.

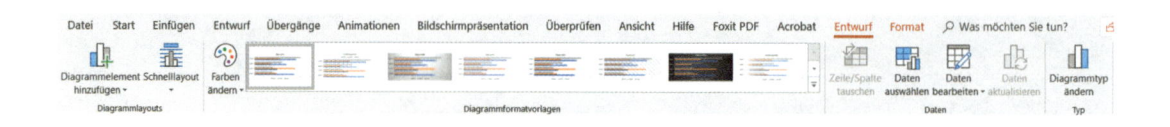

9. Manual: PowerPoint-Funktionen

Sie erstellen ein einfaches Balkendiagramm, indem Sie links auf die Registerkarte Alle Diagramme auf Balken gehen.

Automatisch wird nun ein vorgegebenes Diagramm mit dazugehörigem Datenblatt eingeblendet, das Sie für Ihre Zwecke verändern können.

Das Datenblatt lässt sich wie von Excel gewohnt bearbeiten. Die Daten werden entsprechend ausgetauscht. Sie können die Zeilen- und Spaltendaten gemäß Ihrer Vorstellung verändern.

Ganze Zeilen oder Spalten entfernen Sie, indem Sie auf den Zeilen- oder Spaltenkopf mit der rechten Maustaste klicken und im Kontextmenü Zellen löschen auswählen.

Achten Sie darauf, dass das Diagramm die Daten der Tabelle „nach Zeile" oder „nach Spalte" darstellt, also dass die Datenpunkte aus den einzelnen Werten der Zeilen oder Spalten der Datentabelle im Diagramm dargestellt sind.

Diagramm umwandeln. Mit ein paar Mausklicks lässt sich ein Diagramm formatieren bzw. in einen anderen Diagrammtyp umwandeln.

In der Registerkarte Diagrammtools gehen Sie ganz rechts auf Diagrammtyp ändern. Entscheiden Sie sich für einen anderen Diagrammtyp.

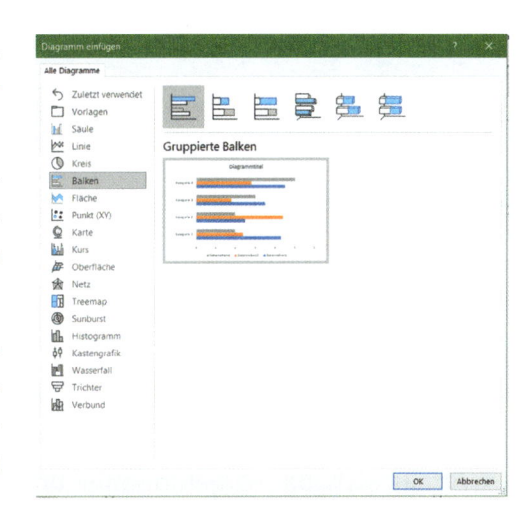

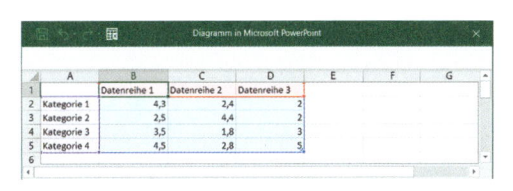

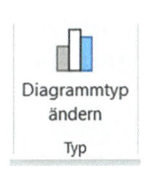

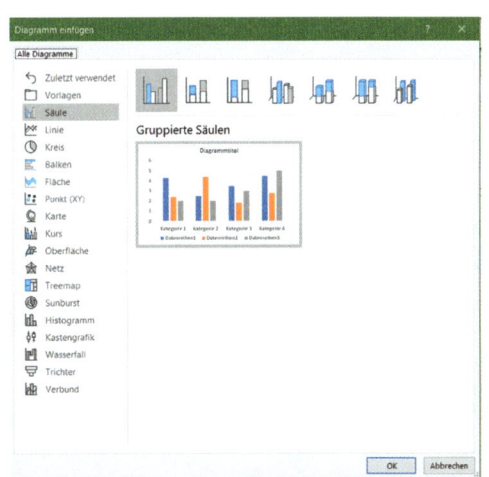

Bild statt Säule. Klicken Sie auf eine der Säulen, klicken Sie in der Registerkarte Diagrammtools/Formate – Formenarten – Fülleffekte – Bild ... Suchen Sie die gewünschte Grafik aus und bestätigen Sie mit Einfügen.

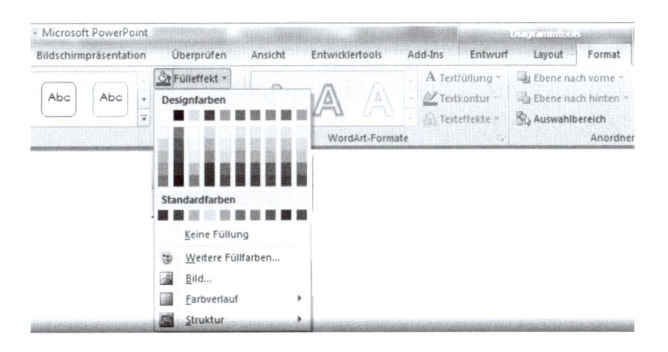

© Verlag Europa-Lehrmittel

Lernfeld: In der Arbeitswelt orientieren, ein berufliches Selbstverständnis entwickeln und sich bewerben

Organigramm

Unter der Registerkarte Illustrationen finden Sie unter SmartArt-Grafik auswählen – Hierarchie.

Wählen Sie ein Organigrammlayout aus und klicken Sie anschließend auf OK.

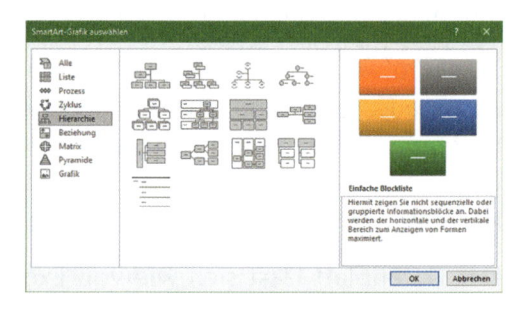

Es öffnet sich das Organigramm und die SmartArt-Tools mit der Registerkarte Entwurf.

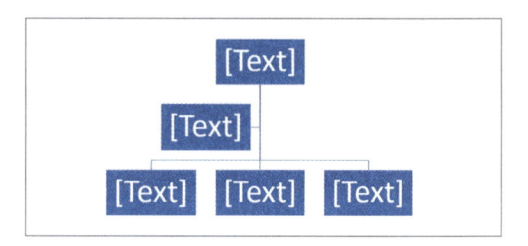

Es gibt zwei Kataloge, mit deren Hilfe Sie das Erscheinungsbild Ihrer SmartArt-Grafik schnell ändern können: SmartArt-Formatvorlagen und Farben ändern.

Fügen Sie zunächst die gewünschten Felder ein. Markieren Sie dazu das Textfeld, anwelches eine Form angeschlossen wird.

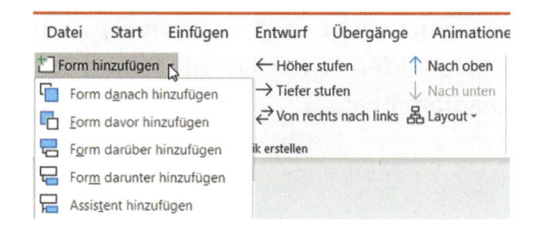

Klicken Sie in ein Feld in der SmartArt-Grafik und geben Sie Ihren Text ein bzw. fügen Sie den Text direkt links in die Gliederung ein.

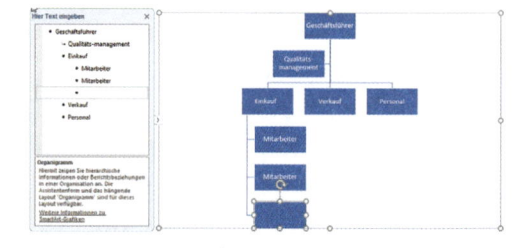

9. Manual: PowerPoint-Funktionen

Visuelle Darstellungen

Unter der Registerkarte Illustrationen gehen Sie auf SmartArt. Hier finden Sie eine vielfältige Auswahl, um Ihre Informationen visuell zu gestalten.

Zweck der Grafik	Grafiktyp
Nicht sequenzielle Informationen anzeigen	Liste
Schritte in einem Prozess oder auf einer Zeitachse anzeigen	Prozess
Einen kontinuierlichen Prozess anzeigen	Zyklus
Eine Entscheidungsstruktur anzeigen	Hierarchie
Ein Organigramm erstellen	Hierarchie
Verbindungen veranschaulichen	Beziehung
Anzeigen, wie sich Teile auf ein Ganzes beziehen	Matrix
Anzeigen der proportionalen Beziehungen zur größten Komponente auf der Ober- oder Unterseite	Pyramide

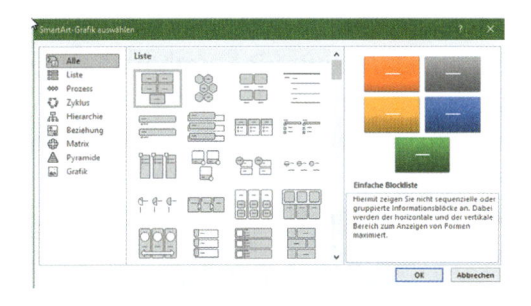

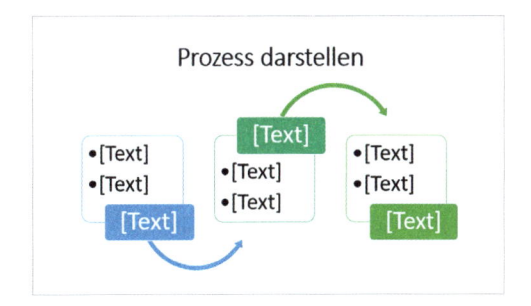

Sobald Sie die Grafik aktiviert haben, können Sie mit der Beschriftung links beginnen.

Vorführen der Bildschirmpräsentation

Die wichtigsten Befehle beim Vorführen der Präsentation:	
Aufrufen der nächsten Folie (sofern keine Animation)	Return-Taste
Aufrufen der letzten Folie (sofern keine Animation)	Backspace-Taste
Aufrufen bestimmter Folien	Foliennummer + Return-Taste
Schwarzer Bildschirm (an- und ausstellen)	Punkt-Taste
Weißer Bildschirm (an- und ausstellen)	Komma-Taste
Bildschirmpräsentation beenden	Esc-Taste

© Verlag Europa-Lehrmittel

Lernfeld: In der Arbeitswelt orientieren, ein berufliches Selbstverständnis entwickeln und sich bewerben

Hyperlink einfügen

Als Hyperlink (auch Link; aus dem Englischen für Verknüpfung, Verbindung, Verweis) bezeichnet man einen Verweis innerhalb eines Dokuments auf eine andere Stelle in demselben Dokument, einem anderen Dokument oder auf eine Internetseite. Während der Präsentation erfolgt die Verknüpfung automatisch, sobald Sie auf das verlinkte Wort klicken.

In einer PowerPoint-Folie können Sie Hyperlinks einfügen.

Zuerst markieren Sie das Wort, das eine Verknüpfung erhalten soll. Anschließend fügen Sie einen Hyperlink ein.

Gehen Sie über die Registerkarte Einfügen – Links – Link einfügen

Nun öffnet sich ein neues Fenster mit dem Titel Link einfügen. Sie haben nun vier Möglichkeiten zu bestimmen, an welche Stelle der Link führen soll, wenn Sie ihn anklicken:

1. Zu einer bestimmten Datei oder Webseite
2. Zu einer bestimmten Stelle im aktuellen Dokument
3. Zu einem neuen Dokument, das bisher noch nicht existiert hat
4. Zu einer E-Mail-Adresse

Wenn Sie Aktuelles Dokument (2) anklicken, wählen Sie im nebenstehenden Fenster eine bestimmte Folie an, auf die der Link gesetzt werden soll (5). Automatisch erscheint diese in der Folienvorschau. Mit OK bestätigen Sie die Auswahl und kehren zurück zur Präsentation.

Wenn Sie nun in den Präsentationsmodus wechseln, können Sie sich per Klick durch die Präsentation bewegen.

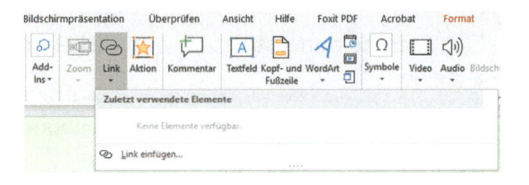

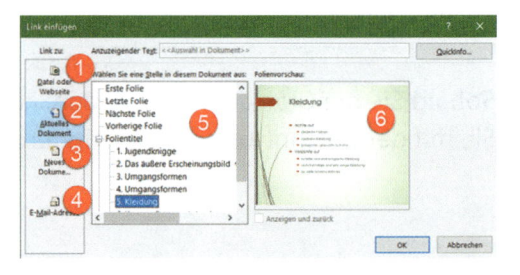

9. Manual: PowerPoint-Funktionen

Interaktive Schaltflächen

Unter der Registerkarte Einfügen – Illustrationen – Formen finden Sie ganz unten die Interaktiven Schaltflächen.

Sie suchen sich also einfach eine Schaltfläche aus, klicken sie an und ziehen dann die Schaltfläche auf der Folie auf. Es öffnet sich sofort das Dialogfeld Aktionseinstellungen.

Bei den Schaltflächen ist bereits ein entsprechender Link eingerichtet, den Sie aber ändern können.

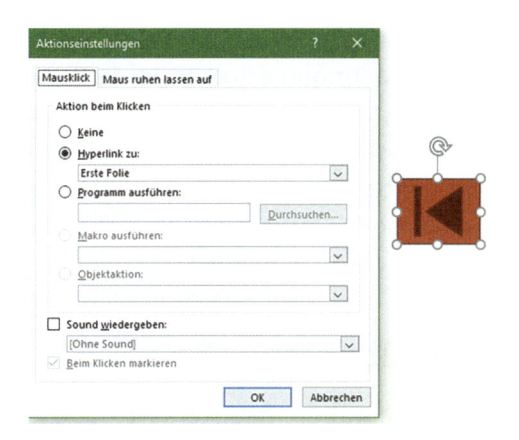

Wenn Sie keine vordefinierten Aktionen einsetzen, sondern eine ganz bestimmte Folie der Präsentation aufrufen möchten, aktivieren Sie die Option Hyperlink und scrollen nach unten, bis der Eintrag Folie ... zu sehen ist.

Wählen Sie nun anhand des Folientitels die Folie aus, zu der die Schaltfläche verweisen soll. Beschriften Sie die Schaltfläche mit einem aussagekräftigen Namen..

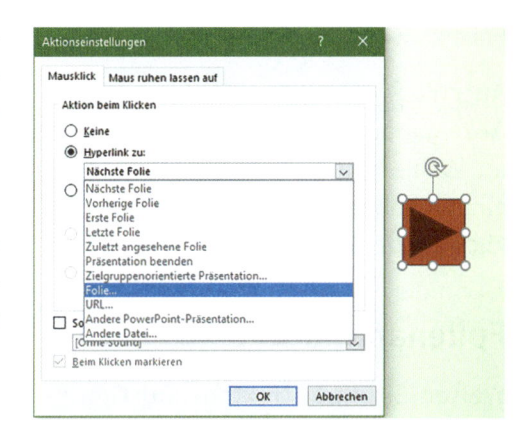

© Verlag Europa-Lehrmittel

Lernfeld: In der Arbeitswelt orientieren, ein berufliches Selbstverständnis entwickeln und sich bewerben

Vorbereiten und Durchführen einer PowerPoint-Präsentation

Jede Idee ist nur so gut wie ihre Präsentation. Deshalb soll aus den erstellten Folien nun eine Präsentation entstehen. Auch hier gilt die Devise: Weniger ist mehr.

Alle Einstellungen erfolgen in der Foliensortierungsansicht, wo alle Folien als Miniaturbilder dargestellt werden. Das erleichtert es, mit dem Kontextmenü Folien zu verschieben, zu kopieren oder auszublenden. Folien können hier auch gelöscht werden.

Folienübergang

Gehen Sie auf die Registerkarte Übergang – Übergang zu dieser Folie. Wählen Sie zunächst den Folienübergang aus, um von Folie zu Folie zu wechseln.

Anschließend klicken Sie ganz rechts unter Anzeigedauer – Nächste Folie – Bei Mausklick an. Wählen Sie aus der Effektgruppe Eingang einen Effekt aus, um ein Objekt erst per Mausklick auf der Folie einzublenden.

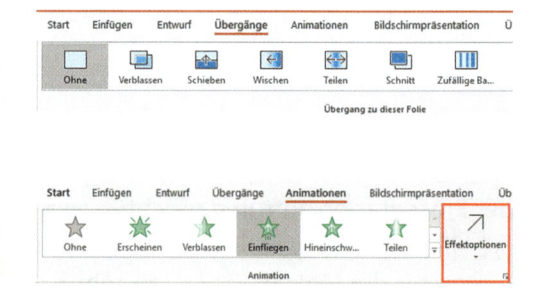

Folienanimation

Weisen Sie Ihren Texten und Grafiken und Effektoptionen die entsprechenden Animationseffekte zu. Denken Sie auch hier daran: „Weniger ist mehr".

Aufzählungen und Formen animieren

Gliederungspunkte einer Aufzählung können einzeln animiert werden.

Dazu klicken Sie auf den Effekt in der Animationsleiste im Aufgabenbereich und öffnen die Effekt-optionen. Je nach Effekt erscheinen unterschiedliche Möglichkeiten.

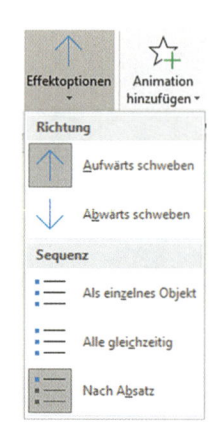

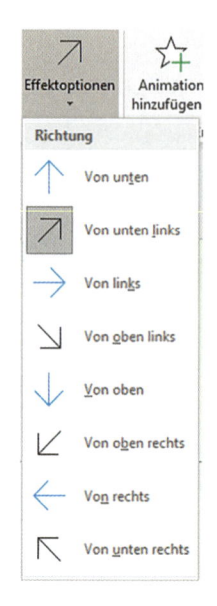

9. Manual: PowerPoint-Funktionen

SmartArt-Objekte animieren

Markieren Sie Ihr Objekt und klicken im Aufgabenbereich auf Effektoptionen und rufen die Registerkarte SmartArt-Animation auf.

Sie können, je nach verwendetem Layout, aus folgenden Optionen auswählen:

Als einzelnes Objekt	Die Animation wird angewendet, als sei die gesamte SmartArt-Grafik ein großes Bild oder ein Objekt.
Alle gleichzeitig	Alle Formen in der SmartArt-Grafik werden gleichzeitig animiert. Die Unterschiede zwischen dieser Animation und „Als einzelnes Objekt" kommen vor allem bei Animationen zum Vorschein, bei denen sich die Formen drehen oder wachsen.
Nacheinander	Jede Form wird einzeln nacheinander animiert.
Ebene gleichzeitig	Alle Formen auf derselben Ebene werden gleichzeitig animiert.
Ebene schrittweise	Die Formen in der SmartArt-Grafik werden zuerst nach Ebene und anschließend in der betreffenden Ebene einzeln animiert.

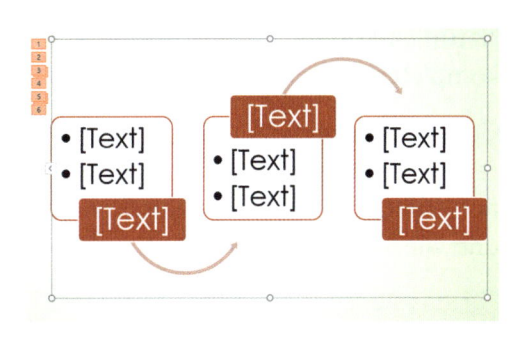

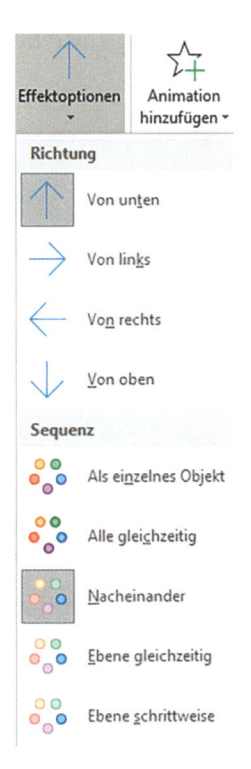

Bildschirmpräsentation einrichten

Über die Registerkarte Bildschirmpräsentation – Gruppe Einrichten – Schaltfläche Bildschirmpräsentation einrichten können Sie die verschiedenen Einstellungen wählen.

Sollte eine Präsentation selbstständig durchlaufen, so müssen Sie die Option Wiederholen, bis „ESC" gedrückt wird aktivieren.

Unter der Registerkarte Bildschirmpräsentation ganz rechts Bildschirme – wählen Sie den Bildschirm und ob Sie auf Ihrem eigenen Bildschirm die Referentenansicht möchten.

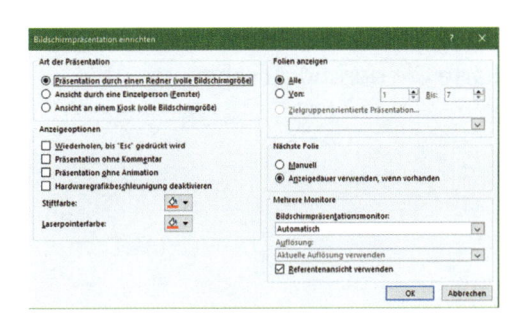

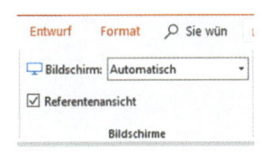

Lernfeld: In der Arbeitswelt orientieren, ein berufliches Selbstverständnis entwickeln und sich bewerben

Präsentation drucken

Natürlich können Sie die Präsentation auch komplett auf Papier ausdrucken.

Gehen Sie auf Datei – Drucken, um auf der rechten Seite die Backstage-Ansicht zu öffnen. Hier können Sie genau festlegen, was und wie Sie drucken möchten.

Für das Ausdrucken bietet Microsoft PowerPoint vier Ausgabetypen an: Folien, Handzettel, Notizseiten und Gliederungsansicht.

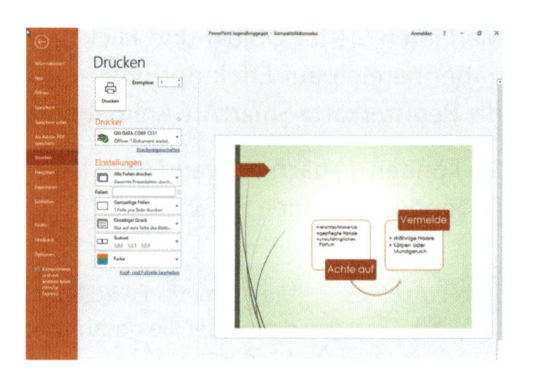

Folien drucken

Bei der Einstellungen werden die Folien so ausgedruckt, wie Sie sie auf dem Bildschirm sehen. Sie können die komplette Präsentation oder einzelne Folien drucken.

Wählen Sie Handzettel, werden mehrere Folien zusammen auf einer Seite ausgedruckt.

Wählen Sie 3 Folien, so werden auf der rechten Seite Linien für Notizen mit ausgedruckt.

Die Notizen werden bei der Auswahl Notizseiten pro Folie mitgedruckt.

Die Auswahl Gliederungsansicht gibt den Ausdruck so wieder, wie er auf der Registerkarte Gliederung zu sehen ist.

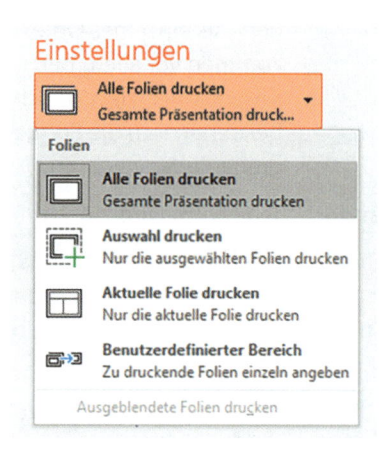

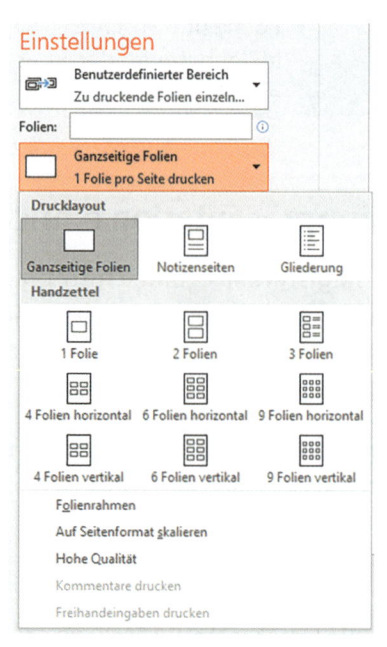

9. Manual: PowerPoint-Funktionen

Handzettel erstellen

Für die Handzettel können Sie einen Handzettelmaster anlegen.

Klicken Sie auf Ansicht – Masteransicht – Handzettelmaster. Fügen Sie Ihre Kopf- und Fußzeile ein, bestimmen Sie die Handzettelausrichtung und legen Sie die Seiten pro Folie fest. Gehen Sie anschließend wieder auf die Normalansicht.

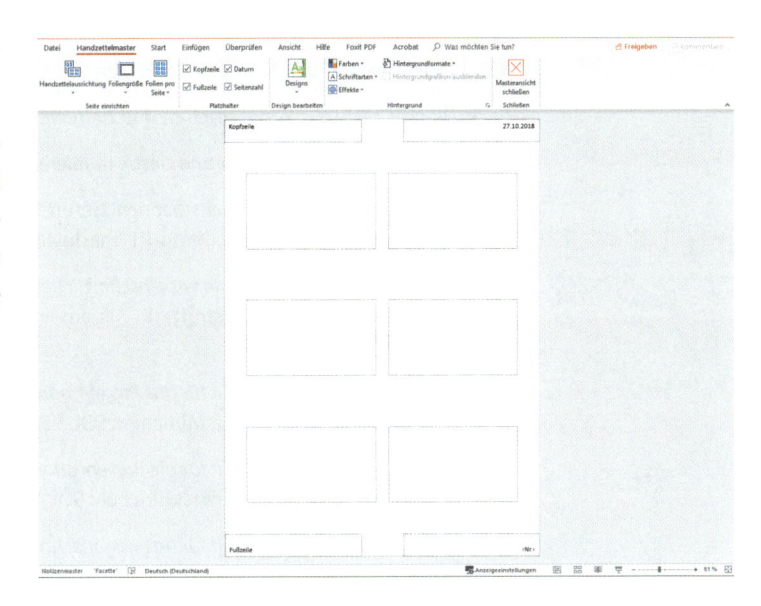

Vortragsnotizen erstellen

In der Normalansicht erscheint unter der Folie der Hinweis Klicken Sie, um Notizen einzufügen.

Im Präsentationsmodus erscheinen diese Notizen nicht, was auch nicht sinnvoll wäre. Sie können sich während eines Vortrags die Notizen anzeigen lassen, indem Sie das Kontextmenü öffnen und die Vortragsnotizen einblenden.

Beim Drucken Ihrer Notizen wählen Sie Drucken – Einstellungen – unter Ganzseitige Folie – Notiz

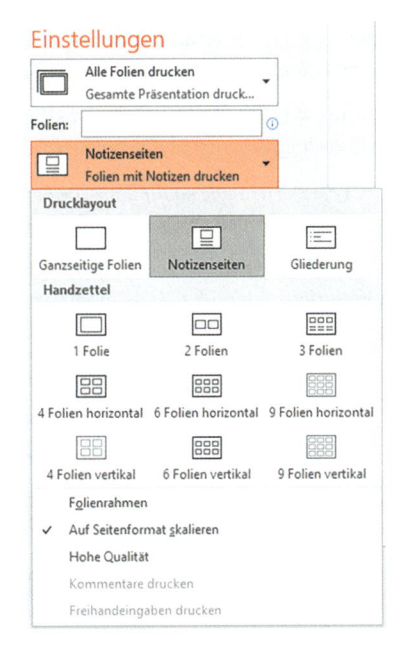

Literaturverzeichnis

Ahrens, A. (2009) *Ausbildung, Studium, Praktika, Jobs, Uni + Karriere*. Gefunden am 06. 032012 unter http://www.stellenboersen.de.

BBS 11 Hannover (2002). *Mit Methoden lernen. Ein Angebot für Interessierte.*

Beck, Ulrich. (2015). Risikogesellschaft. Auf dem Weg in eine andere Moderne. Berlin: Suhrkamp Verlag AG

Bischoff, I. (2007). *Körpersprache und Gestik trainieren*. Weinheim, Beltz-Verlag.

Boeree, C. G. (2006): *Persönlichkeitstheorien*. Gefunden am 15.02.2014. Shippensburg University unter www.social-psychology.de/do/PT_maslow.pdf.

Bohlinger, S. (2007). *Einführung in wissenschaftliches Arbeiten – Eine Anleitung für Studierende.* (4. Aufl.) Fachgebiet Berufspädagogik des Instituts für Allgemeine Pädagogik und Berufspädagogik. (Hg.), Technische Universität Darmstadt.

Brämer, U. & Blesius, K. (2010). *Fit für das Projektmanagement – Arbeitsbuch mit Lernarrangements für Planungs- und Organisationskompetenz.* München: SOL-Verlag GmbH.

Brämer, U. & Blesius, K. (2010). *Fit für die Präsentation – Arbeitsbuch mit Lernarrangements für Berufsorientierungs- und Bewerbungskompetenz.* München: SOL-Verlag GmbH.

Brämer, U. & Blesius, K. (2011). *Fit für das wissenschaftliche Arbeiten – Arbeitsbuch mit Lernarrangements für selbst- und Wissenschaftskompetenz.* München: SOL-Verlag GmbH.

Brämer, U. & Blesius, K. (2012). *Fit für die Berufsorientierung – Arbeitsbuch mit Lernarrangements für Selbst- und Wissenschaftskompetenz.* München: SOL-Verlag GmbH.

Brämer U. & Blesius, K. (2012). *Fit für die Büroorganisation – Arbeitsbuch mit Lernarrangements für Büropraxis- und Textverarbeitungskompetenz.* Düsseldorf: SOL-Verlag GmbH.

Brämer U. & Blesius, K. (2012). *Fit fürs Büro – Arbeitsbuch mit Lernarrangements für die professionelle Textverarbeitungskompetenz.* Düsseldorf: SOL-Verlag GmbH.

Brämer, U. et al. (2013). *Fit für die kaufmännische Praxis – Arbeitsbuch mit Lernarrangements für fachtheoretische und fachpraktische Kompetenz.* Düsseldorf: SOL-Verlag GmbH.

Braun, H. (2008). *Aspekte zur Körpersprache*. Gefunden am 24. Januar 2008. unter www.lehrerfortbildung-bw.de/kompetenzen/projektkompetenz/durchfuehrung/abschlusspraes/koerpersprache/praesentation.htm.

Braun, R. (2007) *Die Macht der Rhetorik*. München, Piper-Verlag.

Brüning, L. & Saum, T. (2008). Erfolgreich unterrichten durch Kooperatives Lernen. Strategien zur Schüleraktivierung. Essen: Neue Deutsche Schule Verlagsgesellschaft mbH.

Buchberger, C. (2011-2). *TALENTS – Die Jobmesse.* bmv Consulting GmbH Hamburg. Gefunden am 29.11.2011 unter www.talents.de/bewerber/tipps-fuer-die-messe/lebenslauf.html.

Bürgerliches Gesetzbuch (BGB) (2002) – (BGBl. I S. 42, 2909; 2003 I S. 738), zuletzt geändert durch Art. 6 G v. 28.8.2013
I 3458.

Bundesagentur für Arbeit (2011). *Rechte und Pflichten der Auszubildenden*. Gefunden am 14.01.2013 unter www.arbeitsagentur.de.

Bundesagentur für Arbeit (2009). *Nationaler Pakt für Ausbildung und Fachkräftenachwuchs – Kriterienkatalog zur Ausbildungsreife.* Bundesagentur für Arbeit, Marketing.

Bundesgesetz über individuelle Förderung der Ausbildung (Bundesausbildungsförderungsgesetz – BAföG) vom 26.08.1971 (BGBl. I S. 1409), in der Fassung der Bekanntmachung vom 06.061983 (BGBl. I S. 645, ber. 1680), zuletzt geändert durch Art. 31 des Gesetzes vom 20.12.2011 (BGBl. I S. 2854).

Bundesministerium für Arbeit und Soziales (2011). *Praktika – Nutzen für Praktikanten und Unternehmen.* Bonn: BMAS.

Dedecek, R. (2008). *Vorüberlegungen zur Präsentation*. Gefunden am 5. Februar 2008. unter www.magic-point.net/fingerzeig/praesentation/praesentation-ausfuehrlich/vorueberlegungen/vorueberlegungen.html; und: *Formen des Manuskripts*. Gefunden am 8. Februar 2008. unter www.magic-point.net/fingerzeig/praesentation/praesentation-ausfuehrlich/manuskript/manuskript.html.

Literaturverzeichnis

DIN Deutsches Institut für Normung e. V. (2013). *DIN-Formate*. Gefunden am 14. Januar 2013. www.din.de/sixcms_upload/media/2896/DIN_Formate_2.pdf.

DIN e. V. (2013) *Normen erarbeiten*. Gefunden am 14.01.2013. http://www.din.de.

DIN (2011). *Schreib- und Gestaltungsregeln für die Textverarbeitung – Sonderdruck von DIN 5008:2011 (5 Aufl.)*. Berlin: Beuth Verlag GmbH.

Domschke, W. & Scholl, A. (2008): *Grundlagen der Betriebswirtschaftslehre: Eine Einführung aus entscheidungsorientierter Sicht*. Berlin: Axel Springer Verlag AG.

Duden (2002). *Duden – das Fremdwörterbuch*. Augsburg: Weltbild Verlag.

Frey, K. (1996). *Der Weg zum bildenden Tun*. Weinheim/Basel: Beltz.

Gewerbesteuergesetz (GewStG) in der Fassung der Bekanntmachung vom 15. Oktober 2002 (BGBl. I S. 4167), zuletzt geändert durch Artikel 4 des Gesetzes vom 27. Juni 2017 (BGBl. I S. 2074)

Glaubitz, U. (2011). *Warum kann ich mich nicht für einen Beruf entscheiden?* Gefunden am 24. Februar 2012 unter www.zeit.de/campus/2012/s1/entscheiden-interview.

Gralki, H. (2010). *Wie gestalte ich meinen Vortrag?*. Gefunden am 04. 06.2010. unter www.staff.uni-marburg.de/~kersting/lehre/gralki98.htm.

Grömlich, Michael. (2017). Fehlende Arbeitskräfte deckeln die Konjunktur. In: IW-Kurzbericht93/2017

Heiring, W. & Lippens, W. (2002). *Im Kreislauf der Wirtschaft – Einführung in die Volkswirtschaftslehre*. Köln: Bank-Verlag Köln.

Hellmich, F. & Wernke, St. (2009) *Was sind Lernstrategien ... und warum sind sie wichtig?* Stuttgart: Kohlhammer.

Hillebrand, M. et al. (2004). *Ausbildung im Einzelhandel*. Berlin: Cornelsen-Verlag.

Hinkel, J. (2013): *Mehr Umsatz pro Quadratmeter!: In 5 Schritten zu Erfolg im Fashion Retail*. Frankfurt am Main, Deutscher Fachverlag GmbH.

Hofert, S. (2009). *Praxismappe für die perfekte Internet-Bewerbung. E-Mail-Berwerbung, Online-Formulare, Online-Assessment, Online-Bewerbung auf Englisch*. Frankfurt am Main: Eichborn Verlag.

IHK Köln (2012). *Merkblatt Praktika – was Arbeitgeber wissen müssen*. Köln: Industrie- und Handelskammer Bonn/Rhein-Sieg.

Institut für Arbeitsmarkt- und Berufsforschung (IAB) (2018). *IAB-Stellenerhebung*. Nürnberg

Lobin, H. (2011). Die ideale Präsentation. Gefunden am 9. Mai 2012 unter http://www.sueddeutsche.de/kultur/praesentationsprogramm-poerpoint-welch-ein-folien-theater-1.129644-2.

Manthei, H., Schieke, D., Schieke, V. & Walter, S. (2007) *PowerPoint aktuell* (Hrsg.). *Präsentieren ist mehr als reden und zeigen – so aktivieren Sie Ihr Publikum*. Ausgabe 8/2007. Bonn: VNR Verlag für die Deutsche Wirtschaft AG.

Manthei, H., Schieke, D., Schieke, V. & Walter, S. (2008) *PowerPoint aktuell* (Hrsg.). Ausgabe 1–12/2008. Bonn: VNR Verlag für die Deutsche Wirtschaft AG.

Mattes, W. (2002). *Methoden für den Unterricht*. Paderborn: Schöningh.

May, H. & May, U. (2009). *Wirtschaftsbürgertaschenbuch – wirtschaftliches und rechtliches Grundwissen*. München: Oldenbourg Verlag.

Mayer, M. (2000). *Einführung in die Präsentation*. Gefunden am 04.06.2010 unter home.schule.at/teaching/art/Infoblaetter/Präsentation.rtf.

Mayer, L. & Gebley, S. (2001). *Projekt und Präsentation*. Linz: Trauner Verlag.

Merkle, R. Dr. (2014). Stress – Was versteht man darunter. Gefunden am 01.04.2014 unter www.palverlag.de/stress-symptome.html.

Metzig, W. & Schuster, M. (2010). *Lernen zu lernen – Lernstrategien wirkungsvoll einsetzen*. Heidelberg: Springer:

Metzger, Ch. (2008). *Wie lerne ich? Eine Anleitung zum erfolgreichen Lernen für Mittelschulen und Berufsschulen*. Oberentfelden: Sauerländer Verlage AG.

Metzger, C. (2008). *Lern- und Arbeitsstrategien. Ein Fachbuch für Studierende an Universitäten und Fachhochschulen*. (10. Aufl.). Oberentfelden: Sauerländer Verlage AG.

Literaturverzeichnis

Mock, U. (2013). *Motivation*. Gefunden am 26.01.2013 unter: www.lernen-heute.de/motivation.html.

Molcho, S. (2006) *ABC der Körpersprache*. München, Heinrich Hugendubel.

Moschner, B. & Wagener, U. (2006). *Lernstrategien – der Weg zum Lernerfolg? Ein Überblick über den Stand der Lernstrategien-Forschung. I*n: Grundschule 7–8/2006.

Pabst-Wienschenk, M. (2004) *Spielregeln für die gemeinsame Projekt-Arbeit – Team-Vertrag*. Gefunden am 20.06.2008 unter www.uni-duesseldorf.de/muendlichkeit/Projekt-Netz/regeln.htm.

Peterßen, W. H. (1994). *Wissenschaftliche(s) Arbeiten. Eine Einführung für Schüler und Studenten*. (4. Aufl.). München: Ehrenwirth.

Püttjer, Ch. & Schnierda, U. (2011) *Ihre beste Bewerbung. Perfekte Unterlagen im Originalformat. Mit Insider-kommentaren*. Frankfurt. Campus Verlag.

Püttjer, Ch. & Schnierda, U. (2003) *Die Bewerbungsmappe mit Profil. Für Führungskräfte.* Frankfurt: Campus Verlag.

PZ Rheinland-Pfalz. (2009). *Handreichung zur höheren Berufsfachschule*. Pädagogisches Zentrum Rheinland-Pfalz.

Redenwelt (2008). *So gestalten Sie Präsentationen als Blickfang*. Gefunden am 20.02.2008. unter www.redenwelt.de/rede-tipps/medieneinsatz.html.

Richtlinie 2005/36/EG des Europäischen Parlaments und des Rates vom 07. 09.2005 über die *Anerkennung von Berufsqualifikationen* in der Fassung vom 30.09.2005 (ABl. EG Nr. L 255 S. 22–142), geändert durch Richtlinie 2013/55/EU des Europäischen Parlaments und des Rates vom 20.11.2013 (ABl. EG Nr. L 354/132).

Ringelsiep, M. (2013). *Normen, DIN & Co. – Sinn und Unsinn der Normung*. Gefunden am 14.01.2013. unter www.planet-wissen.de/politik_geschichte/wirtschaft_und_fnanzen/ geburt_normen.jsp.

Schiecke, D.; Becker T. & Walter, S. (2006). *Das Ideenbuch für kreative Präsentationen*. Unterschleißheim: Microsoft Press Deutschland.

Schierenbeck, H. & Wöhle, C. (2008): *Grundzüge der Betriebswirtschaftslehre*. München: Oldenbourg Wissenschaftsverlag GmbH.

Schmalenbach, L. (2008) *Lernstrategien, Lerntypen und Lernstile*. Norderstedt: Grin Verlag.

Schmidt, Nora. (2010). Auswirkungen des Strukturwandels der Wirtschaft auf den Bildungsstand der Bevölkerung. In: Wirtschaft und Statistik. Ausgabe 6/2010, Seite 537 ff

Schönherr (2004). *Wovon 80 % Ihres Erfolgs bei Präsentationen abhängen*. Gefunden am 29.01.2008. unter www.schoenherr.de/download/pdf-06-tipp_005.php.

Schwahn, Florian; Mai, Christoph-Martin; Braig, Michael (2018). Arbeitsmarkt im Wandel – Wirtschaftsstrukturen, Erwerbsformen und Digitalisierung. In: Wirtschaft und Statistik. Ausgabe 3/2018

Schwoppe, A. (2008). *Eine Präsentation nachbereiten*. Gefunden am 10.01.2008. unter www.selbstmanagen.de/Selbstmanagement/Prasentation/prasentation.html.

Seifert, J. (2000). *Visualisieren/Präsentieren/Moderieren*. (15. Aufl.). Offenbach: Gabal Verlag.

Senftleben, R. (2013), *10 Tipps sich selbst zu motivieren*. Gefunden am 26.01.2013 unter. www.zeitzuleben.de/2044-10-tipps-sich-selbst-zu-motivieren/. Lüneburg: Zeit zu leben Verlags- und Trainingsgesellschaft mbH.

Springer Gabler Verlag (Hrsg.).Gabler Wirtschaftslexikon, Stichwort: *Enterprise-Resource-Planning-System*. Gefunden am 25.05.2014. unter www-wirtschaftslexikon.gabler.de/Archiv/17984/enterprise-resource-planning-system-v10.html.

Stary, J. & Kretscher, H. (1999). *Umgang mit wissenschaftlicher Literatur. Eine Arbeitshilfe für das sozial- und geisteswissenschaftliche Studium*. Frankfurt a. M.: Cornelsen Scriptor.

Teubener, K. & Harders, C. (2004). *Das Internet als Quelle des wissenschaftlichen Arbeitens*. Gefunden am 24.06.2010. unter www.katy-teubener.de/Ringvorlesung/start.htm.

Thormann, H. (2014). Kreatives Denken. Gefunden am 16.02.2014 unter www.kreativesdenken.com/tipps/eisenhower-prinzip-abc-analyse-pareto-prinzip.

Tille, B. (2008). *Schlüsselqualifikationen werden im Beruf immer wichtiger*. Gefunden am 07.05.2008 unter www.nlp-trainings-tille.de/nlp/blog/schluesselqualifikationen-werden-im-beruf-immer-wichtiger-397.html.

Literaturverzeichnis

Tietz, B. (1993): *Der Handelsbetrieb: Grundlagen der Unternehmenspolitik*. München: Verlag Franz Vahlen GmbH.

Top The Web Ltd. (2014). Gefunden am 06.03.2014. www.mevaleo.de/info/studium/der-unterschied-zwischen-fortbildung-und-weiterbildung/.

Vahs, D. & Schäfer-Kunz, J. (2012): *Einführung in die Betriebswirtschaftslehre*. Stuttgart: Schäffer-Poeschel.

Walter, S. (2007). *Präsentionen mit PowerPoint 2007*. München: Markt + Technik Verlag.

Wagner, E. (1994): *Vertragliche Abtretungsverbote im System zivilrechtlicher Verfügungshindernisse*. (Tubinger Rechtswissenschaftliche Abhandlungen). Tübingen: Verlag Mohr Siebeck Gmbh & Co. KG.

Widmer, M. (2007). *PowerPoint für Fortgeschrittene*. Gefunden am 14. 12.2008. unter www.wings.ch/images/LP_PowerPoint_F_03.pdf.

Wiesner, H.-J. (2009). *Wissenschaftliche Publikationen – Grundlagen der Gestaltung*. Berlin: Beuth Verlag.

Winter, F. (2004). *Leistungsbewertung. Eine neue Lernkultur braucht einen anderen Umgang mit den Schülerleistungen*. Hohengehren: Schneider Verlag.

Wöhe, G. & Döring, U. (2010). *Einführung in die Betriebswirtschaftslehre*. München: Verlag Franz Vahlen GmbH.

Wolter, Marc Ingo; Mönnig, Anke; Hummel, Markus; Schneemann, Christian; Weber, Enzo; Zika, Gerd; Helmrich, Robert; Maier, Tobias; Neuber-Pohl, Caroline (2015). Industrie 4.0 und die Folgen für Arbeitsmarkt und Wirtschaft. In: IAB-Forschungsbericht 08/2015, Nürnberg

Wöltje, J. Murzin, M. & Giesecke, St. (2010). *Marketing – just the facts*. Rinteln: Merkur Verlag Rinteln Hutkap GmbH & Co. KG.

Zivilprozessordnung in der Fassung der Bekanntmachung vom 05.12.2005 (BGBl. I S. 3202; 2006 I S. 431; 2007 I S. 1781), zuletzt geändert durch Artikel 1 des Gesetzes vom 10.10.2013 (BGBl. I S. 3786)

https://www.arbeitsagentur.de/bildung/ausbildung/azubiwelt [abgerufen am 27.07.2018]

https://www.lehrstellen-radar.de/ [abgerufen am 27.07.2018]

http://planet-beruf.de/schuelerinnen/mein-fahrplan/berufswahlfahrplan/interview-vorteile-der-dualen-ausbildung/ abgerufen am 27.07.2018]

http://aktuell.nationalatlas.de/lehrstellensituation-1_05-2007-0-html/ [abgerufen am 27.07.2018]

https://www.destatis.de/DE/PresseService/Presse/Pressemitteilungen/2018/07/PD18_277_215.html [abgerufen am 29.07.2018]

https://www.destatis.de/DE/PresseService/Presse/Pressemitteilungen/2018/06/PD18_239_132.html [abgerufen am 29.07.2018]

https://www.iab.de/de/befragungen/stellenangebot/aktuelle-ergebnisse.aspx [abgerufen am 29.07.2018]

Nicht alle Copyright-Inhaber konnten ermittelt werden; deren Urheberrechte werden hiermit vorsorglich und ausdrücklich anerkannt.

Index

A
Abbildung 72
Abbildung beschriften 163
Ablaufplan 4
Absatzkontrolle 144
Abschnittswechsel 149
Absender in der Kopfzeile gestalten 146
Abteilung 111
AEIOU-Regel 69
Analyse-Checkliste 79
Anforderungen an die Bewerbungsunterlagen 126
Anforderungsprofil 123
Animationen 96
Animierte PowerPoint-Tabelle 174
Anlagen zur Bewerbung 136
Anschauungsmaterial 95
Arbeit (ausführend) 109
Arbeit (dispositiv) 105
Arbeitsplan 81
Arbeitsplatz 84, 85
Arbeitstechnik
    Checklistentechnik 79
    Markieren 75
    MindMaps erstellen 77
    Strukturieren 76
    Visualisieren 76
Arbeitstechniken
    Strukturieren 44
Arbeitsumfeld 8, 85
Arbeitszufriedenheit 119
Aufbau eines Bewerbungsanschreibens 133
Aufsehen erregen 96
Auftreten 117
Aufzählung 170
Ausbildung als Industriekaufmann 55
Äußere Störung 85

B
Balkendiagramm 175
Bedarf 104
Bedürfnisse 104
Befehle wiederherstellen 149
Berufsbild 120
Berufsrelevante Kompetenzen 44, 116
Berufsweg 116
Betrieb 105
Betriebsmittel 105
Beurteilungsbögen 121
Bewerbung – Ausbildung Industriekaufmann 135
Bewerbung mit Online-Formularen 139
Bewerbungsanschreiben 43, 55, 132
Bewerbungsfoto 131
Bewerbungsmappe per Post 136
Bewerbungsunterlagen 55, 126
    Äußere Form 126
    Innere Form 126
Beziehungsnetz 10, 76
Bilder 171
Brainstorming 89
Branchenspezifische Stellenbörsen 124
Branchenübergreifende Stellenbörsen 124
Bühnenbild 95

C
Checkliste 54
Checklistentechnik 79
Corporate Design 52, 126
Crosswater-Portal 124

D
Datei-Ordner für Bewerbungskorrespondenz 136
Dateityp 147, 148
Datenschutz 70
Datum einfügen 20, 167
Deckblatt 56, 120, 131
Diagramm 174
Diagramm umwandeln 175
DIN 1421 156
Diskussionsfähigkeit 116
Disstress 87
Dokumentvorlage 52, 147
Drag & Drop 169

E
Eigenverantwortlich handeln 66
Eigenverantwortlichkeit 117
Einfügen - Bilder 171
Einfühlungsvermögen 118
Einsatzfreude 118
Elementarfaktoren 106
E-Mail-Anhang 138
E-Mail-Bewerbung 140
E-Mail-Bewerbung versenden 138
E-Mail-Signatur 57
Emotionale Grundhaltung 119
Entscheidungs-Matrix 76
Entwicklungsportfolio erstellen 89
Erfolgreiches Teamverhalten 65
Erinnerungs-Checkliste 79
Erwartungen an das Praktikum 120
Eustress 87
Excel-Tabelle verknüpfen 162
Expertengruppe 8, 99

F
Facebook 123
Fachliche Kompetenz 98
Farbschema 179
Flexibilität 119

Flipchart 91
    Einsatzmöglichkeiten 91
    Regeln 91
Fluchtlinie 156
Flussdiagramm 161
Foliennummer 20, 167
Folienschleuder 97
Foliensortierungsansicht 180
Formen 161
Foto 56
Frei sprechen 97
Fußzeile einfügen 20, 167

G
Gefühle steuern 87
Gegenstände 95
Gehaltsvergleich 124
Gesprächsregeln im Team 2
Gestik 95
Gewerbefreiheit 101
Gewerbesteuer 102
Gewerbesteuer/-Hebesatz 102
Grafik 72, 161
Grafische Mittel 68, 76
Gruppenpuzzle 99
    Expertengruppe 99
    Stammgruppe 99
Güter 103

H
Handzettel 183
Hard Skills 44, 46, 116
Hervorhebung 80
Hierarchie 76
Hochformat 143
Homepage der Unternehmen 123
Hurenkinder 144
Hyperlink 96, 178

I
Ich-Botschaft 65
Ideen vergleichen 76
Illustration 171, 177
Illustrationen 160, 161
Indirektes Zitat 71
Individualbedürfnis 103
Informationen 67, 70
Informationen beschaffen und filtern 68
Informationen festhalten und darstellen 70
Informationen filtern 67
Informationen verarbeiten 64
Informationsblätter gestalten 80
Infrastruktur 101
Initialoptionen 154
Initiativbewerbung 140
Initiative 118
Innenkreis 99, 100
Inneres Bild 87

Index

Innere Störung 85
Input 105
Instanz 111
Interaktive Schaltfläche 96, 179
Internetrecherche 68

J
Jobbörsen 124
Jobsuchmaschinen 124

K
Kapitalkraft 101
Kartenabfrage 90, 91
Kaufkraft 104
Kennziffer 57
Kernaussagen 96
KfW-Bankengruppe 102
Kognitive Lernstrategie 64
Kollektivbedürfnis 103
Kommunikative Kompetenz 116
Kompetenzorientierter Lebenslauf 126
Konsensfähigkeit 116
Kontaktfähigkeit 117
Kontakt über die Unternehmenshomepage 140
Konzentration 8, 84
Kopf- und Fußzeile 52, 145
Körperhaltung 95
Körpersprache 65, 95
Kritikstabilität 118
Kugellager 99

L
Layout 80
Lebenslauf 43, 52, 126
Lebenslauf als Berufseinsteiger 127
Lebenslauf mit mehreren Seiten 159
Lebenslauf – Musterbeispiel – Ausbildung 129
Leistungsdrang 117
Leittextmethode 98
Lernen organisieren 64
Lernfortschritt kontrollieren 64
Lernprozess planen 88
Lernzuwachs reflektieren 88
Lesestrategie 67
Lesezeichenleiste 69
Liste 76
Literaturverzeichnis 73
Logo erstellen 163

M
Markieren 44, 67, 75
Marktlücke 101
Masterfolie 20, 167
Matrix 10, 76
Medien gestalten 93
Meine Vorlagen 147

Metakognitive Lernstrategien 64
Metapher 95
Methodenkompetenz 98
Mimik 95
MindManager-Software 78
MindMap 76, 77, 78
Misserfolgstoleranz 119
Mit Stress umgehen 10, 87
Mit Zeit umgehen 83
Modell der vollständigen Handlung 98
    Ausführen 98
    Bewerten 98
    Entscheiden 98
    Informieren 98
    Kontrollieren 98
    Planen 98
Moderatorenteam 90
Motivation 8, 82, 117
Mut zum Humor 97
Mut zur Variation 97

N
Nachfrage 101
Navigation 151
Neue Folie 21
Notizseite 182
Nummerierung 156, 170

O
Objekt gruppieren 172
Offshoring 114
Online-Bewerbung 43, 57, 137
Online-Bewerbungs-Formular 56
Online-Formulare 139
Organigramm 76, 111, 161, 176
Organisation 111
Output 105
Outsourcing 114
Overheadfolie 94
    Einsatzmöglichkeiten 94
    Gestalten 94
    Regeln für die Foliengestaltung 94

P
PDF-Datei 57
Personalberatungen 124
Personalkompetenz IV, 116
Personalverantwortliche 123, 126, 132, 133, 137, 140
Persönliche Soft Skills 46
Pinnwand 90
Placemat 92
Plakat 93
    Einsatzmöglichkeiten 93
    Gestalten 93
    Regeln 93
Platzhalter 151
Position des Textfeldes 169

PowerPoint
    Aufzählungen animieren 180
    Diagramm 174
    Drucken 182
    Durchführen einer Präsentation 180
    Folie drucken 182
    Folienansicht 165
    Folienmaster einrichten 168
    Formen animieren 180
    Handzettel 182
    Handzettel erstellen 183
    Hyperlink einfügen 178
    Interaktive Schaltfläche 179
    Neue Folien erstellen 167
    Neue Präsentation 166
    Nummerierung und Aufzählung 170
    Organigramm 176
    Tabelle 174
    Textfeld einfügen 169
    Visuelle Darstellung 177
    Vorbereiten einer Präsentation 180
    Zeichnen in PowerPoint 172
PowerPoint-Präsentation gestalten 169
Praktikum 59, 61, 120
Praktikum durchführen 120
Praktikum nachbereiten 121
Praktikumsbescheinigung 121
Praktikumsbetriebe 120
Praktikumsstelle 120
Praktikumsteilnahme 121
Praktikum vorbereiten 120
Präsentationsmöglichkeiten nutzen 12, 94
Printmedien 123
Prinzip - erwerbswirtschaftlich 108
Prinzip - gemeinwirtschaftlich 109
Produktionsfaktor 109
Pro und Kontra 76
Prozessablauf 76
Pufferzeit 83

Q
Querformat 143
Querverweis erstellen 160

R
Rahmenlinien zeichnen 158
Randbemerkung 75
Randkommentar 75
Randnotiz 67
Randnotizen 52
Realistisch einschätzen 87
Realistische Ziele 87
Rechte und Pflichten von Praktikanten 48
Rechtschreibprogramm 143

© Verlag Europa-Lehrmittel

Index

Recruiting 124
Referat 81
    Referent/-in 81
Reflektieren 88
Ressourcenbezogene Lernstrategie 64

S

Schusterjungen 144
Schwächen 116
Screenshot 160
Seite einrichten 143, 144
Seitenlayout 143, 153
Seitenrand 143
Seitenzahl 148
Sektor primär 110
Sektor - sekundär 107
Sektor - tertiär 107
Selbsteinschätzung 46
Selbstgespräch 87
Selbstpräsentation 95
Selbstsicherheit 119
Selbstvertrauen 117
Signatur 137
Silbentrennung 144, 169
SmartArt 161, 177
Soft Skills 44, 46, 116, 123
Sortierkriterien 91
Soziale Netzwerke 123
Sozialkompetenz 98
Spielregeln für das Team 2
Sprache 94
Sprachenkompetenz 126
Sprechausdruck 65
Stammgruppe 99
Stammgruppenarbeit 8
Standort/-wahl 101
Stärken 116
Stärken und Schwächen 46
Stärke-Schwäche-Profil 46, 116
Statusmotivation 118
Stelle 111
Stellenanzeigen 123
Stellenausschreibung (Ausbildung) 134
Stellenbeschaffung 53
Stellenbörsen 124
Stellenbörse-Portal 124
Stichwortzettel 81

Stimme 95
Stress 87
Strukturieren 68, 76
Substitution 106
Suchleiste 69
Suchmaschine 68
Suchoptionen 151
Symbole einfügen 146
Systematik 118

T

Tabelle 72, 158, 174
Tabellentool 158
Tabstopp 157
Tabtaste 159
Teamfähigkeit 2
Telefonischer Kontakt 140
Tertiarisierung 114
Textfeld 169
Text markieren 75
Textumbruch 169
Tipps zur digitalen Präsentation 96
Tipps zur professionellen E-Mail-Bewerbung 137
Transparenz-Werkzeug 171
Twitter 123
Typografie 81
Typografische Mittel 76
Typografische Regeln 80

U

Übersichtlich gestalten 96
Umbruch 149
Unternehmen 114
Unternehmens-Auswertungs-Raster 54, 125
Unternehmensleitbild 107
Unternehmensprofil 43
Unternehmensziele 108
Unternehmen unter die Lupe nehmen 124
Unternehmung 109

V

Vakanzzeit 115
Verdeckte Objekte 173
Verkehrsverbindung 103
Verknüpfung von Objekten (z. B. Excel) 162

Visualisieren 68, 76
Visuelle Darstellung 177
Vorbereiten und Durchführen einer PowerPoint-Präsentation 180
Vorstellung des Betriebes 120

W

Wege der Stellensuche 123
Werkstoff 112
Wiederherstellen 149
Wirtschaftsbereich 106
Wordfunktionen 52
    Abbildungen beschriften 163
    Bilder einfügen 160
    Bildgröße verändern 160
    Dokumentvorlagen erstellen 147
    Fußzeile gestalten 145
    Kopfzeile gestalten 145
    Nummerierung 156
    Rechtschreibprogramm 143
    Screenshot erstellen 160
    Seite einrichten 143
    Seitenzahl einfügen 148
    Silbentrennung 144
    SmartArt-Grafik 161
Wörtliche Zitate 71

X

XING 123

Z

Zeilenlineal 157
Zeitmanagement 8, 83
Zeitplan 81, 83
Zellengröße 158
Zellen verbinden 159
Ziehpunkte 166
Ziele 108
Zielgruppenanalyse 124
Zielharmonie 109
Zielkonflikt 109
Zielvereinbarung 46
Zitierrichtlinie 71
Zitiertechnik 71
Zuschneide-Werkzeug 171
Zustimmung 70
Zwischenspeichern 148